Xiaoxue Guoxue Xiaoben

Kecheng Sheji yu Kaifa de

Xingdong Yanjiu

东北师范大学教科院与鞍山市铁东区教育局"(U-A-S)区域性学校整体改进的行动研究"合作项目
黑龙江省教育厅2011年度人文社会科学项目(12512365)

小学国学校本课程设计与开发的行动研究

田立君／著

东北师范大学出版社
NORTHEAST NORMAL UNIVERSITY PRESS
长 春

序　一

　　四年寒窗，一朝收获！本书是田立君博士艰辛求学，追求真理的结晶。

　　本书承载了田立君博士几十年来的教育梦想。田立君在中小学语文教学第一线辛勤耕耘了十六年，为了进一步梳理自己的教学经验，提升自己的教学理念，她执着地走上了攻读博士学位的求学之路。本书既是她长期教育实践的积淀，又是她理论思考的升华！

　　本书是田立君博士与辽宁省鞍山市铁东区东长甸小学三年合作研究的成果。她前后用了近三年的时间，深入到该小学开展行动研究。对该小学国学校本课程设计与开发的理论与实践进行了探讨，通过该学校国学课程设计与开发的实践探索生成了国学校本课程设计模式。她的研究成果不仅仅是为国学课程的开发提供新的知识，而且通过具体的事例向我们呈现：田立君博士及其团队与东长甸小学校长、教师及学生在国学校本课程开发的行动研究中，如何以"冷静的头脑和热切的心"，不断探寻教育的本质，践行着教师教育的理想——用心来播种，这是教育的精华所在，也是真正的教育人所需要的。

　　目前国家统一规划的义务教育阶段小学课程中，国学教育内容十分有限，不能满足学生成长需要，因地制宜地开发国学校本课程具有特别重要的意义和价值。我认为此书不论在内容上还是方法上都对有关的研究领域作出了有益的贡献。

　　本书的研究发现主要有三个方面。第一，阐明了国学教育的功能，确立了小学国学校本课程开发的价值取向：为儿童的国学。第二，构建了小学国学校本课程的设计模式：以儿童的方式亲近国学。此研究建构了小学国学校本课程设计与开发模式。从国学课程目标确立、国学课程内容设计、国学课程组织与实施到国学课程评价，建构了一个相对完整的小学阶段国学校本课程开发体系。第三，建构了小学国学课程内容与呈现方式。

　　这项研究的可贵之处还在于所用的研究方法。在教育与文化关系的探究方面，学科建设并不是研究的起始目标，就像学术界在 20 世纪 80 年代文化热后的反思一样，没有细致的、实证的和个案的深入研究，任何学说的建构只能流于空泛。本书以质化研究为取向，采取行动研究作为研究策略，研究设计周密细致，材料的收集既有系统又非常细密，对访谈和观察材料的分析既提供了丰富的细节又不乏个人洞见，她将自己作为一个有效的研究工具，用自己对传统文化的感受所产生的共鸣作为一个重要的参照依据，研究结论得到了原始材料的有力检验。

　　本书为我们提供的案例以及作者对于参与其中发生在学校的课程现象的解读与解决，可以使我们从一个新的视角更具体地审视基础教育课程改革，以及改革实施的过程所带来的一系列新问题。本书只是阶段性的研究成果，尚有许多问题有待进一步研究，希望作者不断进取，勇于创新，开拓属于自己的学术领域！

陈旭远
2013 年 5 月 1 日于长春

序　二

认识田立君博士是从她来东北师大读博士开始，通过上课、讨论、开题、答辩等过程，特别是参与东师与鞍山铁东区教育局合作的学校改进项目，有了更多的了解。田立君博士开朗、率真和睿智，具有丰富的基础教育经历和实践智慧。听她讲的一个个亲身经历的教育教学故事，感受到一位执着的教育人对教育职业的坚守和对教育事业的追求。用心从事教育的人，也能用心研究教育。从她的博士论文研究过程中可以细细品读作者对教育的追求和眷恋。

本书是田立君博士在其博士学位论文"小学国学校本课程设计与开发的行动研究"的基础上形成的，是一部具有理论意义，更具实践价值的专著。

作者希望我为这本书写个序，既有些忐忑，又有几分兴奋。忐忑的是我对语文学科知之甚少，对国学更是一窍不通；兴奋的是这项研究是东北师范大学教育科学学院的研究团队为期三年的与鞍山市铁东区教育局共同开展的学校改进研究项目中的一部分。我们的研究团队共同经历了研究的过程，共同体验了研究的坎坷，共同享受了研究的快乐，也共同获得了研究的成果。当这些年努力的一部分，以一篇博士论文的形式，以一部专著的形式呈现出来的时候，相信每一个与田立君博士共同经历的人都为之兴奋和鼓舞。从某种意义上说，这个成果既是田立君博士几年努力的结果，也包含着项目团队成员的关注与合作，特别是第一线教师的热情参与。

本书所研究的问题"小学国学校本课程的设计与开发"，是近年来基础教育普遍关注的问题。无论从弘扬中华传统文化，还是对学生进行素质教育都是一个值得重视的问题。然而对于国学进入中小学课程的问题，具体操作的多，深入研究的少；对外展示的多，内涵挖掘的少；拿来主义的多，严格论证的少。本书所展示的研究，从小学国学课程设计与开发的价值取向入手，进而研究国学课程的设计、实施、评价等问题。从理论层面上，试图阐释国学对于小学生的意义与价值，国学课程对于小学教育的意义与价值这样一个根本性的问题。从实践层面上，在一所小学的行动研究过程中，探索了国学课程的目标、内容、实施策略与方法、以及评价方式等问题。作者通过大量的文献梳理，特别是深入的实践研究，回答了这些理论与实践问题，对于小学国学课程设计与开发实践有重要的启示。

　　本书作者所采用的研究方法是以质化研究为主的行动研究，而质化研究的一个突出的特征是，研究者就是研究工具。研究的过程中研究者通过观察、访谈、文件与实物的收集等方法，获取了大量第一手资料，再对这些资料进行加工、整理与提炼。形成对相关问题的判断。同时，在行动研究的过程中与第一线教师的深入交流，吸取鲜活的素材和成功的案例，使得研究的效度得到保障。在这个过程中，研究者的敏锐和专业素养发挥了重要作用。本书中许多地方都显示出作者对于研究问题的深刻理解和研究资料所蕴含意义的深入挖掘。我们从作者对专业人员，对教师，对学校管理者的访谈中，从作者参加案例学校一次次教研活动中，从作者与学校教师反复研究和修改国学课程方案和实施过程中，可以看出作者对研究的执着，对问题求真务实的态度。可以体会到作者是在用心做研究，展示给我们的研究过程和研究结果也是有份量的、有价值的、有活力且富有诗意的成果。这些成果对于中小学国学课程与教学有重要意义，对于从事学校课程设计与开发的理论研究者与实践者有意义，对于基础教育课程改革，特别是小学课程改革更有意义。

　　本书为我们呈现的不仅是国学课程开发的研究成果，还让我们看到了研究过程中研究者和个案学校研究参与者们的专业成长。个案研究和行动研究都注重研究的过程，本书中作者和研究现场中参与的管理者和教师们的研究历程，在他们对研究问题的持续的探索过程中，不仅回答了研究的问题，同时在大量的交流与合作中，在众多的冲突与融合中，在数不清的素材与细节的梳理中，研究者本身对相关的理论问题更清晰了，离所要达到的研究目标越来越近了，理论的升华和目标的达成过程正是专业成长的过程。在行动研究中，现场中研究个案的教师不是被动的接受"研究"，而是主动参与到探索、交流和提升的过程，在这个过程中他们也获得专业发展的机会。用一句时髦的话说，就是得到了双赢。

　　本书是作者经历了几年努力的研究成果。而对于一项事业，一位从事教育研究的学者来说也许更应该把它看作是一个新的开端。书中所展示的问题、方法与结果，会促使我们思考和探索进一步的问题。感谢作者为本领域的研究所作的探索和取得的成果。

马云鹏

2013 年劳动节于东北师范大学

摘　　要

国学是中华文明的根源和灵魂。国学经典是传承中华文明、弘扬民族精神和培养爱国情怀的重要载体。目前国家统一规划的义务教育阶段小学课程中，国学教育内容十分有限，不能满足学生成长需要，因此，因地制宜地开发国学校本课程具有特别重要的意义和价值。本论文以辽宁省鞍山市 A 小学为行动研究的个案，对小学国学校本课程设计与开发的理论与实践进行了探讨，通过该学校国学课程设计与开发的实践探索生成了国学校本课程设计模式。本论文以质化研究为取向，采取行动研究作为研究策略，具体采用了参与式观察、深度访谈、集体审议、文献收集等研究方法，在研究中多种方法之间成为互证的工具，使本研究更有意义。

本论文呈现了研究者及其团队与 A 小学校长、教师及学生在国学校本课程开发的行动研究中，以"冷静的头脑和热切的心"，不断探寻教育的本质，践行着教师教育的理想：用心来播种，这是教育的精华所在，也是真正的教育人所需要的。要培养出更多的用心去（从事）教育的人！本论文的研究发现主要有三个方面：

第一，阐明了国学教育的功能，确立了小学国学校本课程开发的价值取向：为儿童的国学。

本研究发现，小学国学校本课程开发存在的主要误区是"割裂"历史的虚无主义与神化泛化、功利化和教条化与形式化；分析误区产生原因是对国学校本课程的价值与功能认识不清，明确了国学教育的五大功能；在此基础上提出了为了学生的发展，以"去功利化"、"道法自然"及"传承与创造"为核心的小学国学课程设计与开发的价值取向。其中，"去功利化"作为小学国学校本课程设计与开发的首要原则，是课程开发核心的价值取向。

第二，构建了小学国学校本课程的设计模式：以儿童的方式亲近国学。

本研究建构了小学国学校本课程设计与开发模式。从国学课程目标确立、国学课程内容设计、国学课程组织与实施到国学课程评价，初步建构了一个相对完整的小学阶段国学校本课程开发体系。从情感态度和价值观、知识与技能、过程与方法三个维度设计开发国学校本课程目标；课程内容选编采取"撮其精要，整合再现"的方式组织教材，遵循"循序渐进，有限读经"的适量原则。

第三，建构了小学国学课程内容与呈现方式。课程内容选择上体现民族核心价值观和典范汉语特色，以中华传统文化典籍为基本内容，内容编排遵循儿童认知规律。在国学课程体系的设计上，采取分科课程和学科渗透相结合的校本课程开发模式；按照模糊性、差异性、自主性、鼓励性、全体性、知行合一六大原则组织教学；以吟咏诵读教学、情境化教学、趣味化教学和生活化教学为其基本的教学策略。强调以学生为主体的体验性学习的教学方式，同时兼顾教师的个人特质和内容本身的设计；把学生发展性评价作为国学校本课程开发及实施过程中的主线，强调评价标准分层化，评价主体多元化，评价方式体现综合性、趣味性。学生发展性评价体系有效促进了学生综合素质的发展。

本研究阐述了在行动研究中实现教师教育敏感性培养的重要意义；大学研究者和中小学教师在合作研究中，建立互利互惠、实现双赢的伙伴关系过程的启示：一是在实践中丰富的理论和在理论指导下的实践的循环往复的融合过程，促进大学研究者和中小学教师共同的实践性知识的增长，是互为丰富的过程；二是在行动研究方法上，学者研究、传递的课程知识具有高度抽象性，虽适用范围广，但对一线教师来说不具有明确的可操作性，让他们产生没有"抓头儿"的感觉。处理好二者的关系，是我们在区域性学校整体改进的行动研究 U-A-S 中的一个收获；三是拿捏好彼此介入的"度"是合作见成效的关键。

国学校本课程开发是一个动态过程，是预设与生成的结合。校本课程开发为教师专业发展提供了创新平台，为教师实践性知识的觉醒提供了契机，使教师在参与课程开发的过程中实现其真实意义上的自我成长，体验到创造的幸福与生命的尊严，成就其由教书匠到教育家的理想。

最后，本论文建议因校本课程开发与实施的成效具有隐形性和滞后性，故不可急功近利。另外，国家应重视国学课程在小学阶段的开发与实施。

关键词：校本课程；国学；小学；课程设计与开发；行动研究

Abstract

Guoxue (studies of Chinese ancient civilization and classic) is   the root and soul of Chinese civilization. Chinese classic is an important heritage of Chinese civilization, which bears the value of Chinese national spirit and promotes patriotism. However, the curricular content of Guoxue for elementary school in the national curriculum of the compulsory education is limited. It cannot meet the needs of students'growth. Therefore, it is significant to develop Guoxue curricula tailored for local students'needs, which are suiting the local conditions.

This thesis has explored both theories and practices of Guoxe curriculum development through an action study carried out in anelementary school of An-shan, Liaoning province. It presents a model of Guoxue curriculum development, which was generated through the practices of this elementary school. Orientated in qualitative methodology, adopting action study approach, the study applied various research methods, such as participant observation, in-depth interviews, group discussion, and documentation. Such a complementary application of multiple research methods has greatly enhanced the credibility and worthiness of this study.

Three major findings are summarized as below.

First, the establishment of value orientated school-based Guoxue curriculum: Children oriented Guoxue

The study has found that there were some misunderstanding about the Guoxue curriculum in the investigated elementary schools, which were mainly shown as historical nihilism, apotheosis, over generalized, materialism, dogmatism, andformalization. As the study analysed, the misunderstanding was resulted from the ambiguity and unclear of the value and functions of Guoxue curriculum. The study makes explicit five major functions of Guoxue pedagogy. It postulates a value orientation of Guoxue curriculum development with the principles of "anti-materialism", "design with nature" and "inheriting with creation" in the curriculum development. Among them, the primary principle is anti-materialism, "which founds the core value of curriculum development".

Second, the construction of　school-based Guoxue curriculum development model: Children's approaches to Guoxue

The study　has constructed a school-based Guoxue curriculum design and development model for elementary schools. It has established a preliminary comprehensive school-based Guoxue curriculum development system, consisting of curriculum goals, content designing, pedagogical organization, and evaluation. The curricular goals are set from three dimensions: "affection and value", "knowledge and skills" and "process and methods".

The selection and organization of course materials is based on the principle of "absorbing the quintessence, integrating and reproducing", following "selectively reading" and "step by step" approaches. The selection of course content represents national core values and model Chinese characteristics. Therefore, the Chinese traditional cultural books construct the basic curricular content. The contents are arranged according to child cognitive development. Regarding the design of Guoxue curricular system, a school-based curriculum strategy has been adopted, consisting of independent subject curriculum and integrating Guoxue content into other subject curriculum development. It applies a pedagogy of six principles: ambiguity, difference, autonomy, motivating, holistic, and the unity of knowing and doing. The particular teaching strategies include "chant and recitation", contextualized instruction, and interest and living scenes teaching.

The curriculum implementation emphasizes the pedagogy which considers students as the main body of the experiencing learning and pays attention to the teacher's personal characteristics fitting the content design.

The guiding line of curriculum design and implementation is the student developmental evaluation. The evaluation has a stratified criterion and di-versed-subjects, which presents its comprehensive and interesting charac-teristics. The developmental evaluation system has efficiently facilitated the development of students'comprehensive quality.

Thirdly, this thesis illustrates a new model of action research: the pro-cedure of UAS and the model, the meaning, and its implications of school-based curriculum

The thesis demonstrates the importance of cultivating teachers'sensibility of education in action research, reveals the lesson of constructing a "win-win" - mutual benefit partnership between university faculty and school teachers. The cooperation process is an integration of theories enriched in practices and the practices guided by theories, which is a mutual enrichment facili-tating a common growth of practical knowledge of both university faculty and the school teachers. The research and curricular theories the faculty member presented could be applied widely, but it was abstract and hardly operative to the school teachers in practices. However, the action re-search adopted in this study gives UAS an experience of integrating curric-ulum theories into operative teaching practices. In addition, it is crucial to a successful cooperation that how much both sides should get involved into each other's work in the collaborative research process.

School-based Guoxue curriculum development is a dynamic process, which integrates expectation and generation. School-based curriculum de-velopment provides aninnovation platform for teacher professional devel-opment. It increases teachers'awareness of practical knowledge and cre-ates opportunities for their participation in school decision making. A suc-cessful school-based curriculum development will cultivate teachers'sense of their professional status, enhance their consciousness of autonomy, and ultimately realize the ideal transforming teaching craftpersons to edu-cators.

Finally, this thesis points out that, due to the invisibility and hys-teresis of the manifesting of school-based curriculum, it should be avoided to seek instant success and quick benefits in curriculum development. The government should value highly the development and implementation of school-based Guoxue curriculum in elementary schools.

Keywords：school-based curriculum，Guoxue，elementary school，curriculum and development，an action research

目　　录

第 一 编

研究背景、研究问题及研究方法

第一章

导　论

第一节　研究背景与缘起

一、我国基础教育新课程改革与素质教育的推进

（一）基础教育课程改革与三级课程管理——宽松的政策环境和法律保障

课程在学校教育中处于核心地位，教育的目标主要是通过课程来体现的，因此，课程改革是教育改革的核心内容。[①] 2001 年，国家正式启动了新一轮基础教育课程改革，颁布了《基础教育课程改革纲要（试行）》，实行三级课程管理体制，为在基础教育阶段开发国学校本课程提供了政策保障。

1999 年 6 月 13 日，《中共中央、国务院关于深化教育改革全面推进素质教育的决定》颁布。其中指出："调整和改革课程体系、结构、内容，建立新的基础教育课程体系，试行国家课程、地方课程与学校课程。"2001 年，国家颁布的新一轮《基础教育课程改革纲要（试行）》，进一步明确了"实行国家、地方、学校三级课程管理，增强课程对地方、学校以

[①]　朱慕菊. 走进新课程：与课程实施者对话 [M]. 北京：北京师范大学出版社，2002：15.

及学生的适应性"。三级课程管理政策的出台，表明我国基础教育课程管理权力下放的进程迈出了实质性的一步。

　　新课程从国情出发，妥善处理课程的统一性与多样性的关系，建立国家、地方、学校三级课程管理体制，实现了集权与放权的结合。三级课程管理制度的确立，有助于教材的多样化，有助于满足地方经济、文化发展的需要和学生发展的需要。为了实现上述目标，本次课程改革重新划分了国家、地方、学校在基础教育课程管理中的职责分工，调整了国家在整个课程计划中所占的比重，在课程内容和课时安排上增加了一定弹性，让地方和学校拥有相应的选择余地。针对现行课程结构中科目比例失衡的状况，新的课程计划分别将语文所占的比重由原来的 24％降至 20％—22％，将数学由原来的 16％降至 13％—15％，并对其他传统优势科目所占的比重进行了适当的下调。同时，将下调后积累下来的课时量分配给综合实践活动和地方与校本课程。其中，综合实践活动拥有了 6％—8％的课时，地方与校本课程拥有了 10％—12％的课时。显然，学校课程体系中具体科目比重关系的调整折射出当前我国基础教育课程改革的基本思想，即重点培养和发展学生的创新意识和能力，收集和处理信息的能力，主动和自主获取新知识的能力，分析与解决问题的能力，交流与合作的能力以及对自然环境和人类的责任感与使命感。[①] 实行三级课程管理体制，赋予学校课程管理的权责。三级课程管理体制使学校真正成了课程管理的主体，赋予了学校课程改革的责权，赋予了教师多重的课程角色，教师不仅是传统意义上的课程实施者和使用者，更要成为课程决策者、研究者。具体包括两层含义：一是国家课程和地方课程的有效实施；二是校本课程的合理开发。（熊梅，2008）学校课程管理的权责具体包括：制定课程实施方案的责权，开发校本课程的责权，教材选择的责权，课程资源开发的责权。新课程改革给每一个学校和教师提供了发展的机遇，课程改革中很重要且极具个性的校本课程开发给学校带来了契机和广阔的空间，使得我们多年来的梦想 ——为小学生开设国学课成为现实。

　　三级课程管理政策的运行，为课程适应地方经济、文化发展的特殊性以及满足学生个性发展的需要、体现学校办学的独特性创造了良好的条

---

　　① 朱慕菊. 走进新课程：与课程实施者对话［M］. 北京：北京师范大学出版社，2002：18.

件，在一定程度上加速了我国课程发展民主化、科学化的进程。

（二）推进素质教育的需要——"育人是素质教育的根本"

邓小平教育思想的重要内容之一，就是把提高民族素质作为我国教育事业发展与改革的根本目标和任务。邓小平指出："我们国家，国力的强弱，经济发展的后劲的大小，越来越取决于劳动者的素质，取决于知识分子的数量和质量。""一个十亿人口的大国，教育搞上去了，人才资源的巨大优势是任何国家比不了的。"

1985年，《中共中央关于教育体制改革的决定》中提出："在整个教育体制改革的过程中，必须牢牢记住改革的根本目的是提高民族素质，多出人才，出好人才。"

1993年，《中国教育改革和发展纲要》："中小学要从'应试教育'转向全面提高国民素质的轨道，面向全体学生，全面提高学生的思想道德、劳动技能和身体心理素质，促进学生生动活泼地发展，办出各自的特色。"

1996年的《中华人民共和国国民经济和社会发展"九五"计划和2010年远景目标纲要》再次强调："改革人才培养模式，由'应试教育'向全面素质教育转变。"

世纪之交，《关于深化教育改革全面推进素质教育的决定》明确素质教育的内涵："德育为先，能力为重，全面发展"，以提高国民素质和民族创新能力为宗旨，着重培养学生的创新精神和实践能力，深化教育改革，构建适应终身学习需要的教育体系。

2001年6月，《国务院关于基础教育改革与发展的决定》进一步明确了"加快构建符合素质教育要求的基础教育课程体系"的任务。

"十年树木，百年树人"，国民教育、中小学教育对一代代国民的基本素养的形成与提高最为关键。素质教育是在教育改革不断深化的过程中，教育工作者和社会各界对教育，尤其是对基础教育进行不断探索所形成的一个共识。在20世纪80年代后期，90年代初期，提出素质教育的问题绝不是偶然的，而是有着很深刻的社会背景的。例如，孙云晓的报告文学《夏令营中的较量》，于1992年在《中国青年报》一经发表，引起国人震动。日本人在中日儿童的较量中宣称："你们中国的下一代也不是我们的对手！"事实表明，教育不仅是传输知识，更重要的是"学会做人"、"学会做事"、"学会合作"、"学会学习"、"学会创造"、"学会担当"，这是青年走向社会、服务社会的基础条件。那种有知识，缺文明，有学问，缺教养，有理论，缺实践能力和创造精神的人，显然无法立足于社会。相对而言，中国中小学教育存在着很多问题："知性教育太过，德性教育不足；科技教育偏胜，人文教育不及。"（郭齐勇，2009）而在我国的教育实践中，人们总是把素质教育较多地指向于人的科学素质和能力，相对地忽略了素质教育的人文精神取向。人文精神是人自由追求、创造能力和超越意识的集中体现，是对主体价值的终极关怀，是人类文化的价值理想和内在灵魂。"人文精神是市场经济的基本内涵和精神动因。"（邹广文，1996）倡导人文精神并不是要抛弃科技理性，而是用人文精神整合科技理性，为科技理性提供价值基础。而国学的精髓中蕴含着深刻的人生哲理，包含着最基本、最浅显的自我修养的道理和方法，即人之所以为人的基本价值观、做人做事底线与终极信仰的教育。它是我们世代传承的民族文化与精神谱系，是儿童健康成长的精神养料。博大精深、源远流长的国学正是我们主流文化和民族精神的载体。以对中华传统优秀文化的学习与提倡为内涵的国学理应从我国青少年的早期教育开始就受到足够的重视，这对于国家民族的长久利益，对现代法治社会、公民社会的公民底线伦理与伦理共识的建构，意义十分重大。

培养什么人，做什么人，是素质教育的根本。素质教育是个动态概念，需要教育者和受教育者在实践中充实、丰富、完善它的内涵。国学教育是推动素质教育的一种具体的教育活动，是素质教育思想的一种具体体现。除了智力教育、科技方法，通过开展国学教育，提高学生的民族传统文化意识，培育学生的伦理素养、人生智慧、精神价值、文化能力、道德信念等，进而促进学生综合素质的提高。因此，可以说，国学教育是潜在的、高质量的素质教育。而国学教育的普及，应该体现文化的系统性，在小学生成长的关键阶段，科学有序地实施和推进国学教育，无疑是结合基础教育课程改革中实现新课程目标的有效方式。国学的传承弘扬、重构和强化已是当务之急。"中国的孩子一定要抓住自己文化的根，一定要埋下传统文化的种子。""中国正在走向世界，中国的孩子一定要在成长阶段打好传统文化的基础，才能更好地与世界接轨。"（黄仁生，2007）有学者强调了儿童国学教育在当下的意义，指出儿童国学教育在当前人才培养、国际化战略和素质教育大背景下的重要性。目前全世界都非常重视汉学，在国外，传授中国文化的孔子学院已超过千所，学习中文的热潮也一浪高过一浪。他认为，未来的中国是更加强大的中国，未来的中国传统文化是在全世界范围内更具影响力的文化。在全世界如此重视汉语文化的背景下，中国的孩子首先必须牢牢掌握传统文化的精髓，才能在未来的国际舞台上更好地交流。立足传统，才能与世界接轨。

蔡元培先生1921年在美国考察时发表演说，着重介绍了中国古代教育家孔子和墨子。他说："孔墨教育含有三种性质：①专门教育；②陶养德性；③社会教育。孔子有普通学六种，即礼、乐、射、御、书、数。专门学四种：甲，修词学；乙，伦理学；丙，政治学；丁，文学。孔子主张陶养性情，发达个性，其教人之法，为因材施教。"从这些话语中，我们可以看到传统文化与素质教育之间不可分离的关系，中国古代优秀的教育遗产，是一种"资料"，一种"资源"，或可称为"历史资源"，甚至可能是一种"动力资源"，就好像煤、木材一样，假如能把它用得很好的话，它就可以变成现代发展的一个动力。

二、时代挑战与国学热潮——提倡大力弘扬和培育民族精神的由来

中国近二十年的经济活力与和平崛起，其国际地位的日益提高，以及转型社会的道德危机和意义迷失所致社会生活的新问题及其迫切性，凸显了国学研究的时代课题。

在全球经济一体化和科技至上的社会环境中，公民社会的人文精神品质正在迅速流失，在这个背景下，青年一代的中国文化特质正在迅速丧失；中国近现代思想史上，由文化激进主义而带来的弊端渐渐显露，中国文化由遭受践踏到重新复苏的自身逻辑及文化觉醒；从经验主义出发，实用地融合各种思想文化的资源以有利于社会全面发展和人的全面发展的新视野等一系列问题，也促使着人们向中华传统文明寻求解决之道。（胡晓明，2006）研究、挖掘、整理进而推广普及以传统文化为核心的国学，就成了摆在人们面前的一个急迫的时代课题。

在全球化背景下，我们面临"釜底抽薪"的危险：当人们，特别是年轻一代，对生养、培育自己的这块土地一无所知，对其所蕴含的深厚的文化、厮守其上的人民在认识情感以至心理上产生疏离感、陌生感时，就在实际上失落了不只是物质的，更是精神的家园，这不仅可能导致民族精神的危机，更是人自身存在的危机：一旦从养育自己的泥土中拔出，人就失

去了自我存在的基本依据，成为"无根"的人。（钱理群，2005）

第一，改革开放以来 30 年间，中国社会走出了封闭保守的僵化状态，由计划经济走向市场经济，在各个方面取得了举世瞩目的成就。随着中国经济的发展以及与国际社会交往的日益频繁，有识之士越来越认识到：一个民族如果失却了自己的文化传统，就等于丢掉了自己根基命脉，就成了一个"空心人"，这样的人民，这样的国家就好比无根之木、无源之水，既无法挺立，也无法创新，只能跟着别人凑热闹。"一个民族要想自立于世界民族之林就必须要有自己的特色，自己的文化。"（纪宝成，2006）当我们试图寻找能代表我们民族的精神和文化的象征时，挖掘传统文化及儒家思想中有价值、有益的思想资源就成为很自然的事，而对以传统文化为核心价值的国学的研究与学习，也成了时代必然的选择。

第二，以高科技为代表的西方现代文明，使人类社会步入一个空前的物质文明时代。然而，与高度发达的物质文明成果相伴而生的，是人类社会面临的诸多挑战——文化之间的冲突，人与环境的冲突，人与人之间的冲突，人与社会的冲突，种族、民族、宗教之间的冲突等。西方文明暴露出的越来越严重的问题，迫使人们不得不寻找一种解决的途径。中国的持续性发展，和谐社会的建构，都有中国古代文化资源的基础。人与生存环境的共生关系，历来为中国人所重视。古老的中华传统文化，被人们不约而同地纳入了视野。1988 年 1 月，在主题为"面向 21 世纪"的诺贝尔奖获得者巴黎集会上，瑞典物理学家汉内斯·阿尔文博士指出："人类要生存下去，就必须回到 25 个世纪以前，去汲取孔子的智慧。"（胡祖尧，2003）

第三，改革开放使中国经济得到快速发展，然而经济发展与文化发展存在的不平衡，也带给了中国触目惊心的问题：自上而下普遍的道德信仰危机，极端个人主义、拜金主义、享乐主义、功利主义泛滥，诚信缺失，重利轻义的价值取向日盛。市场经济和商业社会几欲把人变为非人的危险，促使人们寻找一种救世良药，而传统文化中重人际关系、重社会和谐、重道德修养、重礼义廉耻、重道德自律、重理想人格、重和而不同等思想资源无疑是一剂医治的有效药方。"在构建社会主流价值观，建设社会主义先进文化的过程中，传统文化中的一些道德准则和伦理规范，如'仁义礼智信，温良恭俭让'等是具有普世价值的，完全可以在与时俱进的基础上加以利用。"（纪宝成，2006）

第四，我们的教育出现了问题（关于主流价值观问题）。改革开放以来，中国教育取得的成就是有目共睹的，但其存在的问题其一是重智轻德导致年轻一代的道德水平下滑，其二是重外轻中导致部分年轻人数典忘祖。有些人英语水平超过四级、六级，但对中国文化传统没有达到扫盲的水平，加之中国全球一体化过程中的西方文化的长驱直入，大众文化受西方商业文化的影响日渐加剧，许多年轻人对于西方的流行文艺趋之若鹜，而对于自己的固有传统茫茫然。我们的传统文化在当前出现了断裂的危险。"一个民族如果没有自己的科技，可能会亡国；但是，一个民族如果丧失了自己的文化，就要亡种，而亡种比亡国更可怕。对中华民族来说，传统文化是中华民族之为中华民族的身份证和象征，是中华民族区别于其他民族，是中国人之为中国人而不是美国人、日本人的唯一标志。悠久的传统文化影响着中华民族的思维方式、民族心理、审美情趣和行为习惯。在经济全球化时代，我们应当更加尊重自己民族的传统文化，合理开发和利用传统文化这个重要资源，以应对全球化的挑战。"(王杰，2007)

综上所述，经济的发展以及国际地位亟待提高，中国人的身份认同感以及民族自信心、自豪感都亟待加强。近年来国人对传统文化的热情持续升温，海外华人华侨寻根的愿望十分强烈。

发端于20世纪初期的国学，在几经沉寂后，于世纪的后期，在官方、民间、媒体、社会、学界的共同推动下，又重新"热"了起来。

在民间的表现：截至2009年底，中国已有900万个家庭、70多个城市的少年儿童加入到了诵读儒家经典的行列，还有重修家谱、重建私塾等。

在出版方面的表现：1995年启动的《大中华文库》，1996年启动的《东方文化集成》和2003年启动的《儒藏》工程。

在学术界的表现：一是许嘉璐、季羡林、杨振宁、任继愈、王蒙五位发起，发表了《甲申文化宣言》；二是中国人民大学国学院的成立以及社科院儒教研究中心的成立；三是"十大国学大师"的评选。

在政府方面的表现：(1)各种祭祀仪式由民间转向官方；(2)"中华文化标志城"的建立；(3)"汉语桥"工程的推广；(4)"孔子教育奖"的设立；(5)对传统节日的重视，将清明节等定为法定节日；(6)对全国非物质文化遗产进行整理；(7)"文化遗产日"的设立；(8)《国家"十一五"文化发展规划纲要》的颁布实施。(李满龙，2008)在"国学热潮"的带动之下，国学教育也以各种形式在国内外迅速展开。

在国内，从官方到民间，国学教育以各种形式迅速展开。在最高教育层次上，2003 年，北京大学国学院中国传统文化研究博士班成立；2005 年，中国人民大学国学院和南京大学中国国学院相继成立，并开始招收本科层次的国学专业学生。初等和中等教育层次的国学教育在中东部各省几乎都有单设的国学教育机关（如读经学校等），或在中小学开设国学教育课程。2006 年，"全国第一家全日制私塾"学校——"孟母堂"开学立即引起各大媒体的关注。不久，另一个"传播中国文字和儒家文化"的"童学馆"在武汉隆重开张。北京宣武门的圣陶学院、北大西门的一耽学堂也在对学生进行国学培养。除了建立国学院、国学培训班、私塾学校以外，各地的中小学校，也都相应推出了自己的国学课程。据了解，大连市中小学中有近 1/4 的学校开设了相关的国学课程。在重庆，不少学校也已经开设了与国学相关的课程，增加了对中国传统文化的学习内容。（胡苏，2007）沈阳市皇姑区从 2005 年开始，在全区中小学开展国学教育。（郑有义，2006）随意点击搜索引擎，我们都可以从网络中发现各地中小学校开展国学教育的信息。有充足的证据表明，国学已经进入基础教育的课堂之中，并呈现出一片繁荣之势。

在国外，国学教育也迅速蔓延开来。从 2004 年 11 月中国第一所海外孔子学院在韩国首都开张以来，在美国、加拿大、瑞典、英国、德国……以孔子命名的中国语言文化教育机构，相继出现。据记者在南京召开的首届中德汉语教学合作研讨会上获得的信息，截至 2006 年 9 月，我国已在 46 个国家和地区建立了 108 所孔子学院和 12 所孔子课堂。（王骏勇，2006）

在这种形势下，国学研究能不能走出象牙塔，通过合理的开发和挖掘，在社会尤其是在中小学得到普及、检验，找到知音，以儿童喜闻乐见的形式，最终落实到提高人的素质上，让传统文化的营养滋养人心。这是一个相当长的过程，不可急功近利，尤其不可进行商业炒作。

三、研究范式的转化——从课程开发到课程理解

"范式"（paradigm）这一概念出自库恩（Kuhn T）的《科学革命的结构》一书，它是指"一个共同体成员所共享的信仰、价值、技术等等的集合"。范式不仅能够把一些"志同道合"者吸引到一起，它还能够指导这些"志同道合"者共同进行"解难"活动。所以，范式对共同体成员既

具有研究上的精神导向作用，又具有对其行为上的规范制约作用。

　　课程研究的历史大致可以分为两种范式，即课程开发范式和课程理解范式。课程研究原初以"课程开发"范式一统天下，以追求"科学化的方法和科学化的内容"为终极目标，泰勒在《课程与教学的基本原理》（1949）中提出了课程开发的四个经典问题，传统课程编制的"泰勒原理"长期以来被奉为"课程开发"的经典范式，该范式因追求普适性和技术化的课程模式开发和程序设计而具有"程序主义"（proceduralism）倾向。理性地看，虽然该范式在课程发展进程中具有开启课程开发科学化的进步意义，但是其必须要被超越，否则"技术理性"的繁荣和极端化主宰的课程开发过程将会沦为单一、程式化的技术操作。毫无疑问，其中的课程工作者和实施者更是恪守"技术理性"和"程序主义"的"课程开发范式"，这将使教师的课程权力受到排挤，教师参与课程事务的地位由"中心"沦为"边缘"，长此以往教师逐渐远离课程开发和课程决策而成为单纯而忠实的传递者和执行者，教师如同博比特和泰勒工业管理模式下的工人丧失自主性而缺乏探究和思考。1969 年，施瓦布以《实践：课程的语言》宣告课程领域的垂死状态，他将之归因于"脱离实践"。他在《实践 1》中指出："课程领域已步入穷途末路，按照现行的方法和原则已不能维持其研究，它需要新原则，以便对其问题的特点和多样性形成一种新的观点，它需要新的方法，以便适应课程领域中出现的一整套新问题。"①

　　20 世纪 70 年代之后兴起的解释学、法兰克福学派、新教育社会学、后现代主义等对泰勒原理进行了深入的批判。美国著名课程理论家派纳（W. Pinar）将泰勒原理的课程研究取向正式概括为"课程开发范式"（the paradigm of curriculum development）。在对"课程开发范式"的批判与反思中，课程研究领域发生了重要的"范式转换"（paradigm shifting），即课程研究由"课程开发"向"课程理解"转换。这种研究取向把课程视为"符号表征"（symbolic representation），课程研究的目的是"理解"课程"符号"所负载的价值观。派纳将这种研究取向概括为"课程理解范式"（the paradigm of understanding curriculum）。课程变成

---

①　[美] 威廉 F. 派纳，威廉 M. 雷诺兹，帕特里克·斯莱特里，等. 理解课程：历史与当代课程话语研究导论 [M]. 张华，等，译. 北京：教育科学出版社，2003：57，译者前言第 II 页.

了一种"文本",对这种"文本"不同角度的解读,形成了丰富多彩的"课程话语"。当今的课程研究已经不再局限于课程开发的程序的论争,而是将课程置于广泛的社会、政治、经济、文化、种族等背景上来理解,联系个人深层的精神世界和生活体验而寻找课程的意义。①

　　质的研究方法的广泛应用,使课程研究的场域发生了转向,即由脱离课程实践的抽象理论研究走向了实际的课程实施情景之研究主体:由"族外人"变为"族内人"。随着课程研究场域的变化,课程研究者的主体角色也在发生转换。传统实证主义的课程研究中,研究者和被研究者教师之间是一种主体与客体,控制与被控制,指导与被指导,知识生产与知识应用的割裂的二元对立身份关系。派克创造性地提出了"族内人与族外人",族内人走到了前台,研究的客体完成了主体化过程,研究者与被研究者转变成主体与主体关系,构成了交互主体的认识关系;"确立了'交互主体观'就意味着交往共同体中的每一个人都是作为平等的主体而存在的,主体间的相对独立是其相互作用、相互统一的基础"②。

　　这种研究范式的转换,不仅仅意味着传统规限和束缚的打破,也不仅仅是实现了概念的重建,真正的实践价值在于这种解构传统和多元赋予的背景使教师作为课程领域重要一员的身份和权力受到了新的关注。尤其是20世纪教育变革和课程民主化的发展,课程权力得以下移并共享,教师被赋予更多的权力和机会,这一切都内在地要求教师参与、支持和表达自己的声音,况且范式的转换本身即冲击着原有教师发展的体系,教师应该更好地在课程中体现应有的主体作用和地位,更多地分享并分担课程决策的权责,更有效地介入、参与、合作、对话。所以,教师不应被孤立和排除在课程之外,作为课程多元的组成部分而且是重要的有机组成部分应带着个人对于课程的经验、理解参与到课程开发设计中,发出自己的声音。

　　目前课程研究正由理论化思辨的研究取向转向实践取向,很多学者走进田野指导实践。倡导课程研究走进田野,正是基于关注课程在实践中的选择和行动提出来的,这既可以了解既有的选择和行动,又可以把握新课程遭遇的新的选择和行动。作为一个曾有着十几年基础教育一线工作经验的研究者来说,笔者希望自己能够真正地再度走进学校、教师群体、学生

---

① 张华. 走向课程理解:西方课程理论新进展 [J]. 全球教育展望,2001 (7):40—47.
② 张华. 经验课程论 [M]. 上海:上海教育出版社,2001.

群体中去体验真实的课程，去获得实践的启示。

四、"区域性学校整体推进的行动研究（U-A-S）"——研究问题的产生

2009 年初，D 师范大学教育科学学院与鞍山市 T 区教育局共同讨论学校改进及校长专业发展的规划。经双方研究讨论形成共同研究与探索学校改进和校长专业发展的方案。鞍山市 T 区以提高学校整体水平为主要目标。基本模式是：大学、教育行政部门、中小学三方共同参与，发挥各自优势与职能，形成合力，在探索中前进，在研究中发现问题，提出问题，寻找有效的解决问题的方法，逐步形成有效的机制与策略，初步形成大学（University）——教育行政部门（Administration）——中小学（School）三方合作研究共同发展的研究模式，即 U-A-S 模式。2009 年 3 月，D 师大教科院（University）开始与鞍山市 T 区教育局（Administration）及 T 区教育局下属十所中小学校（School）共同合作，进行"区域性学校整体改进的行动研究（U-A-S）"。

"区域性推进学校整体发展"研究是一项复杂工程，它不仅需要价值引领、理论假设、方法支撑，而且需要科学的队伍组织、有保障的工作平台和制度化的工作方式。从当前中国教育变革的战略设计与推进来看，它牵涉到国家、地方各级政府层面、教育行政层面的改革问题，涉及教育系统内部不同类型、不同年段教育的改革问题，涉及微观的教育活动改革问题；而且每一层面、每一环节、每一时段改革的推进，都会影响到整体工作的开展，并因为整体状态的变化而使其处于新的生态之中。参与研究的三方具有各自的优势与各自不同的职责：D 师范大学教育科学学院——以教育理论与方法为基本依托，从宏观及微观两个层面对课题研究进行整体设计与具体指导；鞍山市 T 区教育局——着力于本区域教育改革的大方向，提出需要研究的问题，对中小学提出改进的要求，对大学提出专业支撑的需求，同时给与大学和中小学以经费支持和政策支持，成为连接大学和基础教育学校的纽带；实验区十所中小学校是课题的主体，提出研究的需求和改进的需要，具体实施大学与政府制定的一系列政策与方案。发挥三方的优势与积极性，在学校改进的过程中相互促进，相互支持，相互约束，是本课题顺利推进的基础保障。与此同时，参与研究的三方又形成一

个相互支撑、相互促进、相互制约共同发展的稳定系统（马云鹏，2011）。

经过前期论证准备，项目于 2009 年 9 月正式启动。在"优质学校创生与名校长培养工程"项目中，笔者的导师团队负责鞍山市 T 区两所小学：A 小学和 S 小学，进行为期三年的以提高学校整体水平为主要目标的"学校改进的行动研究"。第一次到 A 小实地访问后，笔者的导师了解这所小学是鞍山市以国学校本课程开发为特色的学校，回来后就同我谈了他的想法，想让我就这所小学国学校本课程开发方面做博士论文。他当时很兴奋地及谈此话题，我却愣住了。在读博将近一年的时间里，对自己博士论文的选题，我和导师有过几次碰撞。考虑到我本人的经历，在中小学有过长达 15 年的教学经历，担任初、高中语文教师，并辅导高考多年，导师曾让我关注高中语文新课程改革实施的情况，并在长春为我联系好调研的某高中，但我隐隐地感觉那至少不是我目前心动的方向。由于自己的理论底子薄，对自己内心的一个声音——"教师成长的心灵轨迹的追溯"不知如何把握，如何形成一个基本的架构，梳理不清，就一直没敢和导师沟通，放在心里，想日后在理论上有一点积淀，自己能初步论证后再和导师汇报。没想到，导师又一次为我量身定做。我知道，他是考虑到我的背景，在中小学十几年的实践和一直从事语文教育的经历。当导师很兴奋地为我找到选题时，那一刻我内心紧了一下！

在这种情况下，我虽口头上接受了导师的建议，心里却抱着试试看，看看再说的想法，于 2009 年 9 月中旬和 D 师大导师的团队去了鞍山 A 小学。一进学校，迎面扑来浓郁的书香，中国传统文化的气息和符号无处不在，在参观和访问的两天中，接触到虽只是表面的一些情况的观感，但隐隐感到这所小学有很不一样的东西，虽说不清，但使自己当时抵触的感觉有些弱化。在反复的座谈、访谈校长和教师、深入课堂听课后，针对 A 小的实际情况，导师和笔者初步形成了研究方向和在 A 小的研究工作：确定进行以提高学校整体水平为主要目标的"小学国学校本课程设计与开发的行动研究"。

我国在此次新一轮基础教育课程改革中也非常强调中小学教师与专业研究者的合作研究，提倡中小学教师作为一个研究者的角色转变。很多中小学教师开始有意识地反思教学，或者积极参与专家的课题研究。对于教师、研究者而言，行动研究不仅是研究方法的创新，更是文化的创新，它需要在制度、观念甚至人员的能力倾向等多方面给予保障。与我们旧有的课程文化相比以下几点的转变尤为重要：①树立研究面前参与者平等的观念。在我们既有的研究文化中，学者被认为是理论的拥有者，理论的权威性很容易演变成学者在研究中的权威性，教师成为被动的执行者或者实验对象，当研究与教师的课程实践不协调，或看不到研究的实际意义时，自然会抵触或者会游离于研究之外，成为旁观者。②学校管理者真诚的支持。在时间、资金、奖励机制等方面提供条件，并积极为教师和研究部门的研究人员牵线搭桥。③教师改变只"行"不"思"的职业习惯。④研究者应提高综合能力。作为研究者不仅要有理论研究的能力，还应善于交往沟通，具有亲和力的研究者才会在行动研究中得到信任，并作出有价值的探索（马云鹏，2005）。

"区域性学校整体推进的行动研究（U-A-S）"是围绕着鞍山 T 区中小学实践活动进行的。研究的问题来自实践，研究的过程伴随着实践，研究的结果服务于实践。其中在"优质学校创生与名校长培养工程"项目中，研究者开展的是以一所小学为案例，以提高学校整体水平为主要目标的"小学国学校本课程设计与开发的行动研究"。在校本课程设计与开发过程中体现的是研究者和实践者的实践智慧，它不同于理论研究，从思想中的矛盾问题出发，进行逻辑的推演或论证，最终得出完美的愿望或最佳的结论，也不同于实验研究，控制研究过程的各种无关变量，以获得研究结论的唯一性、科学性。行动研究伴随着复杂的研究情境，因此，研究的对象针对性比较强，有时仅仅代表特定情境中的问题，因此研究结果的普适性没有理论性那样强，实践研究的过程往往与真实的实践过程同时进行，因此研究过程是随着实践的变化而变化的，研究结论也不像实验研究那样强调结论的唯一性，但是作为教育领域的一种重要的研究方式，行动研究有自己独特的价值与意义。

第一，行动研究关注实践中的"真"问题。研究问题直接来自于实践，能够反映出实践中正表现出的亟待解决的难点、困境、意图、设想，并有针对性地尝试解决，研究直接面向教育实践问题本身，因此，研究的着力点不是寻找教育中的共性问题，也不是把问题体系化，或者说研究是以问题为核心，而不是以体系为核心，所以这种研究是真切的。

第二，行动研究针对的问题具体而深入。行动研究针对的问题是局部的、具体的，因此，它的研究结论也许不能有普遍的解释力量，但是这种研究深入到问题的情境中，在对问题产生的背景、缘由、影响因素等有深刻的了解与体验的基础上，对问题的发展过程与结果有比较周全的判断，对问题的解释也不会过度依赖某种理论，因此，这种研究虽然可能是非常具体的小问题，但对小问题的阐释是周到的、深刻的、全面的。

第三，研究的过程就是研究的价值的体现。实践研究中研究与实践是结合在一起的。对于研究者而言，他要不断深入实践中调研、考察，与实践者不断沟通，因此研究者的思考、判断必然在研究的过程中就已经在影响着实践者及实践过程；有时教育实践研究的研究者就是实践者，因此当研究者获得感悟、心得、总结的同时已经转化成对实践的指导与推动力量，必然能够在研究的过程中提高自己教育实践的能力。

第二节 研 究 问 题

一、研究问题的阐述

明确研究的问题是研究的前提。

（一）研究的问题

1. 研究的基本问题

笔者研究的基本问题即需要解决的问题：小学国学校本课程的设计、开发与实施。研究的内容包括：小学国学课程的结构与内容；小学国学课程的设计模式；小学国学课程的实施策略；小学国学课程研究的方法与途径。在具体的研究中通过对一所个案小学的探究，通过对该所学校的校本课程开发历程的追踪，探索在新课改的背景下，小学如何整合、利用、开发、完善国学校本课程的基本过程，研究者与小学教育实践者共同设计（包括初试、调整、完善的过程）一套小学阶段国学课程方案，其中包括小学阶段国学课程目标设置、国学课程组织、国学课程实施及国学课程评价以及这套方案的初步实施效果。

2. 研究的具体问题

出于研究的需要，笔者把基本研究问题分为以下四个具体研究问题（具体研究问题即在基本研究问题的基础上进一步细致的问题，一些具体问题是直接针对笔者的研究目标的），在每一个具体研究问题下，又衍生出更加具体的研究问题。

第一，小学国学校本课程设计与开发价值取向。

第二，小学国学校本课程的设计开发模式。

（1）小学国学校本课程目标设置。

（2）小学国学校本课程的结构与内容。

（3）小学国学校本课程的实施策略。

（4）小学国学校本课程的设计模式。

（5）小学国学课程研究的方法与途径。

第三，小学国学校本课程实施的效果与改进。

第四，小学国学校本课程评价体系。

（二）研究目的与研究意义

具体而言，在以提高学校整体水平为主要目标的"小学国学校本课程设计与开发的行动研究"中，研究目的与研究意义如下：

1. 研究目的

本研究的主要目的在于探讨我国基础教育新课程改革背景下，小学国学校本课程开发的价值与意义；以一所小学为个案，设计并实施符合小学实际的国学校本课程；初步探讨适合实际需要的小学国学校本课程开发的模式与策略。

2. 研究意义

（1）探索国学课程开发的模式与方法，为小学国学校本课程开发研究与实践提供范例。

（2）研究小学国学课程的目标、内容与方法，为我国基础教育阶段国学课程的建设提供理论与实践的借鉴。

（3）通过一所小学的国学课程开发，为课程改革背景下的小学国学课程开发提供经验。

二、核心概念的界定

明晰概念是讨论问题和分析问题的前提，因此建立理论框架的首要问题是科学分析与合理定位基本概念。厘清概念的真正内涵，是进一步深入研究的基础。

(一) 国学与国学教育

1. 本研究视野中的国学界定

我们认为，国学可以理解为是参照西方学术对以儒学为主体的中华传统文化与学术进行研究和阐释的一门学问。它有广义与狭义之分。广义的国学，即胡适所说的"中国的一切过去的历史文化"，思想、学术、文学艺术、数术方技均包括其中；狭义的国学，则主要指意识形态层面的传统思想文化，它是国学的核心内涵，是国学本质属性的集中体现，也是我们今天所要认识并抽象继承、积极弘扬的重点之所在。在本研究的视野中，国学的内涵有两点：第一，它是广义上的"国学"，也就是"中国的一切过去的历史文化"，除了经、史、子、集等经典文化著作外，还包括诸如医学、戏剧、书画、民俗节日甚至星相、数术等等；第二，它更强调优秀的传统文化，强调传统文化中符合时代要求，或者说能超越时空界限、为全人类共同享有的、合理的、具有精神价值的东西。在本研究的视野中，国学是指我国古代的传统文化经典的总称，涵盖哲学、历史、文学、语言等领域。

"国学"对中小学教育而言，是对祖国优秀传统历史文化及语言文字的适度而专项地理解和把握的知识体系，承担着对学生民族精神的培育和人文素养的奠基功能。

2. 本研究视野中的国学教育

我们认为，国学教育主要是指以国学内容为载体，根据社会发展需要和学生身心发展规律，有目的、有计划、有组织地引导学生获得相关国学知识，通过文化传承、智慧渗透、心灵熏修，培育民族精神，提高人文素养，促进其身心健康发展的一种教育活动。

我们不是研究国学本身，而是研究从培养人出发，因为基础教育是奠基，通过国学课程设置，如何"着中国人的痕迹"，在国学素养上，他应该具备什么素养，用什么标准选择国学，怎么去开设国学，如何被学生吸收传承等。

本研究国学启蒙教育内容界定：A 小国学教育六个方面，即诗、礼、书、画、武、乐。

诗：包括四书五经等文化典籍、历代散文、诗歌辞赋、格言对联等；

礼：传统道德，包括忠孝、诚信和礼仪等方面；

书：指书法。书法也是 A 小国学的必修课，平均每两周一课时，学生每天要练习毛笔字；

画：指国画；

武：指中华传统武术；

乐：指中华传统民乐、戏曲与相声等。

本研究中国学校本课程开发以诗、礼、书内容为主。

（二）设计与开发、课程设计与课程开发①

1. 设计与开发

设计是思想中预料一种结果。开发则是比较开放的过程模式，在开发过程中或许会修改设计中要获得的结果。（菲力浦·泰勒，1986）

2. 课程设计与课程开发

课程设计有明确的目的；课程开发是带着意愿的旅程，是朝向一定方向的生成，甚至在过程中多次改变，一项被认同的笼统的结果。课程设计和课程开发这两个概念，都是描述那些课程过程，在过程中课程内容、教育经历的形态被结构化，以备学校使用。课程设计与开发过程最终就是要回答这样的问题："应该教些什么？"②（菲力浦·泰勒，1986）这一过程又被分成三个层次（沃克），课程开发至少涵盖三个突出的要素：一是课程政策的制定，指确立界限、标准、纲要等课程必须遵从的东西，而不是开发学生和教师实际使用的计划和材料；二是普适性课程开发，指既定的教师和学生可能潜在应用的课程计划和材料的准备；三是个别性课程开发，指特定学校或学区为给本地带来课程变革而采取的措施。③ 在英语中课程开发（develop）与课程设计（design）经常混用，所以沃克所说的课程开发应该指我们约定的课程设计，他所划分出的第三个层次，恰好与本研究对应，或者说借用沃克的理论，澄清了后面对校本课程设计的研究，仅仅限于对校本课程设计的一个层面的研究，即特定学校或学区为给本地带来课程变革而采取的措施。

---

① 吕立杰. 课程设计的范式与方法［D］. 东北师范大学博士学位论文，2004：76.

② Phi-ipHTaylor, Currieulum Researeh In The UnitedKingdom, From Currieulum Research In EuroPe, 1986：208.

③ ［美］威廉 F. 派纳，威廉 M. 雷诺兹，帕特里克·斯莱特里，等. 理解课程：历史与当代课程话语研究导论［M］. 张华，等译. 北京：教育科学出版社，2003：689.

（三）校本课程与校本课程开发

1. 校本课程

校本课程是国家基础教育课程设置实验方案中的一个部分，指学校自行规划、设计、实施的课程。其基本定位是非学术性、兴趣性为主，以发展学生个性为目标，一般以综合的形态出现，强调过程而非结果。因此，在校本课程开发过程中对学生的评价应该是"发展本位"的，而不应是"缺陷本位"的。评价不是为了甄别，而是为了让学生感知成功，增强学习的兴趣；同时，通过评价进一步改善课程，使课程更适合儿童的发展；让评价真正成为"创造适合儿童的教育"，而不是"选择适合教育的儿童"。[①]

2. 校本课程开发

实践中的校本课程开发有两种形态：一种是"校本课程"的开发，另一种是"校本的"课程开发。前一种校本课程开发形态是国家在课程计划中预留10％—25％的余地，让学校自主地进行新的课程开发。在这里，"校本课程"是相对于"国家课程"、"地方课程"而言的一种课程板块。后一种校本课程开发形态是学校在符合国家核心课程标准的情况下，对学校的所有课程进行校本化改造。在这里，既有对国家或地方开发的课程进行适应性改编，也有学校自主开发的课程，因此，这时的校本课程开发包含了对于学校所有课程的一种整体开发。[②] 本研究采用第一种形态进行校本课程开发。实施三级课程管理的改革是一个渐进的过程。对于我国大部分地区而言，学校以前几乎没有课程开发的自主权，缺少课程开发的技术和经验。在这种情况下，许多学校都是从"校本课程"的开发开始，尝试学校中的课程决策与开发，研究者进行行动研究的小学对"校本课程"的开发就是这样的一种课程开发形态。

---

① 林一纲，崔允漷. 经验与分享：国家基础教育课程改革实验区校本课程专题研讨会综述 [J]. 山东教育科研，2002（10）：25—29.

② 林一纲，崔允漷. 经验与分享：国家基础教育课程改革实验区校本课程专题研讨会综述 [J]. 山东教育科研，2002（10）：25—29.

第三节　研究设计与研究方法

一、研究的基本思路

行动研究设计思路如图 1 所示：

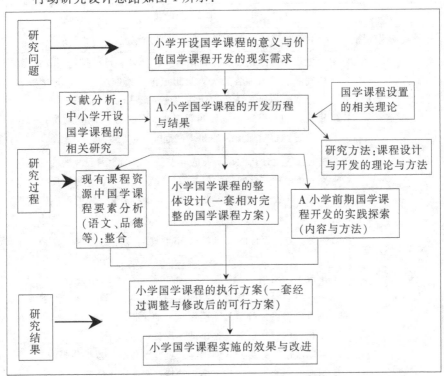

图 1　行动研究设计总体思路

具体思路与步骤：

1. A 小学现在状况分析及国学课程开发的情况。

2. 小学国学课程开发的理论研究及一套相对完整的方案设计。

3. 第一次碰撞：设计的方案与 A 小学现实存在的课程（教师）的讨论，找出共性与差异。

4. 形成第二套国学课程方案。将此方案与现有的相关课程对照分析（主要是语文课程、品德课程、校本课程）；形成国学课程细目，将目标分解为不同层次（如掌握、了解、欣赏等）；找出相关内容在现有课程中的体现。

5. 第二次碰撞：将修改的方案与小学教师共同讨论。

6. 形成第三套方案，并试实施这套方案。

7. 考察、分析实施过程，进一步修改方案和实施策略，最终形成可行方案和实施策略。

表1　行动研究的具体步骤

步　骤	具体工作/说明
诊断或发现问题	A 小学现在状况分析及国学课程开发的情况
初步研究分析	1. 对发现的问题进行初步讨论，务求做到各抒己见，集思广益。研究者、教师和各有关人员组成国学研究小组。讨论的结果可能成为拟定总体行动计划的重要意见。 2. 重视批判和反思，搜集和阅读有关的文献可以有助辨别和批判问题，也对厘清目的和研究范围有帮助。
拟定整体计划	重视全盘的设计，行动研究的蓝图是小学国学课程开发的理论研究及一套相对完整的国学校本课程方案设计。设计强调灵活性和能动性、开放性，以适应没有预计的制约因素。强调行动中的反馈信息，对整体计划的修订和完善。
制订具体计划	第一次碰撞：设计的方案与 A 小学现实存在的课程（教师）的讨论，找出共性与差异。
行动	1. 形成第二套国学课程方案。此方案与现有的相关课程对照分析（主要是语文课程、品德课程、校本课程），形成国学课程细目，将目标分解为不同层次（如掌握、了解、欣赏等），找出相关内容在现有课程中的体现。 2. 第二次碰撞：将修改的国学课程方案与小学教师共同讨论。 3. 形成第三套国学课程方案，并将这套方案试实施。 4. 考察、分析实施过程，形成进一步修改方案和实施策略，最终形成一套可行方案和实施策略。 （不断进行调整和修订，一切干预的行动均以解决实际问题为依据，行动会对以下三方面有所完善：对事件的完善，对问题认识的增进，对社会情境的深入了解。）

续　表

评价行动研究	这是整个行动计划的总结。总结可以包括两个主要部分： 1. 对所研究的问题作结论，即分析行动研究是否完成目标。 2. 对整个行动研究的计划、策略、步骤等进行分析、反思和批判，为下一个（循环）计划作准备。前部分是有关行动研究目标成效的总结。后部分是对行动研究本身作评价，如弄清研究过程中所遇到的问题和限制。两部分各有不同的目标和标准；两者却又相互影响，互为因果，不可分割。

二、研究方法：行动研究

本研究在方法论上采用行动研究的范式。在 D 师范大学教育科学学院与鞍山市铁东区教育局合作研究的学校改进 U-A-S 模式中，在区域性学校整体推进的行动研究中，我们通过对 A 小学实际发生的事情——国学校本课程开发，进行具体的分析，和实践者一起研究，了解她们的困惑，发现存在的问题，进而提出改进计划，在此过程中存在着多变与不确定的因素，这些特质决定了研究过程不能进行严格的控制。"行动研究不能使用一些明确的、事先设定的方法和技巧，而是通过实践者的反思开发出行动的新观念和新策略。"① 与此同时，作为专项研究我们必须采取一个系统的方法，种种因素表明，行动研究是最适合采取的研究方法，在研究过程中我们根据实地发生的情况，既灵活多变又有章可循。②

（一）基本研究取向的定位——质化的行动研究范式

将开展行动研究，与教师一起进行小学国学课程的整体设计及课程实施的效果与改进工作；进行教学观察、教学反思，不断完善国学课程体系的构建。

"行动研究意在帮助实践工作者省察他们自己的教育理论与他们自己的日复一日的教育实践之间的联系；它意在将研究行动整合进教育背景，以使研究能在实践的改善中起直接而迅捷的作用；并且它意图通过帮助实

---

① 陈向明. 质的研究方法与社会科学研究［M］. 北京：教育科学出版社，2008：452.
② 马云鹏. 从双方合作到三方合作：学校改进模式新探索［J］. 中国教育学刊，2011 (4)：25—28.

践工作者成为研究者，克服研究者与实践工作者之间的距离。"[1] 教育行动研究则指："在教育情境中，由教育专业工作者（通常指教师）进行，用以改善教育专业实践，并获致教育理想的行动研究。"[2] 它特别强调对实践的改进，是在教育情境中的一种研究过程。虽然行动研究一再强调，研究应该视每一个具体课题的情境而定，没有统一明确的模式和步骤，但是归纳起来，我们仍旧可以找到一个大致的线索。[3] 这一部分的整体思路是以行动研究的基本过程为取向，即勒温曾经用"螺旋循环"一词描述了行动研究的一般过程，为后来的行动研究倡导者提供了一个很好的范例。20 世纪 80 年代凯米斯（S. Kemmis）将勒温的"螺旋循环"稍作改造，提出了行动研究"计划——行动——考察——反思——再计划"的经典模式；同时我们以斯基尔贝克的校本课程开发模式为程序，确立笔者与 A 小学"实地介入式"的国学校本课程开发的行动研究的基本步骤。这是一个螺旋上升的发展过程，每一个螺旋发展圈包括了四个相互联系、相互依赖的环节：计划：分析情境，规划愿景；行动：聚焦问题，编制方案；考察：解释与实施；反思：追踪与重建。基于此，本研究在确定行动研究合作伙伴之后，在开展的过程中始终围绕计划（分析情境，规划愿景）、行动（聚焦问题，编制方案）、考察（解释与实施）和反思（追踪与重建）四个基本环节进行。在本研究中，"计划"主要是指明确研究问题，在对研究问题进行分析的基础上，开发出可行的计划方案；"实施"主要是指教师（研究者）和学生的实践环节，在对行动进行观察的过程中，可以发现问题。而"反思"则是对"计划"与"实施"中存在的问题与困难进行必要的分析，加以调整，达到改善实践的目的。实施过程中，通常是合作教师与笔者之间先进行交流，共同探讨如何进行校本课程开发，包括研究单元的确定，研究项目的开发，并作出计划。之后，由合作教师实施，其中始终伴随研究者的参与指导。通过教师的实践环节，我们从中可以发现问题，并与合作教师进行再探讨，反思其中的原因，对预定方案进行补充和完善。伴随着整个研究过程，研究者和合作伙伴得到了发展。

　　行动研究不仅是一种单一的方法（method），还是一种研究与行动相

①　袁振国. 教育研究方法［M］. 北京：高等教育出版社，2000：212.
②　陈惠邦. 教育行动研究［M］. 台北：师大书苑有限公司，2000：15.
③　陈向明. 质的研究方法与社会科学研究［M］. 北京：教育科学出版社，2008：455.

结合的方式（approach）。行动研究的定义包含四个核心词：权力分享、参与合作、知识获得、社会变革。麦克南（Mckernan）①（1991）概括的课程领域进行行动研究的三个基本原理："教师作为研究者"，他认为经历真实情境的人，是最好研究与探索的人，教师是课程研究的主体之一；"自然主义观和实践观"，他认为人类行为深受所发生真实情境的影响，行为是情境中的行为；"场地研究和质的方法论的优先性"，场地研究寻求了解和描述，而不是结果的测量和预测，质的研究强调参与观察者主观的感受、对环境的叙述和个人主观的价值，并设身处地地诠释所看到的现象。按研究者的方法论原则行动研究分为三种：技术的，实践的，解放的（Grundy 1982）②。这三种类型分别来自实证、解释的和批判的哲学方法论。

　　综上所述，本研究作为一项教育科学研究的研究取向或研究范式的定位与研究的主题直接相关。由于本研究关注的是研究者在一所小学中和任教的老师参与国学课程开发过程中的基本情况并需要探究不断调整改进的策略，根据研究问题的立场和研究需要，本研究认为采纳的是"批判主义"的思维方式、价值判断和基本立场，因此我将本研究的研究取向定位于：以实践的行动研究为主，批判性取向的质化的行动研究。

（二）质化的工具性个案研究法

　　基于研究的问题和研究目的，考虑到研究需要和特点，本研究确定的基本研究方法是质化取向的工具性个案研究法。

　　质的研究方法是以研究者本人作为研究工具，在自然情境下采用多种资料收集方法对社会现象进行整体性探究，使用归纳法分析资料和形成理论，通过与访谈对象互动对其行为和意义建构获得解释性理解的一种活动。③ "质的研究高度适用于研究过程，因为描述过程需要详细的叙述。一般而言，过程经验因人而异；过程是流动的，且是动态的；而参与者的知觉是其中关键的过程考量。"④ 对国学校本课程设计与开发的研究主要

---

① Mckernan J. (1991). Curriculum action research: A handbook of methods and resources for the reflective practitioner. NY: St. Martin's Press Inc.

② Grundy S (1982). Three modes of action research, Curriculum perspective, 2, 3.

③ 陈向明. 质的研究方法与社会科学研究［M］. 北京：教育科学出版社，2000：12.

④ Michael Quinn Patton. 质的评价与研究（Qualitative evaluation and research methods）. 吴芝仪，李奉儒，译. 台北：桂冠，1995：57.

应该着重于过程的研究。因为开发本身就是一个过程，是制定课程方案并在实际的教学实践落实的过程。对开发情况的考察，重点就是考察这个过程，当然与所达到的结果有关。而且从质性研究本身特点来确认研究取向的合理性角度考虑（麦瑞尔姆 Merriam, S. B, 2000：3），质的研究的特点表明：质的研究是自然的研究。质性研究最为关键的是要从参与者而非研究者的观点来理解研究所关注的事实或现象，即"着位（emid）"或内部人观点（insider's perspective）；质的研究是描述性的。Patton（1991）指出，质化研究属于现象学的范式，试图解释事件对被研究者的意义。质的研究中所用的资料以描述性资料为主，研究者以现场的观察记录、关键人物的访谈实录、文件、图片、实物等为主要的资料来源；质的研究具有归纳的研究取向。"用质化自然探究法，以归纳的和整体的方式了解在各种特定情境中的人类经验。"（patton, 1990：37）它产生于对实际现象的考察、分析和归纳，这同以演绎逻辑为基础的实验、调查等方法在研究策略上有明显的不同。质的研究更适合于对人的思考过程、方案的实施过程和运动的发展过程等问题的探索；质的研究具有连续性和整体性的观点。质的研究将现场里的人、事、物作为一个整体来研究，对研究对象有着连续地、整体地追踪考察研究，它更多地关注研究问题的过程，关注人们对一些问题的想法和做法，以及他们为什么这样想；质的研究重视研究关系。由于注重解释性理解，质的研究对研究者与被研究者之间的关系非常重视；质的研究是一个演化发展的过程。质的研究不是按照事先设计好的一套程序直线地进行研究，而是强调"即时性"，根据现场及研究对象的情况和收集到的资料，不断归纳、调整自己的研究。综上所述，这样的一种强调使质化的研究范式更加适合于本研究。本研究的研究对象是校本课程开发，包括对现实的学校课程开发进行客观的描述和评价。例如，A 小学前期国学校本课程的开发历程与结果，国学课程开发过程中所发生的故事，都需要研究者能够深入到学校进行调查，收集第一手资料，使用描述和分析的方法，运用学校文化主体的语言记录他们对自己生活世界的理解和感悟。

　　个案研究有助于以开放的态度在没有假设的情况下全面地收集信息（Merriam, 1998）；而最为关键的原因在于，本研究关注的是教师在校本课程开发过程中，尤其是处于一定独特的情境中国学课程实施的过程和表现，致力于深入教师的内心来探究其所思所为背后的意义。因此首先本研究采纳质性个案研究中的工具性个案研究，研究者对于个案本身的兴趣退居其次，主要是将个案当作探讨某种议题、提炼概括性结论的工具。"我们有一个要研究的疑难问题，一个需要对其建立一般性理解的问题，并且感到可以通过研究特殊的个案深入地认识这个问题。这种个案研究是对一些事情的理解，在这里个案是作为完成任务的工具，所解决的问题不是这个特殊的个案本身"[①]；本研究致力于深入、细致地了解小学国学校本课程设计与开发过程中教师的状况，在此基础上提出有意义的发现和结论，因此以一所小学作为单一研究个案。但本研究的关注点并不是以学校本身为重点，而是以个案作为了解和分析问题的有效工具，因此本研究采用质性取向的工具性个案的研究策略。

质性研究关注的是过程、意义和理解，其研究成果具有丰富性和综合性。

质性研究的基本属性首先符合笔者所研究问题的目的和需要，同时我考虑到探寻校本课程开发的意义在于构建本身，本研究不着重"论证什么"，而是从实际中"发现什么"，并能够给予一定的解释和建立新的发现才是最为重要的。研究者认为采用质性研究对本研究来说是最合理和适切的研究方法。

研究者本身就是收集和分析资料的最基本工具：这样的一种强调使质化的研究范式更加适合于本研究。本研究的研究对象是校本课程开发，包括对现实的学校课程开发进行客观的描述和评价。例如，A小学前期国学校本课程的开发历程与结果，国学课程开发过程中所发生的故事，都需要研究者能够深入到学校进行调查，收集第一手资料，使用描述和分析的方法，运用学校文化主体的语言记录他们对自己生活世界的理解和感悟。

鉴于"校本课程开发"本身具有复杂性、动态性、不确定性和情境性，根据研究问题的性质和需要，本研究重点运用质性的个案研究的基本方法和行动研究策略来开展研究，同时辅以质的研究领域中的多种方法辅助研究，综合采用扎根理论研究、集体审议等方法和技术来收集、分析资料与信息。

本研究还借鉴叙事的形态来呈现某些田野日记、教师经验等资料，这

---

① Patton, M. Q. Qualitative Evaluation and Research Methods. London: Sage, 1990: 53—64.

种研究方法作为一种载体，能够很好地辅助研究资料的整理和分析的过程。在形式上采取叙事探究的优势在于教师在校本课程开发过程中在很大程度上具有经验的成分，教师每一个行为的背后都与个体的生活经验和教育经验有着极其密切的联系。

三、个案选取

本论文以辽宁省鞍山市 A 小学为行动研究的个案，对 A 小学国学校本课程设计与开发的实践进行了探讨，通过该学校国学课程设计与开发的实践探索生成了国学校本课程设计模式。本论文以质化研究为取向，采取行动研究作为研究策略，具体采用了参与观察、深度访谈、集体审议、文献收集等研究方法，在研究中多种方法之间成为互证的工具，使本研究更有意义。本论文呈现了 U-A-S 团队与 A 小学校长、教师及学生在国学校本课程开发之行动研究中，以"冷静的头脑和热切的心"，不断探寻教育的本质，践行着教师教育的理想：用心来播种，这是教育的精华所在，也是真正的教育人所需要的。校本课程开发的过程就是培养出更多的用心去（从事）教育的人的历程。

四、资料的搜集与整理分析

（一）资料搜集的方式与过程
进入现场——我的角色："局内人"与"局外人"的双重身份

研究者指参与的人有"我"和 A 小老师，但做的人是"我"设计一个行动研究。始终不要忘"我"的双重身份，既是"局内人"—— A 小学国学组一员的身份，以尽可能以局内人平等的身份，而不是指导她们，是在与 A 小教师互动交流的过程中达成某种一致和改变；同时"我"又是个"局外人"，要始终不忘自己的研究者的身份（是在实践中为老师们的探索把舵的），不忘自己研究的目的，明确"我"是在做研究，要自己能始终把握住研究的方向，我的责任是在 A 小学老师在开发中做得不对的时候，我能去及时调整、修正，深入改造。我始终要问自己："在 A 小学的课程开发中你在发挥什么作用？"把"在 A 小的课程开发中自己在发挥什么作用"这一点能清晰具体地呈现出来。要把自己研究的过程和研究发现展示出来。抓住在一线教师那里，她们所理解、认可和让实践发生改变的课程究竟是一个什么样的过程和结果，把这个用学术的语言和方式呈现出来，这才是我研究真正的意义所在。

在质化研究中，对研究者与被研究者之间关系的认识，持不同科学范式的人有不同的看法。但是汉莫斯里（M. Hammersley）和阿特肯森（Atkinson）的研究却表明："可以被接受的边缘人"，即"局内人"与"局外人"的双重身份是最理想的选择，两种角色之间所形成的张力使研究者既有一种归属感，又有一定的个人空间："局内人"——A 小学国学工作室人员。A 小学国学工作室在编的有四位教师；"局外人"——指导者和自由观察者。更多的情况下，我是这里的"局外人"，是一个观察者。我身份的特殊就在于是一个与他们没有任何利害冲突的"自己人"。这种身份，使得我很多时候能够获得一些真实的资料。

（二）资料搜集的主要方法

在质化的个案研究方法范式下，按照"在活动的事实中考察课程"的原则，在实地学校考察的近三年的时间里，笔者主要采用了访谈、观察、收集实物、问卷调查、课程审议等方法搜集资料。在进入实地之前，基于自己的理论基础，笔者在头脑中勾勒了一个大致的研究框架，对于学校国学课程开发究竟应该关注哪些因素有一个初步的想法，也就是说这一研究并不是没有任何设计的完全开放的研究。但这只是一个研究的框架，在实地研究的最初阶段，笔者几乎对学校的所有方面都有所涉猎和了解。研究的过程是一个逐渐聚焦和归纳的过程，到研究的中期阶段才形成自己的真正研究问题。因此，不能够否定，笔者走了很多"冤枉路"，但实际上这些资料作为背景使笔者对这所学校有一个全面的了解。

1. 访　谈

这是研究运用的主要方法之一。通过访谈法，能够直接了解到 A 小学前期（研究者介入之前）在国学校本课程开发过程中做了什么，有哪些成功的经验、存在哪些要改善的问题；教师们在课程开发过程中有什么体验和感受等。

访谈主要采用正式与非正式两种方式。从 2009 年 9 月末到 2012 年 1 月前后两年多时间里，笔者的访谈对象包括领导、教师、学生、家长以及社区相关人员。笔者正式访谈教师共计 27 名，其中包括学校的校长、副校长、书记、教导处主任、教导处干事、少先队辅导员以及包括数学、语文、思品、音乐、体育、信息技术等大部分学科在内的教师。非正式访谈由于时间不定，内容也有长有短，没有确切统计过。非正式访谈绝不是随意聊天，访谈的内容看似"无计划"，实际上大体还是围绕自己预先设计的研究提纲。访谈的问题基本上可以分为结构性访谈、半结构性访谈和开放性访谈。

2. 观　察

观察与访谈是研究中使用最多的两种方法。研究中的观察有两类：参与型观察和非参与型观察。① "从扎根在人类日常生活的有关事实中发掘实践性真理和理论性真理"，在自然的情境中对学校的文化模式和国学课程实施现状形成一个感性的认识，观察学校内的一切象征符号、典礼、仪式、文化主体的活动。从研究问题本身出发，考虑质化研究的要求，本研究的设计具有一定的可行性。但由于质化研究是一种"即时性策略"。在实地研究中，有必要根据实际情况进行必要的调整。

3. 收集实物

收集学校以往国学校本课程开发的资料。在实地研究的两年多时间里，笔者搜集了大量的"正式的官方资料"和"非正式的个人类资料"。其中正式的官方资料包括学校各种规章制度、上级颁发的一些文件、有关学校的一些统计资料、总结材料等。非正式的个人类资料主要包括教师的教案、听课笔记、业务学习笔记、学生的作业、考试卷、日记和周记、学校物理环境的照片、学校一些大型活动的照片等。通过对这些实物的分析，以此透视在国学校本课程开发过程中教师成长的背景和心路历程。

（三）资料的整理和分析

分析与A小学国学课程开发有关的一切文件。研究资料的整理过程和分析过程是不可分的，而对资料的分析过程实际上也就是写作的过程。这不是一个线性发展的过程，它们之间相互重叠、补充、循环反复，呈螺旋上升的状态。在整个研究的过程中，无论是访谈录音资料还是自己的观察笔记，笔者都力图做到材料一收集上来就立刻进行分析整理，包括自己

---

① 质化研究中的实地观察可以分为两种：参与型观察与非参与型观察。参与型观察是观察者和被观察者一起生活、工作，在密切地相互接触和直接体验中倾听和观看他们的言行。这种观察比较开放、自然、灵活。非参与型观察是不要求研究者直接进入被研究者的日常活动。观察者通常置身于被观察的世界之外，作为旁观者了解事情发展的动态。这种观察比较客观，但会受到"研究效应"的影响。

的反思备忘录和对问题的分析笔记。但是在研究的初始阶段，笔者并没有形成自己分析问题的档案系统，只是按照原始资料的本来面目做好记录。到研究的中期阶段，笔者开始有意识地回头阅读原始资料。在阅读的过程中，笔者将自己事先设计的理论框架放到一边，怀着一种完全开放的态度全身心地"面对事情本身"，寻找原始资料中的本土概念及其概念之间的关系。

五、研究的效度与伦理

（一）研究的效度

效度：行动研究意味着从教师所做的教育研究的"有用性"来考察、评定它的"可信性"。一种教育研究是否具有可信性，取决于这种教育研究是否能解决实际问题。教育研究是解决问题情境的手段，某种教育知识是否具有确定性、可靠性、可信性，关键在于它是否具有"有用性"，而主要不在于它是否能经得起"重复性检验"或"统计学测量"。行动研究的"有用性"本身已经承诺了它的"可靠性"或"可信性"。[1] 这样看来，U-A-S 行动研究中，专家介入 A 小学校本课程研发并不丢弃"教育研究方法"，但与传统的教师培训所提供的"教育研究方法"的知识有根本的分歧：第一，传统的教师培训在提供"教育研究方法"的知识或理论时，教师只是作为被动的"旁观者"；第二，传统的教师培训在为教师提供教育研究的相关知识时，往往在绝对意义上理解教育研究的"可信性"，U-A-S学校改进在考虑教师所做的校本开发是否能够解决学校实际问题，改进教师自己的教育实践。

传统的教师培训的危机在于培训者将教师置于"旁观者"地位，使教师处于某种"看画者"的状况中。"我们总是抱着看画者的态度，而不取画画者的态度去想念它。于是哲学的专门学者所熟知的，尤其是使现代哲学与普通人的理解或科学的结果和方法相距甚远的认识论的一切问题发生了。因为这些问题都是起源于假定一边是一个谛视的精神，另一边是一个供静观的不相识的远离的客体。"[2] 一旦教师返回到"亲自参与教育研究"中去领悟教育研究方法，教师就会从旁观者思维向参与者思维转变，从旁

---

① 刘良华. 校本行动研究 [M]. 成都：四川教育出版社，2002：118—119.

② 杜威. 哲学的改造 [M]. 许崇清，译. 北京：商务印书馆，1958：66.

观者眼光转向参与者眼光。杜威称之为"哥白尼式的革命":"旧的中心是心灵,它是用一套本身完善的力量去进行认知,而且它也只是作用于一种本身同样完善的事先存在的外在材料上的。新的中心是自然进程中所发生的变化不定的交互作用,而这个自然进程并不是固定的和完善的,而是可以通过有意操作的中介导致各种不同的新的结果的。正如地球或太阳并不是一个普遍而必然的参考系的绝对中心一样,自我或世界,灵魂或自然(即当作孤立而本身完善的东西理解自然)都不是这个中心。在交互作用着的许多部分之间有一个运动着的整体,每当努力向着一个特殊的方向改变这些交互作用着的各个部分时,就会有一个中心浮现出来。"[1] "在质的研究中,研究者即是工具(the researcher is the instrument)。质的研究之效度,大部分的关键在于进行实地工作者的技巧、能力和严谨地执行其工作。"[2]

　　教育行动研究来自具体的实施情境,包括具体的课程内容、课程资源、教师条件、学生特点等,研究过程也是主观决策的过程,因此研究结论极具主观性、个别性与个体的整体性。其结论与量化研究相比,不具有普遍的解释能力和大面积推广的能力。对此,质的研究者的认识最具说服力,他们认为问题不在于研究的个案有没有代表性,而是它究竟代表了哪一类。当具有类似经历的读者对研究结果产生共鸣的时候,也就是思想得到推广,研究的信度被证实的时候。另外,不是所有的研究目的都需要直接作用于决策,研究结果可以作为决策者资讯的一部分,在决策资讯网中与其他研究产生互动。(马云鹏,2005)

　　(二) 研究的"伦理问题"

　　"伦理问题"在行动研究中显露出既一般又特殊的意义。就"一般"而论,教育行动研究的伦理规则自然包括诸如"不抄袭他人的研究成果"、"不伪造数据"、"真实地报道研究结论"、"在研究成果的署名上尊重合作研究者"、"在资料的解释上不任意发挥"、"尊重学校或个人的名誉"、"研究成果必须公开接受公众的批评和讨论"等。在考虑这些伦理道德时,人

---

① 杜威. 确定性的寻求:关于知行关心的研究 [M]. 傅统先,译. 上海:上海人民出版社,1966:220.

② Michael Quinn Patton. 质的评价与研究(Qualitative evaluation and research methods). 吴芝仪,李奉儒,译. 台北:桂冠,1995:57.

们关注较多的是两个方面：一是研究结果的可靠性与合理性问题；二是研究过程尤其是实验研究过程中的"被试者"的身心影响问题。① 而我们 U-A-S 行动研究中最核心的一点是达成坦率和诚实。这是我们彼此之间的基本关系特征。当然这一过程也是一个逐步理解和磨合到默契的过程。

1. 尊重并寻求他们在研究中的合作。

2. 在商议问题的改进时，不是居高临下而是真正平等磋商，让对方清楚自己的意图，在彼此的商议中确定下一步的执行方案并作检验。

3. 当整理成文和报告自己的研究结果时，必须如实说明。如在开发研究中的结果写成论文发表时，所在学校共同参与改进项目的教师的名字也会出现在研究成果上。

4. 真实地帮助一线教师成长，指导他们把自己的实践经验转化成小论文发表。鼓励她们拿起笔写作，从具体的方法到选题指导到后期反复修改，最后她们发表了自己的论文，在实地工作中体验到工作、研究合二为一的快乐和成就。②

---

① 刘良华. 校本行动研究［M］. 成都：四川教育出版社，2002：228.

② 刘良华. 校本行动研究［M］. 成都：四川教育出版社，2002：331.

第二章

文 献 综 述

第一节　校本课程开发理论视域

一、校本课程开发情境分析

（一）国际背景

第二次世界大战对各国的教育造成了不同程度的影响和削弱，因此，教育的恢复和发展成为战后世界各国尤其是发达国家关注的焦点。另外，新技术革命带来的新知识、新成果的急剧增加，使原有的课程内容、教学方法、教学手段难以满足科学技术发展的需要，迫使课程要作出相应的调整和改革。[①]

1. 自上而下全国规模"新课程运动"的失败

美、苏竞争迫使美国于 20 世纪 50 年代末，发起了一场旨在提高全民科学素质、增强国防力量的全国性的课程改革，被称为"新课程运动"。联邦政府直接拨款资助，并组织各个领域的专家制定了一套全新的课程计划和教材体系，但未到 5 年的时间便宣告失败。继美国课程改革失败之后，许多国家也开展了全国性的课程改革运动，但效果同样不尽如人意。这种由政府发布、学校执行的自上而下的大规模课程改革的失败，深深刺

---

① 门秀萍. 中小学校本课程开发的理论与实践［M］. 北京：开明出版社，2003：28.

激了课程改革的发起者、研究者和参与者,他们开始怀疑这种自上而下的改革模式的可行性和实效性。[①] 在新课程运动中,英国和美国的表现尤为突出,两国的课程革新计划的实施一反传统,启用了国家课程的开发和推广模式,即研究——开发——推广模式。[②] 但是,在这次课程改革中教师没有任何课程决策权,他们在新课程中只是担任新的教学材料和学生之间的中介,是教师指南或教材中明确规定的教学活动的实施者。不过,新课程运动在很大程度上完成了教育内容和教学方法论的现代化改造,为从单一的国家课程开发机制走向国家课程开发与校本课程开发等多种课程开发机制并行奠定了必要的改革基础[③]。

　　从某种角度来说,新课程运动是失败的,它留给人们的最大教训莫过于仅仅运用一种开发模式,尤其是中央集权的课程开发模式来解决学校教育的所有课程问题,不仅容易脱离学校教育的具体条件与需要,造成课程资源的浪费和闲置,而且压制了广大师生的首创精神,使学校教育缺乏生机和活力,因而难以在学校教育中扎下根来。[④] 为弥补国家课程开发机制先天不足的缺陷,人们纷纷开始寻求其他方面的解决途径,关注的焦点开始从专家转向学校和教师,课程领域逐渐兴起了校本课程开发运动。[⑤] 在工业化国家,校本课程开发逐渐成为开发的主导形式,在发达国家是否就是工业化国家纷纷完成了教育内容的现代化改造后,课程开发开始向多样化方向发展。而大多数第三世界国家所面临的最紧迫的任务是要尽快恢复和建立国家教育系统,保证教育制度的正常运转,逐步走上教育现代化的发展轨道。但是,国家课程开发机制在充分张扬优越性的过程中,它的缺陷也日益显露出来。20 世纪 80 年代后期,发展中国家也意识到开发学校课程的必要,于是,校本课程开发运动逐渐在发展中国家兴起。它传达的信息就是:新课程运动的缺点,要通过在学校一级进行有关的课程决策来弥补。[⑥]

---

① 徐玉珍. 校本课程开发:背景、进展及现状 [J]. 比较教育研究,2000 (8):24—25.
② 崔允漷. 校本课程开发:理论与实践 [M]. 北京:教育科学出版社,2000:5.
③ 门秀萍. 中小学校本课程开发的理论与实践 [M]. 北京:开明出版社,2003:5.
④ 吴刚平. "新课程运动"与"校本课程开发"的此消彼长及其启示 [J]. 河北师范大学学报:教育科学版,2001,4 (2):113.
⑤ 门秀萍. 中小学校本课程开发的理论与实践 [M]. 北京:开明出版社,2003:28.
⑥ 吴刚平. "新课程运动"与"校本课程开发"的此消彼长及其启示 [J]. 河北师范大学学报:教育科学版,2001,4 (2):114.

2. 全球"草根式"民主运动的高涨

二战后，西方各国经历了十多年的稳定、繁荣、发展时期。富足的物质生活和丰富的现代信息，使人们更加注重个体的自我价值，并反叛工业社会的文化价值和政治制度。20 世纪 60 年代中后期，以法国和美国为代表，发生了席卷全球的学潮风暴。20 世纪 70 年代又兴起了一股强大的女权运动与民主运动。进入 80 年代至 90 年代，不论是集权制国家还是分权制国家，都出现了一股强劲的"去中心化（decentration）"思潮（即反对权力集中、呼吁权力下放的民主思潮）。民众希望能够参与公共生活，愿意对公众事物发出自己的声音。这种强调个体价值的"草根式"的民主运动，对教育产生了巨大冲击。学校呼吁自主的管理权限，教育的所有纳税人都希望参与教育的决策过程。校本课程开发的理念正好回应了这种民主的呼声①。近年来，世界上许多国家在反思本国教育弊端的同时，对基础教育提出了新的目标和要求，并从基础教育课程改革入手，调整人才培养目标，改变人才培养模式，提高人才培养质量。世界各国基础教育面临的共同课题就是如何把统一要求与学生个性特长的培养结合起来，从而导致了世界各国课程行政模式的"中间化"趋势②。

（二）国内背景

当前我国基础教育的现状同时代的发展和肩负的历史重任之间还有许多的不适应，基础教育课程改革势在必行。

1. 教师专业自主的需要

随着中国基础教育课程改革的不断深入，教师扮演的角色越发显得重要，他们的职能也在发生着深刻变化，研究教师教育教学实践已成为中小学日常教育工作中不可缺少的方面。教师的专业精神和专业技能是教育改革成败的一个关键因素，学校的成功来自于教师的能力和他们的精神，这种能力与精神并非全部来自职前培养，学校的现实环境才是培育、巩固和不断发展它们的重要场所。重新发现教师，重视教师的发展是当代教育的一个重要特征。教师专业化发展是我国教师教育改革的一个重要取向，已成为教师教育实践的主流话语。③1966 年联合国教科文组织在发表的《关

---

① 徐玉珍. 校本课程开发：背景、进展及现状 [J]. 比较教育研究，2000（8）：25.

② 门秀萍. 中小学校本课程开发的理论与实践 [M]. 北京：开明出版社，2003：31.

③ 熊焰. 学校中教师的专业成长与发展 [J]. 课程·教材·教法，2004（4）：63.

于教师地位的建议》中提出："教育工作应被视为专门职业（Profession）。这种职业是一种形态的公众服务，它需要教师的专业知识及特殊技能。而且，这些知识和技能需要经过持续的努力与研究才能获得并维持。"实际上，这是在正式认定：教师职业是一种专门职业，教师是专业工作者。成为专业工作者的一个重要条件，就是要拥有专业自主权，即能够对自己专业内的事务有充分的决定权。校本课程开发正好回应了教师对这种自主权的需求。①

2. 素质教育呼唤课程的根本性变革

"应试教育"对于书本知识的热衷追求使学生的学习负担和厌学情绪不断加重，学生为考试而学，教师为考试而教，素质教育难以得到真正落实②，从而严重影响着个性化人才的培养。与此同时，现代科技的发展使得个人的特长显得越来越重要③。创造性人才的脱颖而出有赖于学生个性的充分发展，有赖于有特色的学校教育。无论是培养学生的创新精神和实践能力，还是培养适应新世纪发展的卓越人才和培养 21 世纪合格的公民和社会劳动者，都需要落实到学校课程与教学上来，学校课程是实现办学特色的基础，学校办学特色首先体现在课程与教学中，学校具有相应的课程权力才可能形成具有特色的课程体系，才能实现具有特色的个性化教育，而且办学特色需要有与之配套的校本课程加以保证④。

"工业经济时代学校教育的中心任务是传授知识，因而，系统的知识几乎成为'课程'的代名词。教师向学生展示的知识世界具有严格的确定性和简约性，这与以不确定性和复杂性为特征的学生真实的生活世界毫不匹配，教育、课程远离学生的实际生活。"⑤ 原有课程中固有的知识本位、学科本位问题没有得到根本转变，这与知识经济时代对人的要求形成了极大的反差。在日常生活中，与知识、技能的传播无直接关系的校内外活动，往往被看作额外的负担而遭到排斥，使学生不能得到全面发展，这种知识本位的课程显然是不符合时代需要的。新的时代呼唤新的教育，基础教育作为高素质创新型人才培养的奠基工程，担负着为国家与民族的发展

---

① 徐玉珍. 校本课程开发：背景、进展及现状 [J]. 比较教育研究，2000 (8)：25.
② 朱慕菊. 走进新课程：与课程实施者对话 [M]. 北京：北京师范大学出版社，2002：8.
③ 叶澜. 课程改革与课程评价 [M]. 北京：教育科学出版社，2001：113.
④ 门秀萍. 中小学校本课程开发的理论与实践 [M]. 北京：开明出版社，2003：31—32.
⑤ 朱慕菊. 走进新课程：与课程实施者对话 [M]. 北京：北京师范大学出版社，2002：7.

培养一批高素质创新型人才打下坚实基础的历史重任。知识经济是以人为中心的、多样化的经济形态。①

无论新知识的获得还是现成知识的掌握，都离不开人的积极参与，离不开认识主体的活动。学生掌握知识的过程，实质上是一种探究的过程、选择的过程、创造的过程，也是学生科学精神、创新精神，乃至正确人生观逐步形成的过程。只注重统一的单一的国家课程显然是不能实现这方面的需求的，必须拆除阻碍学生与社会、课程与生活之间的藩篱。② 校本课程开发在这样的背景下出现就有其历史必然性。

二、校本课程开发的内涵理解③

在我国，"校本课程开发"经历了一个从产生到发展的历史过程，对它的理解和认识也在不断发展变化。通过了解这些变化，认识现实条件下的"校本课程开发"的实质和宗旨，是有效组织和实施课程开发的必要前提。

（一）国外及我国台湾、香港地区"校本课程开发"概念的梳理

"校本课程开发"（school-based curriculum development, site-based curriculum development）与之相近的词汇有"学校中心课程编制"（school-focused curriculum decision-making），"学校中心的课程改革"（school-centered curriculum reform），"学校课程改进（school curriculum improvement）"等，译名有"学校本位的课程发展"、"学校为基础的课程开发"、"校本课程开发"、"校本课程研制"和"校本课程编制"、"校本课程发展"等。自菲吕马克（Furumark）和麦克米伦（MacMillan）等人于1973年在爱尔兰阿尔斯特大学召开的国际课程研讨会上率先提出"school-based curriculum development"一词并加以阐述之后，与之相关的理解逐渐丰富。

---

① 叶澜. 课程改革与课程评价 [M]. 北京：教育科学出版社，2001：112.
② 朱慕菊. 走进新课程：与课程实施者对话 [M]. 北京：北京师范大学出版社，2002：8.
③ 李臣之，陈铁成. 高中校本课程开发与综合实践活动 [M]. 天津：天津出版社，2005.

崔允漷在《校本课程开发：理论与实践》中列举了关于校本课程开发的 11 种最常见的定义，吴刚平在《校本课程开发》一书中亦罗列了 12 种代表性和权威性说法，将这些定义进行梳理分析，大致可以有以下几方面的解读：

1. "活动"视野

菲吕马克（1973）认为，校本课程开发意指参与学校教育工作的有关成员，如教师、行政人员、家长和学生，为改善学校的教育品质所计划、指导的各种活动。

2. "开发主体"视野

麦克米伦（1973）指出，校本课程开发是以学校为基本的课程开发工作，该课程开发工作大部分依赖学校教职员工及学校的现有资源。

斯基尔贝克（Skilbeck，1976）指出，校本课程开发是由学校教育人员负责学生学习方案的规划、设计、实施和评价。

黄政杰（1985）指出，校本课程开发是以学校为中心，以社会为背景，透过中央、地方与学校三者权力责任的再分配，赋予学校教育人员权责。学校教育人员结合校内外资源与人力，主动进行学校课程的计划、实施与评价。

马什等（March N. et al.，1990）指出，校本课程开发是一种强调"参与"、"草根式民主"的课程口号，是一种重视师生共享决定，共同建构学习经验的教育哲学，也是一项需要课程领导与组织变革的技术。

张嘉育（1999）指出，校本课程开发是指学校为达成教育目的或解决教育问题，以学校为主体，由学校成员如校长、行政人员、教师、学生、家长与社区人士主导，所进行的课程开发过程与结果。

3. "结果或成果"视野

沃尔顿（Wolton，1978）：校本课程开发，其结果可以是教材的选择、改编，也可以是教材的新编。

4. "开发过程"视野

校本课程开发是学校自发的课程开发过程，过程中需要中央与地方教育当局的权力、责任重新分配（OECD，1979，School-based Curriculum Development）。

埃格尔斯顿指出，校本课程开发是一种过程。在这一过程中，学校运用有关资源，通过合作、讨论、计划、实验、评价来开发适合学生需要的课程。

5. "广义或狭义之分"视野

科恩（Cohen D，1985）指出，校本课程开发有狭义与广义之分。狭义是指学校少数人员，如校长、部分教师开发课程文件或成品；广义是指学校所有成员，包括校长、教师、学生、社区人士等参与课程规划、设计、实施与评价等课程开发的全部工作。

萨巴（Sabar，1994）指出，校本课程开发有狭义与广义之分。狭义是指学校人员采用、实施现有课程成品时进行的一连串的课程决定；广义是指学校成员参与课程开发、实施与评价等动态过程，以及其中对于学校组织、资源、社区参与、培训教育所作的决定。

自然，这种分析方法主要是为了理清思路，而且难以绝对化，如张嘉育（1999）关于校本课程开发的理解既涉及开发主体，又从"过程"和"结果"方面给以解释。这也说明，尽管人们尽可能地从自己的视角解释校本课程开发，但解释结果可以是综合的。

（二）我国内地学者对"校本课程开发"概念的理解

随着我国课程管理政策的逐步完善，1999 年 6 月发布的《中共中央、国务院关于深化教育改革全面推进素质教育的决定》明确提出："调整和改革课程体系、结构、内容，建立新的基础教育课程体系，试行国家课程、地方课程和学校课程。"由此开始构建了我国"三级课程的体系"改革。2000 年教育部基础教育司制订的《全日制普通高级中学课程计划（试验修订稿）》规定：地方和学校安排的选修课占周课时累计数的 10.8%—18.6%，同时学校还需要开发"综合实践活动"（占 8.8%）。2002 年 6 月，教育部又颁布了《基础课程改革纲要（试行）》，在"课程管理"一章中明确提出："为保障和促进同地区、学校、学生的要求，实行国家、地方和学校三级课程管理"，校本课程开发研究与实践逐步深入，我国内地学者也开始赋予校本课程开发以新的理解，主要有以下六种：

1. 吴刚平（2002）认为，校本课程开发是指学校根据自己的教育哲学思想，为满足学校的实际发展需要，以学校教育为主体进行的适合学校具体特点和条件的课程开发策略；校本课程实质上是一个以学校为基地进行课程开发的民主决策的过程，即校长、教师、课程专家、学生以及家长和社区人士共同参加学校课程计划的制订、实施和评价活动；校本课程开发是指学校根据自己的教育哲学思想，为满足学生的实际发展需要，以学校教师为主体进行的适合学校具体特点和条件的课程开发策略。

2. 校本课程强调的是，在具体实施国家和地方课程的前提下，通过对本校学生的需求进行科学评估，充分利用当地社区和学校的课程资源而开发的多样性的、可供学生选择的课程。校本课程开发指的是学校根据本校的教育哲学，通过与外部力量合作，采用选择、改编、新编教学材料或设计学习活动的方式，并在校内实施以及建立内部评价机制的各种专业活动。

3. 王斌华（2001）认为，校本课程指的是学校根据自己的教育理念，在对学校学生的需要进行系统评估的基础上，充分利用当地社区和学校的课程资源，通过研讨、设计与专业人员或其他力量合作等方式编制出的多样性的、可供学生选择的课程；校本课程是由学校全体教师、部分教师或个别教师编制、实施和评价的课程。

4. 丁念金（2000）认为，校本课程即以学校为本位、由学校自己确定的课程，与国家课程、地方课程相对，共同构成了课程开发的完整体系。

5. 冯新瑞（2002）认为，校本课程就是指学校的本位课程，是指学校根据自己的教育思想自主进行开发的适合学校具体特点和条件的课程，它是课程管理权限再分配的结果。

6. 徐玉珍（2003）认为，校本课程开发是在学校现场发生并展开，以国家及地方制订的课程纲要的基本精神为指导，依据学校自身的性质、特点、条件及可利用和开发的资源，由学校成员自愿、自主、独立或与校外团体或个人合作开展的旨在满足本校所有学生学习需求的一切形式的课程开发活动，是一个持续和动态的课程改进过程。（本研究的取向）

相比之下，我国内地学者对"校本课程开发"的认识，与前述代表性定义不尽相同。可见，人们对学校本位课程研制的含义的理解还未达成共识。

比较一致的见解是：

第一，校本课程开发涉及课程管理体制的重大变革、课程管理权力及责任的重新分配问题。按照古德莱德（J. J. Goodlad）的课程观点（将课程可以分为理想课程与现实课程。现实课程就是教师理解理想课程，并在此基础上，根据学生和教学的具体情况实施课程，以使学生体验并获得学习经验。也就是说课程最终要落实到学生身上，被学生所体验），课程开发是一个连续的动态过程，任何国家开发的课程计划只有通过教师在学校中的教学活动才能体现，学校和教师有权参与课程开发。如果学校和教师拥有课程开发自主权，就能根据具体的情况经常评估、修改课程，使理想课程与现实课程较为一致，否则，很容易导致理想课程与现实课程的脱离。校本课程开发突破了国家作为课程开发唯一主体的格局，赋予学校和教师课程开发的权利和义务，使课程开发渠道发生了质的转变。

第二，以尊重学校师生以及学校教育环境的独特性与差异性为前提。校本课程开发强调学校根据自己的宗旨自主进行适合学校具体特点和条件的课程建设。学校纵向与横向课程都充分考虑到学生的需要，考虑到特定学校的具体教育环境。

第三，校本课程开发是针对国家课程开发的局限性而采取的一种国家课程开发相对应的课程开发策略，也就是说，校本课程开发的出现还是教育制度内权力与资源重新配置的过程。

第四，强调"活动"、"结果或成果"、"开发主体"、"过程"、"开发策略"等定义视野。

第五，注重校本课程开发是一种开发策略。

第六，强调校本课程开发活动发生的现场在学校。

第七，注重学校教育人员参与校本课程开发过程。

（三）对"校本课程开发"的再认识

对事物的认识总是在发展。从已有校本课程开发相关定义视野、定义本身可以发现，自菲吕马克和麦克米伦 1973 年提出 "school-based curriculum development" 一词以来，其含义一直在不断扩展。定义视野在扩展，定义内容更在扩展，表现为课程开发主体的扩展、开发范围的扩展、开发成果的扩展等等。与此同时，在定义扩展过程中也逐渐增加一些认识上的差异，这些差异值得在进一步界定校本课程开发时注意。

1. 语义转译中的差异

校本课程开发有着不同的英文别名，其中 school-based curriculum development 在文献使用中最为广泛，与此相关的中译名也有"学校本位的课程发展"、"学校为基础的课程开发"、"校本课程开发"、"校本课程研制"和"校本课程编制"、"校本课程发展"等等。显然，容易发生语义转译差异的词汇主要是 school-based，development。

Base 在英汉词典中的表达方式主要有：①基础；②基地；③基点；

④把……基于、把基地设在……①

我国现今流行的"校本课程"、"校本课程开发"之称谓，大多将 school-based 理解为"校本"。实际上，"本"在《新华词典》的解释有：①草木之根或茎干；②根源；③依据；④原有的，如本意等。② "本"的寓意可以是"根本"，如"立国之本"。"本"在《辞海》中的解释与《新华词典》的解释多有相似之处，主要有：①草木之根或茎干；②事物的根源或根基；③自己或自己方面的；④重要的，中心的；⑤本来，原来；⑥根据；⑦宇宙的本体，本原；等等。③ 从这些意义上理解，"校本课程"、"校本课程开发"关于"本"的使用与 school-based 中 base 的意义是否最为贴近，仍然需要进一步分析和讨论。

值得注意的是，"本位"在《新华词典》的解释有：①货币制度的基础或货币价值的计算单位；②自己所在的单位；自己的工作单位。④ 将 school-based 翻译为"学校本位"，有将学校作为学校自身课程开发的现场、单位之意。似乎更加靠近原来表述的实质，同时也同 school-focused curriculum decision-making，school-centered curriculum reform，site-based curriculum development 等语义相近。

如何理解 curriculum development? 译为课程发展、课程研制还是课程编制？陈侠在其《课程论》中写道："不少人照字面把这个词（curriculum development——引者注）译为'课程编制'一记号大体相同，所以许多人主张照旧译成'课程编制'。但是从当前各国开展课程的教育科学研究的情况来看，课程编订的过程就是课程研制的过程，所以把它译为'课程研制'，反而更加合适些。"（陈侠，1989）

陈侠讲的是 20 世纪 50—80 年代人们对 curriculum development 的看法，对今天转译 curriculum development 仍然有指导意义。实际上，从课程史发展可以看出，所谓学校本位课程开发实际上就是课程行动研究，因此，将 curriculum development 译为"课程研制"比较合适。另一方面，按照《牛津英语词典》对"开发"的解释，"开发"包括"一项计划、方

---

① 新英汉词典编写组. 新英汉词典［M］. 上海：上海译文出版社，1984：90.

② 新华词典编纂组. 新华词典［M］. 北京：商务印书馆，1996：43.

③ 辞海编辑委员会. 辞海［M］. 上海：上海辞书出版社，1996：1403.

④ 新华词典编纂组. 新华词典［M］. 北京：商务印书馆，1996：44.

案的具体细节的确定"（崔允漷，2000），再从学校本位课程开发活动发生过程来看，它既是一个研究过程，又是具体的开发过程，也是一系列行动过程。因此，课程研发更能体现 curriculum development 的本意（吕达，1991）。

因此，将"school-based curriculum development"翻译为"以学校为基础的课程研发"或"学校本位课程研发"，似乎较之"校本课程开发"更贴近原意一些。相比之下，"学校本位课程研发"较之"以学校为基础的课程研发"更为简练。只是"校本课程开发"已经成为人们已经习惯的表述，与其将其改变为"学校本位课程研发"，倒不如更为恰当地界定"校本课程开发"的含义。

2. "校本课程"与"校本课程开发"辨析

我国学者从不同视角解释"校本课程开发"的同时，非常注重"结果或成果"，一方面从"结果或成果"角度解释"校本课程开发"，另一方面有些表述还以"结果或成果"的视野将"校本课程开发"转意为"校本课程"。近几年来，"校本课程"已经成为课程开发实践领域一个耳熟能详的词汇，人们谈论"校本课程"的时候也远远多于谈论"校本课程开发"，甚至将"校本课程"与"校本课程开发"等同视之。对此，我国有学者认为"这实际上是一个不小的误解"并提出了下述三点理由（徐玉珍，2003）。

首先，"校本课程开发"是一个课程专业术语，其英文缩写词为"SBCD"。而"校本课程"只是一个口头用语或不规范的书面用语。在西文的课程文献中，校本课程开发方面的几位一流的作者在其著述中从未使用过"校本课程（school-based curriculum development）"一词，只有极少数的作者在极少数的文章中才会不太规范地提到"校本课程"一词。

其次，"校本课程开发"是学校本位的课程开发，不是校本课程的开发。前者强调的是课程开发的行动和研究过程："校本课程"一词则容易导致课程开发只看结果不看过程的错误倾向。

最后，汉语中使用"校本课程"一词容易与"学校课程"、"校定课程"、"选修课程"、"活动课程"等混淆。

这些看法很有道理，值得我们认真分析和借鉴。我们在使用舶来品的过程中的确需要遵循其本意，并运用我们自身的语言习惯，合乎逻辑地合理表述。比如：

"国家课程、地方课程与学校课程"，在逻辑上不会引起误解；不过单独理解"学校课程"也的确感觉模糊：学校课程是学校自主确定的课程？还是学校落实国家、地方课程改革精神而实施的课程，或是学生实际体验的课程？难以确定唯一。

如果我们将国家本位课程开发（当今习惯称"国家课程开发"）、地方本位课程开发（习惯称"地方课程开发"）与学校本位课程开发（习惯称"校本课程开发"）联系起来，同样容易接受。

如果说国家本位课程开发的结果之一是国家确定的课程（简称为"国家课程"），地方本位课程开发的结果之一是地方确定的课程（简称"地方课程"），学校本位课程开发的结果之一是学校确定的课程（简称为"校本课程"）。那么，"国家课程"、"地方课程"和"校本课程"之间的关系也不难理解。

（四）校本课程开发范围综述

我国新课程改革赋予学校课程开发的责任、权力，学校也必然在课程开发活动中获得利益。这些得益至少可以是：提升教师的课程意识；教师参与课程变革过程；社区介入学校课程改革；提高教师的课程开发能力；增强课程对学生的适应性。

课程与生活、经验密切联系。

显然，"校本课程"很难完全概括上述课程开发利益，那么校本课程开发的成品除"校定课程"之外还有哪些？换言之，校本课程开发的范围除开校定课程之外，还应该做哪些事情呢？

沃尔顿（Walton）指出，校本课程开发，其结果可以是教材的选择、改编，也可以是教材的新编。崔允漷认为校本课程开发指的是学校根据本校的教育哲学，通过与外部力量合作，采用选择、改编、新编教学材料或设计学习活动的方式，并在校内实施以及建立内部评价机制的各种专业活动。

沃尔顿和崔允漷从开发"结果"、开发"方式"的视野为我们显示了校本课程开发可以做的事情，即"对教材进行选编或改编"；这里的"教材"是学校以外责任单位开发的材料，可以是国家的，也可以是地方的。

崔允漷、吴刚平等人在《普通高中新课程方案导读》一书中认为："从理论上说，校本课程开发的范围主要有以下三类：一是课程方案中的选修Ⅱ；二是综合实践活动课程领域；三是其他七大学习领域中相关科目或模块及其具体内容。"十分清楚,第三方面的开发范围已经包括国家、地方课程开发内容的再开发了。只是作者认为在我国目前情况下,第三方面活动暂时难以展开,主要原因为:"从全国范围的推进策略来说,地方与学校的课程能力差异是客观存在的;从我国的教育传统与课程发展历史上看,结合校本课程开发的国际经验,留出一部分空无课程给学校是一种积极而稳妥的对策;非学术性课程的权力主要在学校并不影响高中学生的学术水平。"① 这些分析很有道理,课程开发离开了实际情况难以真实展开,离开了历史经验,失败的可能性也必然增加。同时,学校不可能承担为学生开发课程的全部责任,现在是这样,将来也是这样。

徐玉珍认为,校本课程开发是在学校现场发生并展开,以国家及地方制订的课程纲要的基本精神为指导,依据学校自身的性质、特点、条件及可利用和开发的资源,由学校成员志愿、自主、独立或与校外团体或个人合作开展的旨在满足本校所有学生学习需求的一切形式的课程开发活动,是一个持续和动态的课程改进的过程。很明显,"一切形式的课程开发活动"都属于校本课程开发的范围。

可见,关于校本课程开发的范围的研究已经得到扩展。

实际上,无论我国学校教师课程开发能力等进展如何,完成国家、地方课程开发规定的任务都是最主要的任务。换言之,即使学校不能开发"校本课程",也需要有效实施国家课程和地方课程,更何况学校开发"校本课程"与有效实施国家课程和校本课程是一个有机的统一体,三者相互影响和制约。

校本课程开发的范围扩展仍然是相对的。虽然在我国现实条件下,难以让所有学校都完成一切形式的开发活动,但学校不能仅仅完成自己的"自留地",仅仅开发"校本课程",必须努力开发需要且能够开发的课程范围。这就是围绕国家课程、地方课程有效实施而展开的国家课程、地方课程的校本转化活动,以及力所能及的"校本课程"开发活动,因为这些开发范围都是围绕"学生的教育需求"和学校自身的"现实条件"相伴而生的。

所以,校本课程开发范围应该包含国家课程、地方课程的有效实施,更为具体地说,包括国家课程、地方课程的校本转化,或者说国家课程、

---

① 钟启泉,崔允漷,吴刚平. 普通高中新课程方案导读 [M]. 上海:华东师范大学出版社,2003:227.

地方课程的校本化实施。

进一步从满足学生教育需求思考校本课程开发还可以发现，将校本课程开发范围进行区分也是实践层面折中的现实性思考。如果教师真正从个体角度实现了按照学生教育需求确定课程，如果学生真正得到了对其最有意义的课程，那么，教师就创造性地落实了国家课程改革方案的精神。换言之，如果教师创造性地实施了国家课程方案，那么，教师已经成功地实现了国家/地方课程向校本课程的转化活动，成功开发了满足学生教育需求的校本课程，此时，校本课程也就成为了教师确定的课程，所谓国家课程、地方课程、校本课程，甚至国家课程、地方课程校本转化也就不存在了，所有课程就是学生体验过的课程了。

通过上述分析，吸取校本课程开发相关表述的共同特性，立足我国课程改革的现实需要，我们可以将校本课程开发理解为：

校本课程开发/学校本位课程开发是在学校现实条件下，以实施国家/地方课程改革方案为背景，以学校教育人员为主体，以满足学校教育需求为轴线，以国家课程/地方课程的校本转化和校本课程开发为主要内容而进行的整体的课程开发策略。

它强调五方面的内容：

第一，学校现实条件。学校具有课程开发的责任、权力、利益，学校也有自身的"现实性"，学校需要从现实出发，研究课程开发的现实情境，以充分利用课程资源，开发适合学校学生的、可以实施的、有效的课程。

第二，以实施国家/地方课程改革方案为背景。按照现今流行说法，校本课程开发是基于学校，通过学校和为了学校，实际上所谓基于学校，通过学校和为了学校，均须在国家/地方课程改革整体框架下进行，国家、地方和学校是一个整体，很难将学校从国家和地方框架下独立出去。

第三，以学校教育人员为主体。学校教育人员是以学校教师为主导的课程开发群体，学生、社区人士作为重要的资源，需要参与课程开发过程，但是学校教育人员的课程引导或领导十分重要。

第四，以满足学生教育需求为轴线。满足学生的教育需求是一切形式校本课程开发活动的终极追求，包括学校对国家和地方确定的课程的调适和改变，包括学校新设课程，均须从学生的教育需求出发。学生的教育需求并不等于学生的需求，学生的需求需要经过教育学的过滤和转化，才能成为课程开发目标确立的依据。

第五，整体课程开发策略。校本课程开发需求从学校哲学高度整体研制，绝非零散的，随意的。即使教师个体从事的基于学生教育需求的课程开发活动，也需要整体纳入学校办学哲学和整体规划中，以便合理开发和有效利用课程资源。

三、校本课程开发的实施程序①

（一）斯基尔贝克的程序

斯基尔贝克认为，校本课程开发的实施程序主要有五大步骤。学校首先必须分析情境，然后依据情境分析的结果拟定适切的目标，同时建构适切的课程方案，最后进行解释，交付实施，并进行追踪与方案的重建。这五个步骤学校可以根据实际情况，从其中任何一个步骤着手，甚至几个步骤同时进行。情境分析包括对校内外两部分因素的分析，至于目标的陈述，应包含预期结果，所编制的方案应说明教学活动的设计、达到目标所需要的教材、情境设计、人员安排与角色的定义。最后在评价时，应有明确的评价工具与评价模式，通过追踪、交流机制、搜集资料，以了解目标与实施结果之间的差距，判断是否重新设计方案。

分析情景——准备目标——编制方案——解释与实施——追踪与重建

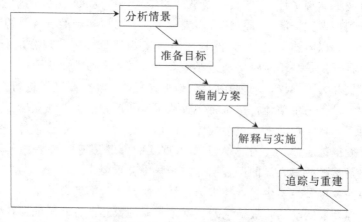

图 2　斯基尔贝克的校本课程开发程序

---

①　崔允漷. 校本课程开发：理论与实践［M］. 北京：教育科学出版社，2000：48.

（二）经济合作与发展组织的程序

经济合作与发展组织则比较注重学生在学校课程方案中的重要性，它所提出的校本课程开发程序是：[①] 分析学生，分析资源与限制，制订一般目标，制订特殊目标，确定方法与工具，评价学生的学习，分配资源、人员、设备与时间，实施、评价与修订。

以上步骤虽然有逻辑上的顺序，但实际进行时可以以任何一点为起点，同时，每一步骤都要考虑与其他步骤的配合。在实践中，可根据学校的实际情况灵活运用。

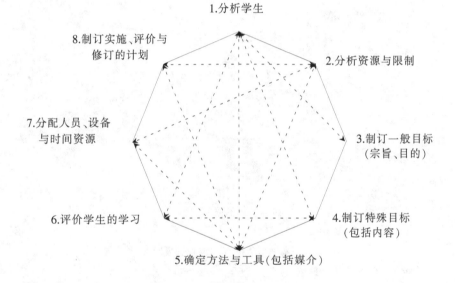

图3　OECD 的校本课程开发程序

（三）塞勒等人的程序

课程改革学者哈夫洛克（Havelock）在1971年曾经提出课程改革的"问题解决模式"，即以特定的教育现场为焦点，强调学校与教师的主动参与，运用民主决策，解决学校与教师中的课程问题。塞勒（Saylor）对此作了进一步的改进，提出了课程开发的问题解决途径，强调学校教育现场的课程开发，具有校本课程开发的精神。[②]

---

① OEDC. School-based curriculum Development，1979：36.

② 崔允漷. 校本课程开发：理论与实践［M］. 北京：教育科学出版社，2000：48.

首先，学校教育人员要感受到问题的存在，继而分析问题，确立目标，并寻找可能的解决途径，如是否有现成课程教材可直接采用或经改编后使用，还是需要另行开发新课程（新编）。只是有一点需要注意，不论是现成教材还是新编教材，都需要试用，经调整后才可以正式使用。最后，搜集课程运作的相关讯息，以供修订或改进课程时参考。这一程序因为以教育现场为焦点，所以问题的分析是不可或缺的一环。此外，学校除善用校内现有的资源外，也可以寻求校外资源的协助，只是校外人士的角色必须是咨询性质的，合作的，而不是主导、规范的，这就是下图中虚线的意义。

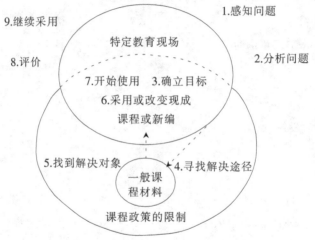

图4　塞勒等人的校本课程开发程序

（四）托马斯的程序

托马斯（Thomas）认为，学校进行校本课程开发时，首先需要成立课程开发委员会或相关工作小组，承担相关的规划与决策；其次，确立参与课程开发的参与成员与开发程序；然后，经由参与成员的集体讨论，拟定课程方向、目标与计划；最后，据此进行开发课程的具体工作。其中，在目标规划部分，需要包含课程类型、课程焦点、时间安排、组织结构等。如果课程成品是详细的教材，则必须决定课程主题、教学目标、组织顺序等。[①]

① Thomas I. D. A Decision Framework for School: based Decision Making. The Australian science Teacher Journal, 1978, 24 (2).

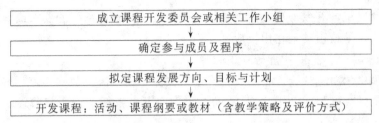

图 5　托马斯的校本课程开发程序（改编自 Thomas，1978）

（五）本研究的实施程序

虽然行动研究一再强调，研究应该视每一个具体课题的情境而定，没有统一明确的模式和步骤，但是归纳起来，我们仍旧可以找到一个大致的线索。[①] 这一部分的整体思路是以行动研究的基本过程为取向，即勒温曾经用"螺旋循环"一词描述了行动研究的一般过程，为后来的行动研究倡导者提供了一个很好的范例。20 世纪 80 年代凯米斯（S. Kemmis）将勒温的"螺旋循环"稍作改造，提出了行动研究"计划——行动——考察——反思——再计划……"的经典模式；同时我们以斯基尔贝克的校本课程开发模式为程序，确立笔者与 A 小学"实地介入式"的国学校本课程开发的行动研究的基本步骤。这是一个螺旋上升的发展过程，每一个螺旋发展圈包括了四个相互联系、相互依赖的环节：

1. 计划：分析情境，规划愿景；
2. 行动：聚焦问题，编制方案；
3. 考察：解释与实施；
4. 反思：追踪与重建——效果与改进。

四、校本课程开发的活动类型

（一）凯利的分类

凯利依据课程开发的动因来划分，把校本课程开发分为"学校内部自发"与"回应外部指令"两大类。[②]

前者是指学校的课程开发是由校内成员自行发现问题，主动寻求解决

---

① 陈向明. 质的研究方法与社会科学研究 [M]. 北京：教育科学出版社，2000：455.
② 崔允漷. 校本课程开发：理论与实践 [M]. 北京：教育科学出版社，2000：78.

问题的对策，开发课程；后者是指基于上级教育行政部门的要求或学校外部压力，学校被动地作出反应。

（二）埃格尔斯顿的分类

埃格尔斯顿认为，校本课程开发可分为"在全国课程框架内"与"超越全国课程框架"两大类别。[①] 每一类别底下再依据课程变革的程度区分为五种类型。

表2　埃格尔斯顿的校本课程开发类型

在全国课程框架内	1. 选用全国课程方案
	2. 调整全国课程方案
	3. 进一步开发全国课程方案
超越全国课程框架	1. 做短期的即时性的课程创新
	2. 做长期的课程创新

（三）布雷迪的分类

布雷迪从"活动类型"与"参与成员"两个维度对校本课程开发进行分类。按活动类型方面来划分，校本课程开发可以分为现有课程材料的选择、现有课程材料的改编与课程材料的新编。按参与成员方面来划分，可以是个别教师、两位教师、教师小组、全体教师。

（四）本研究的活动类型

通过对校本课程开发活动类型的介绍，结合本研究的开展情况，试图对本研究的活动类型作以下三方面的分析：

1. 谁在开发，即校本课程开发的主体。在 A 小学开展的国学校本课程开发研究，是笔者与 A 小学老师合作进行的。

2. 改进什么，即在 A 小学原有国学校本课程设计与开发的的基础上进行改进和完善。

3. 怎样开发，即校本课程开发具体的活动方式。以国学校本课程课程方案的形式呈现。

---

① 崔允漷. 校本课程开发：理论与实践［M］. 北京：教育科学出版社，2000：79.

第二节　国学及国学教育相关研究

一、国学、国学教育及国学当代教育价值的文献探讨

（一）关于国学

了解国学这一概念的由来是明确国学的基本概念的前提。关于这个问题目前学界主要有三种观点：一是认为中国古代并没有"国学"这个概念，而是近代中国知识分子从日本移植到中国的（钟少华，1999）；二是在与西学冲突的境遇中，从周秦以来的国学（国家教育管理机构、最高学府）的机能转变为学术的机能，其研究的对象是中国固有的学术（张立文，2006）；三是 20 世纪以来，中国传统文化学术继清代汉学而有国学（雒江生，2000）。以上观点虽各有千秋，但不能从整体上反映出近代国学的演变过程。笔者认为，近代国学的演变是由多种因素整合的结果。

我国古代所谓"国学"，是指国家设立的学校，最早记载见于《周礼·春官·乐师》："乐师掌国学之政，以教国子小舞。"在此后的朝代更迭中，"国学"逐渐演变为清末的国家高等学府，但基本含义仍指国家设立的学校和教育管理机构。这与近代以来所谓"国学"的含义不同。我们现在所使用的国学的概念，实发生于晚清。（袁行霈，2007）清末民初国学的兴起，与当时的社会思潮有密切的关系。1840 年鸦片战争以后，中国的一些有志之士努力向西方寻找救亡图存之道，西学东渐成为社会的潮流。在这过程中一部分学者担心自己国家固有的学术文化衰微，于是提倡国学。考察他们的初衷，明显地带有救亡图存的意思，以及弘扬中国传统文化的愿望。1902 年秋，梁启超曾与黄遵宪等人拟在日本创办《国学报》。1904 年，邓实发表《国学保存论》，论述了保存"国学"的重要性。1905 年，邓实、黄节等人在上海成立了国学保存会，以"研究国学，保存国粹"为宗旨，出版《国粹学报》，撰稿人除了邓实、黄节，还有章炳麟、刘师培、陈去病、黄侃、马叙伦等，他们或为中国同盟会会员，或倾向民主革命。提倡"国学"与他们从事的革命活动大方向是一致的，而"国学"的"国"字，则包含了爱国的情结。1906 年，章炳麟在日本鼓吹

反满革命，同时提倡研究国学。1922 年 4 月至 6 月间，章炳麟在上海讲"国学大概"和"国学派别"。1934 年，章炳麟在苏州创办章氏国学讲习会，对国学作了总结性的讲解，出版了《国故论衡》、《国学概论》、《章太炎国学演讲录》等书，将国学分为"小学"、"经学"、"史学"、"诸子"、"文学"五部分，他对国学范围的界定在 20 世纪二三十年代影响很大。此外，胡适、顾颉刚、钱穆等人也有关于"国学"、"国故"、"国粹"的种种论述。各家的说法颇有分歧，若就其大致相同的方面而言，可以说"国学"即中国固有的学术以及研究中国传统的典籍、学术与文化的学问。有学者认为：国学是中国学问的根底。这个根底主要表现在两个方面：一个是小学，一个是经学。小学的功夫就是文字学、训诂学、音韵学。文字学是认字，训诂学是释词，把字词的意思解释清楚。这还不行，还要懂音韵。说这个字在每个朝代的不同读法。要懂经学，就得懂小学。小学是工具和路径，不懂小学，通经之路就走不过去，就没有能力研究经学（刘梦溪，2008）。

百年以来我们已经有过三个关于国学的定义：一是指国学为国故学（胡适），即中国的一切过去的文化历史，都是我们的"国故"；研究这一切过去的历史文化的学问，就是"国故学"，省称为"国学"。（《国学季刊》"发刊宣言"）胡适的定义，外延过于宽泛，内涵不够确定，所以没有被广为采纳。二是国学为我国固有学术（钱宾四），马一浮先生抗战期间在江西泰和讲国学，开宗明义也标示："今人以吾国固有的学术名为国学。"这已经是给定的与胡适不同的国学定义了。相当长时间以来，学界使用的事实上是后一个定义。不难看出，只就这两个定义所涵蕴的范围而言，国学概念的界定，已经经历了内涵收缩的过程。三是国学为"六艺之学"（马一浮，1938），是诗、书、礼、乐、易、春秋，就是关于"六经"的学问。"六经"是中国学术的源头，是中国人立国、做人的根本精神依据，是中国文化里面具有普适性的价值。比较起来，刘梦溪更倾向于第三个定义，即马一浮提出的国学是"六艺之学"，这个定义能够准确地反映国学的基本义涵，也更容易和现代人的精神世界相连接。这是完全可以与东西方任何一国的学术区别开来的原初学术典范，是我国独生独创独有的民族文化的自性之原，也是中华学术的经典渊薮。既可以为道，又可以为教，又可以育人。（刘梦溪，2008）

发端于 20 世纪初的"国学"，在几经沉寂之后，于 20 世纪末，再度

"热"了起来。而此时的"国学"概念,又被人们加入了更多的新的时代的内涵。纪宝成对"国学"的新界定得到了更多人的接受,在其《重估国学的价值》一文中说:"我们认为,国学可以理解为是参照西方学术对以儒学为主体的中华传统文化与学术进行研究和阐释的一门学问。它有广义与狭义之分。广义的国学,即胡适所说的'中国的一切过去的历史文化',思想、学术、文学艺术、数术方技均包括其中;狭义的国学,则主要指意识形态层面的传统思想文化,它是国学的核心内涵。"纪宝成还进一步加以阐释:"就形式而言,国学是中华文明的主要载体","就内涵,国学本质属性的集中体现,也是我们今天所要认识并抽象继承、积极弘扬的重点之所在","就文化的承继性而言,国学是走向新的时代的起点,建设新型文明的资源"。综上,依据国学的词源,诸学者关于国学内涵论述的发展演变,可总结为如下要点:

第一,国学,原是我国固有的一个词语,早在周朝就使用了,是用来表示国家学校和教育制度的专用名词。

第二,当我国国门被西方列强闯开,西学东渐,相对之下,我国固有的学术文化思想被称为中学,始有"中学为体,西学为用"之说。国学开始转化为中学的代称,国学就成了和国故学、国粹学很难分清关系的一门学问。

第三,在新的时代,国学又担负起新的历史重任和使命,它是恢复民族文化自信的需要,是提高民族文化素质的需要。

在中华民族的伟大复兴与建设和谐社会的时代背景下,国学的内涵,除了广义上的"中国的一切过去的历史文化"之外,更须强调的是它的核心内涵以及本质属性,即传统的思想文化,其合理的、超越时空的界限而亘古常青的精神部分。(许啸天,张岱年,桑兵,罗志田,卢毅)

(二)国学教育文献探讨

国学教育与国学一样,至今还没有一个统一的界定,目前学界主要有以下几种观点:

1. 以国学为核心内容的,旨在传承中华民族思想、文化和学术传统,培养民族意识和民族精神的教育。国学教育是我国社会主义教育体系的一个组成部分,是具有中国特色的全面发展教育的一个组成部分。(毕天璋,2006)

2. 国学教育是一种意识教育。通过教师、家长的讲解和以经典为导

向的教育培养孩子养成各种优良品德乃至于做人做事的意识。(冉阳，果海霞，伊水，2006)

3. 国学教育是对学生进行中华民族五千年创造的一切文明的指导性教育。(孟巍，2006)

4. 国学是一种养成教育，是在反复的诵读和生活的感悟中进行潜移默化。它又是启发教育，既注重施教者的人格感召，又注重调动受教育者接受德育的自觉性、主动性。(杨昆映，2006)

5. 国学教育是中国传统文化的教育。它的目标有两个：一是传承中华民族的优秀文化，二是把孩子培养成具有文化气质的人。①

6. 国学教育是素质教育和修身教育。(杜悦，2006)

7. 国学教育主要是如何做人的教育。(温中豪，2006)

以上观点各有优长，但难以反映出国学教育的全貌。

国学教育和教育一样，主要有三种基本形态：家庭型、社会型和学校型国学教育。本研究的国学教育是指小学阶段的国学教育。国学教育作为基础教育的组成部分，在遵循教育基本规律的基础上有自己的特殊规律。我们认为，国学教育主要是指以国学内容为载体，根据社会发展需要和学生身心发展规律，有目的、有计划、有组织地引导学生获得相关国学知识，通过文化传承、智慧渗透、心灵熏修，培育民族精神，提高人文素养，促进其身心健康发展的一种教育活动。

(三) 国学当代教育价值综述

1. 当代学者关于"国学当代教育价值"的相关阐述

纪宝成 (2006) 认为重振国学对于传承中华文明，实现文化认同与民族认同意义巨大；对于提升国人道德水准，维持良好的社会秩序意义重大；对增强我国文化竞争力，增强国际影响的意义重大。第一，就形式而言，国学是中华文明的主要载体；第二，就内涵而言，国学是中华民族精神的集中体现；第三，就文化的继承性而言，国学是走向新的时代的起点，建设新型文明的资源。在谈到"中华民族精神"时，纪宝成进一步论述道："儒家所倡导的'德治仁政'的治国理念，道家所追求的人与自然和谐一体的哲学思维，法家所主张的'信赏必罚'的管理方略，墨家所宣扬的'兼爱交利'的文化精神，兵家所阐发的'避实击虚'的行为科学，

---

① 李迎春. 论国学教育的文化向度 [J]. 河南教育学院学报，2007 (1)：37—38.

均已积淀为普遍的民族心理和宝贵的历史财富，为中国历史的进步、社会的发展、国家的统一注入了强大的动力，作出了伟大的贡献。"刘毓庆（2006）将国学中有利于人类发展的基本素质归纳为八种：①"天人合一"的哲学理论，有利于人与自然和谐关系的建立，消除生态危机；②"勤俭"、"知足"的生活观念，有利于控制人类物欲的膨胀，消除能源危机；③"贵和执中"的处世思想，有利于世界各民族和睦共处，消除战争危机；④"贵义贱利"的价值取向，有利于遏制人性向唯利之途滑行，消除技术危机；⑤君子人格的人生目标，有利于挽救世道人心，消除人性危机；⑥以"仁义"为核心的道德追求，有利于人间温情的培养，消除掠夺与冲突；⑦"天下为公"的大同理想，有利于消除民族及国家的本位主义，消除国际争端；⑧礼乐教化的文明制度，有利于构建和谐的生活环境，开万世太平。楼宇烈强调，一个对国家、民族的传统文化没有了解的人，对自己国家的文化传统没有自信心和尊重的人，是很难让他生起爱国心的。要加强全社会特别是青少年的传统文化教育，提倡民族文化的主体意识，是十分重要、十分必要的，也是十分迫切的。周桂钿认为，国学的核心是儒学，国学精神主要是儒学。儒学中存有促进世界和平、构建和谐社会、维护生态平衡以及提高个人素质的价值。这些价值具体表现为：①儒学的仁义之道；②和而不同；③经济调均；④仁民爱物；⑤为政以德；等等。林炎志认为国学的价值具体体现在以下几个方面：振奋民族精神，传承中华美德；提升人文素质；建设精神文明；维护祖国统一，推动世界和平。2007 年，海峡两岸的 30 余位国学专家举行武夷山国学研讨会。（陈杰思，2007）中华书局原总编辑傅璇琮提出："中华传统文化在国外的际遇和影响，是考察它现实意义与价值的重要依据之一。"台湾南华大学校长龚鹏程认为国学教育重在提升人格，强调人本理念。北京师范大学历史学院王子今教授也表示，新国学教育对于青少年人格塑造最重要的任务，应当落在自由思想、民本理念、实学精神和环境意识等方面，以及对于中国传统文化的健康内容的继承。[①]

2. 本研究对国学当代教育价值的认识——把民族精神基因传下去

"中华民族危机的时候，并不是日本打我们的时候，因为人民的长城是打不垮的。但是今天，如果丧失了自己民族文化传承的基因，我们就会

---

① 国学专家畅谈国学当代价值［N］. 光明日报，2007－10－08.

被别的国家和民族瓦解。重拾我们民族共同的精神家园，我们都不使劲还能指望谁呢？既然如此，我们大家就一起努力，让我们的文明古国、礼仪之邦再现她的光辉。"（凌姿，2010）胡锦涛总书记 2003 年 4 月 28 日在中共中央政治局第四次集体学习时说："中华民族是具有伟大民族精神的民族。千百年来，中华民族之所以能够经历磨难而不衰，饱经艰辛而不屈，千锤百炼而愈加坚强，靠的就是这种威力无比的民族精神，靠的就是各民族人民的团结奋斗。越是困难的时候，越是要大力弘扬民族精神，越是要大力增强中华民族凝聚力。""国学"是"中国文化精神"的载体，国学分"经、史、子、集"四科，"经"是中国人的精神，"史"是中国人的生存方式，"子"是中国人的思想与智慧，"集"是中国人的情怀。四者共同构成并展示了中国文化的风采。（刘毓庆，2006）博大精深的国学，负载着中华的文明，集中体现着中华的民族精神。在世界政治、经济等格局发生巨变的背景下，在中华民族的伟大复兴与建设和谐社会的时代，国学是向世界弘扬中华文化的凭证，是进行人格养成教育、培养高素质公民和国际视野的未来建设者的及其重要的资源。

二、小学阶段国学教育及其研究的现状、问题与原因分析

（一）小学国学教育现状

小学是一个人世界观、价值观、人生观形成的启蒙时期，在此阶段开展国学教育，传承民族文化基因，强化民族认同感，发挥优秀传统文化的教育作用，可以帮助学生养成良好的行为习惯，用他们容易接受的方式教会其做人，为其精神世界的成长奠定基础。国学教育在小学的开展源自 20 世纪 90 年代。随着国学热的兴起和国学教育价值的凸显，人们对在小学阶段开展国学教育进行了初步的理论研讨和实践探索。

1. 国学教育的实践基地粗具规模

从 2000 年开始，小学国学教育的理论与实践都有了较快的发展。2002 年 6 月，全国第一个国学启蒙研讨会在江苏省江阴市召开。与会专家以较早地开展国学教育的江阴市实验小学为例，就国学启蒙教育在小学阶段如何开展等问题进行研讨。2002 年 9 月，辽宁省鞍山市铁东区 A 小选择了"与经典为伴，以圣贤为友"的中华传统文化经典诵读活动，作为该校的校本课程暨特色教育活动，开始了国学启蒙教育活动的有益尝试。

2005 年 9 月底，沈阳皇姑区在宁山小学召开了国学教育现场会，下发了《皇姑区中小学国学教育指导纲要（试行）》，要求在全区中小学生中正式开展国学教育。由于国学教育得到了社会与主管部门的认可，安徽、湖南、济南、重庆、深圳等省市教育部门都曾下文，要求在学校里建立国学教育的试点；深圳市近百所中小学已经开展了国学教育。据估计：全国已有数百万中小学生接受到国学教育。[①]

2. 国学教育的形式丰富多彩

针对国学内容博大精深、浓缩精炼，但韵律明快、朗朗上口的特点，为使学生更快、更便捷地掌握相应的内容，各校采用了以诵经为主、形式多样的教育形式。

深圳市罗湖区凤光小学每天在学校门口的大型电子屏幕上播出学校精选的《弟子规》、《三字经》、古诗词、儒家经典、格言警句等内容；每天下午 14 时 20 分开始，学校开设 10 分钟古诗欣赏课，播放配乐《弟子规》和唐诗宋词，让全校学生一起吟唱。广东南海小学结合中考古诗文必考篇目和语文教学，以班为单位开展诗词曲赋的经典诵读活动，每周安排两个早读时间集体吟诵古诗文名篇名段；广播站每天两个时段播出经典古籍和配乐诗朗诵；每学年举办一次"诵千古美文，做少年君子"大型古诗文吟诵比赛。山东济南大明湖路小学调整语文教学，把诵读《三字经》等纳入语文教学过程。鞍山市铁东区 A 小将国学课程纳入教学计划中，每周上一节国学课，并利用早自习和课前 5 分钟时间组织学生进行集体诵读。课间学生在操场上跳起了《弟子规》皮筋舞；做《三字经》拍手歌游戏；放学时操场上就会响起此起彼伏的经典路队歌。实践证明，丰富多彩、寓教于乐的教育形式，既能保证国学教育落到实处，又不会过多地增加学生的学习负担，是行之有效、值得推广的好办法。

3. 国学教育的内容兼具传统性和时代性

为实现国学教育既传承中华民族的历史文化，又赋予其时代内容的教育目的，多数学校往往能够根据本校的实际情况和教学要求，开发出独具特色的国学教育课程。

鞍山市铁东区 A 小制订了一套完整的校本诵读计划。它包括四书、"三百千"（三字经、百家姓、千字文）、《弟子规》、《诗经》等内容。学生

---

① 钟其鹏. 新时期国学教育述评 [J]. 钦州学院学报，2008（2）：88.

必备古诗 70 首。学生如果能完成这个诵读计划，小学六年毕业后的阅读量应为 150 万字，相当于初中二年级的水平。该校还开发了一套国学校本教材（一至六年级）。济南市大明湖路小学开发的校本国学教材由必读内容与选读内容两部分组成。必读内容以四书五经为主，选编了《论语》、《孟子》、《左传》、《诗经》、《荀子》、《后汉书》、《世说新语》的部分内容与古代的名篇佳作；选读内容体现思想性、趣味性并重，以短小精悍、浅显易懂、富于哲理、意味深长的神话传说、寓言、民间故事、成语故事为主，内容选自《庄子》、《墨子》、《战国策》、《韩非子》、《东坡志林》等书籍。与各校独立开发的校本国学教材相比，深圳市数百所中小学提出的"'新六艺'国学启蒙教育行动方案"的内容就更广泛。该方案中的"新六艺"即国学教育内容的六个方面：诗、礼、书、画、武、乐。诗：包括四书五经等文化典籍、历代散文、诗歌辞赋、格言对联等；礼：即传统道德，包括忠孝、诚信和礼仪等方面；书：指书法；画：指国画和民间艺术（如剪纸、手工编织等）；武：指中华传统武术；乐：指中华传统民乐、戏曲与相声等。该方案已被列入广东省"十五"重点课题和"中国加入WTO 与国学教育"子课题。①

（二）小学国学教育研究的现状

随着小学国学教育实践的不断发展，随着社会对国学教育重视程度的提高，为推动小学国学教育健康顺利发展，人们开始对国学教育进行了理论的探讨。2003 年以来，国学教育研究有了较快的发展，人们开始关注小学国学教育，并对其中的几个方面进行了初步的探索。当前小学国学教育研究关注的主要内容如下：

1. 关于小学国学教育意义的研究

意义的探讨是国学教育开展的起点。为此，人们进行了多方面的阐述。其中具有代表性的观点如下：（1）砺志怡情，明理启智，激发民族情感，提升民族文化素养；了解中华历史文化，形成共同的价值取向；养成良好的学习习惯，形成积极的学习态度，校正行为规范。从以上三个角度探讨国学教育的育人功能。（2）国学教育是有效继承传统，弘扬祖国优秀传统文化，培育民族精神的重要途径。（3）发展学生的个性，挖掘学生的潜能。（袁继喜，2007；陶继新，2008，等）从目前研究的情况看，此观点对

---

①　钟其鹏. 新时期国学教育述评［J］. 钦州学院学报，2008（2）：89.

国学教育的育人功能的认识较全面，也有一定的深度，但阐述得比较笼统，还有待深入研究及细化。

2. 关于小学如何开展国学教育的研究

如何开展国学教育是国学教育的核心。因为它是由理论到实践转化的关键。针对此问题，有代表性的观点如下：

有些学者主张小学应开设"国学"课。教育部门可以通过试点的形式编制统一的"国学"教材，在实践中使"国学"教育课本系统化、通俗化、基础化；力求用"国学"吸引学生，用"国学"感动学生，用"国学"滋养学生；然后根据实际情况，全面推广"国学"课程。"我因此主张我国小学不妨专设'国学'一科，俾便使作为我们华夏民族精神源头的文本经典，终有一天成为中华儿女的文化识别符号。"（刘梦溪，2008）

研究人员对小学国学教育实践中的好的做法进行了总结和提升，在课程设置方面，提出以专门学科、学科渗透、隐性课程（可通过校园文化、参观旅游、各种表演竞赛形成国学教育的氛围）、微型课程（不定期的报告、讲座、讲演）等方式将国学列入课程计划，保证国学教育制度化和规范化；在课程实施方面，主张在课堂教学中，以背诵、表演、小组竞赛等方式，化有形为无形，培养学生对国学的热爱。课后以活动为主要教育形式。利用课前课后将时间化零为整，在游戏中、歌声中、班级活动中寓教于乐；课程评价方面，主张以品德陶冶和普及国学基本知识为目的。重在情感陶冶、知识扩展，不将其列入考试科目。强调过程评价，将课程实施过程中学生的表现作为改进课程的依据。

此外，还有不少学者提出，在开展国学教育过程中要谨防形式主义、功利主义倾向。（楼宇烈，2007）

3. 关于小学国学教育实践的调查研究

国学教育实践的现状怎样？结果如何，是我们评价和改进小学国学教育的依据。这方面的调查研究目前有两例。一是王素珍（2007）的"石家庄市小学国学教育现状调查及对策研究"，该文从对石家庄小学国学教育的内容、形式、教材、评价标准、师资情况、人们对国学教育的态度以及认识等方面入手，通过深入调查、访谈，对当前国内的小学国学教育实践提出了一些建设性的意见和思考。二是钟其鹏（2008）的"新时期国学教育述评"，该文列举了沈阳、深圳、济南等几所小学在国学教育中各自特色及普遍存在的问题，并对这些问题进行了深入的分析和探索。

综上所述，目前对小学国学教育的研究涉及的面较广，包括课程编制等方方面面，但大多是浅尝辄止，缺乏深入、具体的研究。因此，要提高理论的指导性，增加可操作性，还有待于进一步的完善和提高。

（三）小学国学教育存在的主要问题及原因分析

虽然近年来我国小学国学教育取得了一定的成绩，但总体而言，在国学教育实践方面，相对于香港、台湾小学的国学教育，我国内地还处于探索阶段。[①]

内地只有少数小学能充分认识到国学教育的重要性，开展了相对较系统的国学教育；另一些学校则由于认识不足或条件所限，开展得不够理想，甚至根本就没有对学生进行国学教育。从整体上看，国学在我国内地小学还没有受到应有的重视，国学教育发展不均衡，对其开发没有形成主流，面临着许多实际问题。

1. 对国学教育的当代价值认识不足

制约我国小学国学教育发展的首要问题是社会各界尤其是教育界对国学教育的价值与作用认识不足。在国学教育校长座谈会上，校长们提出了一些疑惑：什么是国学，为什么要学国学，怎样学国学。特别是为什么要学国学，这个问题具有普遍性，不仅学生及其家长有，老师校长也有，尤其是校长。[②]

困惑的根源在于对国学教育的当代价值认识不足。百年来国学的价值一直处于遭质疑、遭贬低和遭否定的尴尬境遇，促使部分国人片面夸大其不足，进而对国学教育持忧虑、怀疑乃至否定的态度；再加上民族虚无主义和急功近利思想的影响，使相当一部分国人对国学教育所持的态度更加偏激，认为国学是愚昧、落后的代名词，学习它没有任何现实意义，从而使国学教育的价值大打折扣，使国学教育的开展缺少应有的市场。

在一些人的观念里，传统教育就是陈腐、陈旧和落后，就是满堂灌、僵化和死气沉沉，就是师生对立、不平等、不和谐、不自由，就是没有先进的理论指导。另外，由于国学教育断层多年，许多国人没有机会接触国学，对国学的精华了解甚少，对国学没有兴趣，对国学教育价值的认识亦

---

① 民族复兴离不开传统文化底蕴，http：//news. buaa. edu. cn/ dispnews. phy？type ＝ 13 ＆ind1044.

② 李建强. 国学调查［N］. 社会科学报，2006－07－27（06）.

无从谈起。其实，只要耐心阅读一下我国的史籍文献资料，就能在卓越的教育家孔子那里读出教育智慧来。孔子的教育思想和教学实践处处浸润着智慧与理性：有教无类、因材施教，不愤不悱、不启不发，举一反三、温故知新，知之好之乐之、学而时习之，循循善诱、诲人不倦等。当前，少数中小学秉承历史责任感和神圣使命感，顶着各种舆论压力，开展了系统的国学教育，但在实践过程中遇到了许多棘手问题。相当一部分小学持观望态度，无形中使国学教育发展之路更加艰难，增加了小学开展国学教育的阻力。思想是行动的先导，认识障碍不消除，就会严重阻碍国学教育的深入开展。

2. 对国学教育的开展缺少政策支持

经过调查，我们发现当前小学开展的国学教育都是自发的，由于缺少相关政策的指导和规范，没有形成相应的体系、制度及其正常运行的机制，也没有形成规模，致使多数小学处于观望状态。当前部分小学开展的国学教育都是因校而异，不同程度地开展了国学教育，而且都处于探索阶段，并遇到许多难题。尽管小学的国学教育已引起政府的关注，但是还没有出台一系列有关开展国学教育的具体政策，这一现状致使目前小学国学教育的开展处于"摸着石头过河"的状态。国学读物没有纳入国家统一教材，也不在考试之列，确实有与计划内教学冲突的问题。"有的老师提出，学国学，千万别成为学生的负担，别成为老师的负担，如成为负担，国学恐怕走不远。"①

目前国内开展国学教育较好的几所小学在培养目标、教学计划、课程体系、自选教材、选聘教师、自投资金方面虽然各具特色，各有千秋，但缺少统一的规划和部署，没有形成体系和规模，基本处于各自为政的状态。

3. "应试教育"制约着国学教育的开展

学习国学旨在以传统文化滋养未成年人的心灵，提高其文化底蕴，是远离功利的一种精神修养。国学学习的最大特点是"润物细无声"式的长期积淀，很难立竿见影，若干年之后，才会发现这些东西对人生的帮助是多么的大。因此，国学教育最大的障碍在于当前教育环境处在比较实用和功利主义的状态。

---

① 李建强. 国学调查 [N]. 社会科学报，2006－07－27（06）.

　　制约小学国学教育发展的一个重要因素是与国学相关的一些重要关系没有得到厘清和理顺：国学教育与现代语文教育的关系如何？国学教育是素质教育还是应试教育？如何认定？其中最为核心的是国学教育与应试教育之间的关系。目前我国基础教育中以升学为主要甚至唯一目的的"应试教育"仍不同程度地存在着，很多学校的教育教学的中心工作都是围绕考试和升学等方面的指标来进行的，并没有将学生素质的全面发展视为教育的核心任务。而国学在升学考试中占有的比重甚小，国学教育内容未被列入考试科目，使得国学教育的开展得不到足够的重视，对教师和学生来说，有利于考试分数的就重视，不利的就少讲或不讲，少学或不学，国学自然受到轻视，也难以有充分的时间保证。再则，学习国学是一个循序渐进的过程，其功效要在长期积累的过程中逐渐显现，这对某些急功近利思想较重的教育者来说很难产生兴趣。

　　4. 对国学教育的开展缺少深入研究

　　经过调查，我们发现国学教育理论研究滞后，缺少系统的、深层次的研究结果：如何界定国学？国学到底是什么？小学所要教的国学是什么（不要认为国学就是语文）？即国学的内涵在小学课程中如何体现？现有的小学课本哪些是国学哪些不是？国学是课外学还是课内学？是否拿到小学的课程体系里？小学阶段的国学如何与初中的课程衔接？目前国学的课程组织体系凌乱，国学的课程标准不统一。如何采取有效的教学方法，这些都需要进行深入细致的研究。

　　目前小学国学教育的开展基本处于探索阶段，急需国学教育理论的支持。从研究内容上看，对国学教育的研究比较少，也较零散，对于国学教育的一些基本问题，如国学的学科定位、国学教育的培养目标、实施与评价等都缺乏深入而系统的理论研究，对现有的国学教育实践缺少总结，不能充分发挥理论对实践的指导作用。从研究队伍上看，由于国学教育中断多年，其价值逐渐被淡化，故专门从事国学教育研究的人也很少，致使研究队伍的专业素质不是很高，其研究成果很难为现实的教育实践提供理论支持。从研究机构上看，目前还没有专门从事（小学）国学教育的研究机构，国学教育研究缺少组织保障。由于国学教育在大多数小学还没有得到应有的重视，致使人们对国学教育研究的积极性不高，力度不够。

　　5. 师资水平限制小学国学教育的发展

　　小学国学教育的主要践行者是教师，要有教师去教，去带。教师的水平决定国学教育的水平。实践证明，国学教育开展得好的学校，其师资队伍也强。没有素质精良的教师，要开展好国学教育那只是纸上谈兵。国学是时代的产物，有其历史局限性，存在一些与当今社会不合时宜的东西，这是不可回避的客观事实，关键是教师如何处理和把握。许多教师自身国学底子薄弱，没有能力甄别国学课教学内容，使国学中的精华和糟粕混为一体，导致一些糟粕思想迷惑学生；许多教师对国学内涵理解不深，没能充分认识到国学对学生成长的塑造作用，只是将国学课当成语文课的补充，教法单一，只让学生大量背诵古文，学生负担沉重，丧失对国学的学习兴趣，导致国学课流于形式。所以培训国学教师，提高他们这方面的能力和水平是当务之急。

　　关注现实是解决问题的逻辑起点，这正是本文研究的基点。只有了解现实，把握现实，才能发现问题，找准问题，才能对当今小学国学教育进行科学诊断和决策，才能促进小学国学教育的持续健康发展。小学国学教育该如何摆脱困境，如何发展，将是学界今后进一步关注的热点和焦点。

第 二 编

国学校本课程开发的故事：
基于辽宁鞍山 Ａ 小学的行动研究

第三章

小学国学校本课程设计与开发的
价值取向分析

有学者（叶匡正，2008）研究表明：一个健康的社会，它 60％以上的主流人群，应该奉行的是基本相同的社会价值观，这个社会才能稳定，这个社会中的民众才可能感到幸福。所以国学教育的目的，不仅是为了传承中国传统文化，更多是为了通过国学课程培养社会的核心价值观，来重构一个全体民众可以共享的文化共同体，借此唤起一种真正意义上的中国国家认同的新秩序，而这一切必须是在学校教育中完成的。而教育中只有语文教育和国学课程能够承担这个功能。所以确立国学教育的哲学基础，是小学国学校本课程设计与开发的当务之急。

文化是一个民族的身份标志。传统文化是一个国家和民族历史创造的集体记忆与精神寄托。中国特有的文化和学术的总称为"国学"，即"中国之学"。国学是中华文明的根源和灵魂。国学经典浓缩了中国古代圣贤先哲对宇宙、自然、社会、人生的深入思考，建构了中华民族特有的文化传统，是传承中华文明、弘扬民族精神和培养爱国情怀的重要载体。

小学阶段是一个人世界观、价值观、人生观形成的启蒙时期，也是人可塑性最强的时期。"凡人生态度、习惯、倾向，皆可在幼稚时代立一适当基础"（陶行知，1930）。在此阶段开展国学教育，开发国学课程，发挥优秀传统文化的育人功能，用儿童容易接受的方式教会其做人做事，为其精神世界的成长奠定一生可持续发展的基础，是十分必要的。

目前国家统一规划的义务教育阶段小学课程中，国学教育内容十分有限，不能满足学生成长的需要，因此因地制宜地开发国学校本课程就具有特别重要的意义和价值。正是基于对中国传统文化价值的体认、理解和珍爱，辽宁省鞍山市 T 区 A 小学"以中华经典诵读为主线，弘扬传统文化"为宗旨，开发了国学校本课程。

近年来"经典诵读"虽呈方兴未艾之势，但如何将国学经典融入学校日常的课程与教学，却鲜有建设性的见解和实践；尤其是目前国内一些小学引入国学又大有泛化的趋向，在价值取向上存在诸多误区，亟待澄清与改进。强调国学教育并不是让孩子学得满口之乎者也、子曰诗云，而是要把传统经典文化转化为综合素质，转化为一种道德伦理，一种实实在在的能力，而不是停留在深鞠躬、新"小孝子"等外在形式上。本论文以对 A 小学国学校本课程设计与开发的行动研究为案例，结合 A 小学国学教育的实践经验，针对当前小学国学校本课程开发中存在的认识误区，对小学国学校本课程设计与开发的价值取向进行了探讨，旨在为国学校本课程在我国小学的设计与开发提供有益的思路与借鉴。

第一节   国学教育中存在的认识误区

近一个世纪以来社会对中国传统文化的认识存在严重的片面性，造成了长期以来国民基础教育中轻视传统文化教育的偏差。其中最突出的问题是中西文化比重的严重失衡。中国传统教育方法（其中有不少优秀的东西值得继承）几乎全被摈弃，中国传统文化方面内容更是少得屈指可数。（楼宇烈，2007）近代中国人对自身的文化认同不足，丘成桐慨叹："外国人都来学中国的文化，汉学在日本也很流行，偏偏就是中国人看不起自己的文化，其实，文化修养对一个人来说，是十分重要的。许多中国人每每面对困境都会显得手足无措，归根究底就是文化修养的问题。"① 现代人对中国传统文化往往是盲目批判的多，真正了解的少；人云亦云的多，独立思考的少。

在全球经济一体化和科技至上的社会环境中，公民社会的人文精神品质正在迅速流失，青少年中国文化特质正在迅速丧失。世界上没有一个民族是以否定、割断自身的历史文化传统作为文化方针和教育方针的。越是

---

① 丘成桐. 一个没有文化的国家做不了好学问//科学对社会的影响［J］. 2006（1）：27

在全球化时代，民族化越成为一种有价值的追求。一个不尊重自身历史文化传统的民族，不可能赢得其他民族的尊重。中华民族的复兴，不可能只是作为"经济动物"的崛起[①]，这一切，正是当下传统文化复苏的社会动因和现实合理性。

20 世纪 80 年代末期 90 年代中期出现的两次国学热，其表现有多种方式，但以倡导并身体力行"儿童读经运动"和反对儿童读经，声势最为浩大，形成鲜明的对立，两种基本观点的争论各执一词。以蒋庆、王财贵为代表主张儿童读经，认为倡导读经和儒教关系到中国文化的复兴大业；以薛涌、刘晓东为代表反对儿童读经，认为读经是"走向蒙昧的文化保守主义"。[②] 一种是把国学神化泛化的绝对主义。认为"读经是启蒙"，似乎读经能包治百病，解决中国的一切问题，给国学赋予了特别沉重的担子。对国学的神化泛化的表现之一是功利化，主张学得越多越好，追求短平快，希望立即对现实有用；还有国学学习方式上的教条主义与形式化，如一些地方出现的"小孝子"活动，新"二十四孝"等生搬硬套的与传统精神相去甚远的僵化做法。另一种是历史虚无主义的态度。为"读经是蒙昧"，倡导儿童读经就是复古，要一棒子打死，主张"孩子和洗澡水一切泼掉"等。反对一方的担心诸如：读经是对孩子的毒害，让孩子满脑子君君臣臣，使孩子误入歧途，是对儿童心灵的一种遮蔽与戕害，是奴化的教育；中国的小孩十几年的应试教育本来已使小孩的悟性都没有了，填鸭式的教学让小孩都不会思考了。在中国这种教育体制下，担心再学国学，死记硬背些个"之乎者也"孩子就更不会思考了。一言以蔽之，认为隐患太多。

第二节　国学在小学教育中的价值与功能分析

"我们对传统的疑问、兴趣、责难、争执，都是由于我们对现在和未来的迷惘困惑与期望中引导出来的"（殷鼎，1988），上述两种对待中国传统文化极端的态度都是要不得的，是矫枉过正，是有害的。要么从根本上

---

① 杨东平. 读经之辩：回到常识和现实 [N]. 南方周末，2004－08－12.

② 胡晓明. 读经，启蒙还是愚昧？[M]. 上海：华东师范大学出版社，2006：9.

肯定一切和否定一切都会把读经和小学国学教育引入歧途。上述误区的存在是由于对国学教育的价值与功能认识不清，要做好国学课程开发，首要的任务是对传统文化的教育价值与功能有明确的体认，在此基础上才能梳理出国学校本课程设计与开发的总格局，为此，我们研究发现，在义务教育小学阶段，国学教育的价值与功能体现在如下几个方面：

一、增强知识底蕴，传承中华文化

国内外学者一致认为，在最宝贵的年龄应该用最简洁的方法让儿童读最有价值的书，以作为一种可以终生理解、受益的文化储备。国学经典以经史子集为载体，由孔孟之道、老庄之学以及诸子百家的学说传承下来，积淀为整个民族的人生智慧，投射出永恒的理性光芒。中国文化的优越性在于有国学经典构成的宝库，它是中国人修身养性、丰富智慧和传承中华文化的深厚资源。"阅读这些书的目的不是研究文物，其兴趣不是在学考古，也不是在学语言学……反之，我们必须阅读这些书，是因为这些书不因岁月流逝而改变其重要性，而且因为他们论及的问题和提出的思想，不受生生不息规律（永无止境的进步规律）所支配。"①

中国传统文化特别是国学经典著作具有超越时空的价值和永恒的生命力在于它所倡导的精神是与人类普世价值相通的，是人类共同的精神文化遗产，因此，也是所有炎黄子孙都应该学习并身体力行的经典。国学经典中蕴含的中国特有的生生不息的宇宙观和把辩证思维与形象思维结合起来的思维模式，在突破近代形而上学的机械的方法论，促进新兴学科的发展中显示了其不可替代的功能。莱布尼茨创立了作为现代信息技术的数学基础的二进制数学，后来他发现中国四千年以前的太极图"和我的新算术完全一致"②，因此对太极图推崇备至。而成为现代自动化技术理论基础的控制论的创始者维纳，则承认他的成就是和他在北京的工作经历以及受到中国国学思想的影响分不开的。德国科学家玻尔创造性地提出原子结构模

---

① ［美］罗伯特 M. 艾得勒，查尔斯·范多伦. 如何阅读一本书［M］. 郝明义，朱衣，译. 北京：商务印书馆，2004：106.

② 朱谦之. 中国哲学对欧洲的影响［M］. 福州：福建人民出版社，1985：231.

型假说。他将自己的卓越创造归功于《周易》太极图的启示。[①] "经典著作乃是每一个时代都具有当代性的书籍"，永恒主义教育家赫钦斯的解读，指向国学经典教育的价值所在。正如钱穆所言："若使青年能读一部《论语》，读一部《庄子》，读一部《史记》，读一部《陶渊明诗》，彼之所得，有助于其情感之陶冶，意志之锻炼，趣味之提高，胸襟之开广，以至传统文化之认识，与自己人格之养成，种种效益，与上一堂化学听一课矿物所得者殊不同。"[②]

由于 20 世纪的教育主要隶属于科学世界，从客观的教育行政体制到微观的课程与教学的内容，基本上是受科技理性支配的。[③] 教育的人文意义的失落使文化化人几成幻影。而文化化人的前提是要有基本的知识所构成的文化基础和底蕴。小学国学校本课程的开发旨在让学生了解中国传统文化的背景知识，在积累和体验的基础上，初步培养学生阅读浅显文言文及浅近古籍的兴趣，增进涵泳传统文化的能力；研读文化经典教材，了解我国传统文化核心内容，积累传统文化知识，丰富传统文化底蕴，形成运用传统文化的基本能力。《语文课程标准》（全日制义务教育实验稿）明确指出："认识中华文化的丰厚博大，吸收民族文化智慧。关心当代文化生活，尊重多样文化，吸取人类优秀文化的营养"，以达新旧传承的目的。

二、开发智力，形成合理认知结构

国学经典文化的韵律、美妙的意境和精练的词句，对培养学生的语感和直觉体悟，获得"精神性的自得和内心的体验"，从而发展形象思维能力，开发智力，培养创造力，有独到的作用。

德国医学博士林助雄指出，儿童诵读经典的过程类似唱念，眼睛看文字与念唱的律动刺激可启动右脑，而辨别字形以便记忆则是左脑的工作。整个诵读过程恰恰同时动用了左右脑功能，使左右脑动作得以同步。而左右脑有同步效用时，学习能力可增长 2—5 倍。"记忆力不仅存在于儿童时

---

① 周明邦. 周易评注 [M]. 北京：中华书局，1995：13—14.

② 钱穆. 文化与教育 [M]. 南宁：广西师范大学出版社，2004：59.

③ 张华. 论道德教育向生活世界的回归 [J]. 华东师范大学学报：教育科学版，1998（1）.

期，此时期的记忆甚至更加牢固。"① 儿童的心理发展同生理发展一样，遵循"用进废退"原则。在此期间如果给予足够的而合理的刺激，就会促进大脑的发展。儿童在 13 岁以前，充分开发他的语言记忆能力，作诵读训练，可使儿童脑力得以舒解，加强记忆力，集中注意力。心理学家布卢姆认为个人的智力发展，若以他 17 岁达到普通智力水平（算作 100％）相比，4 岁时达到 35％，4—8 岁又增加 30％，剩下的 35％是在 8 岁至 17 岁获得的。

语言学家研究，人类学语言最快的时机是 12 岁前，称为语言关键期。这一时期儿童对语音韵律特别敏感，加之国学经典语句简短精练朗朗上口的韵律，适应儿童身心特点，通过诵读的反复刺激，有助于儿童语言能力的开发。可见，中国强调背诵的传统，与现代强调儿童识记的科学，在这一点上相互支援，共同肯定了以记诵为特点的学习是科学的方式。② 引导学生在记忆力最佳期，身心发展的"关键期"（无论在儿童的认识水平、个性特征和行为活动等各个方面，都由量的积累而产生了一个质的变化，即发生了质的飞跃），通过诵读经典，开心启智，是符合儿童认知规律的。

心理学实验证明，在儿童记忆库中，丰富的语言材料的储备是理解和运用语言的必要条件，也是提高思维能力和智能水平的基础。在调研中，A 小学教师反复强调一个观点，国学教育：越早越好，孩子越小学习效果就越好。到了高中，思维已经定型，真正入脑入心就没有可能了。A 小学国学校本课程开发历程表明：国学经典丰富了学生的语言储备，不仅培养其运用语言文字的能力（逻辑分析、文章排布、遣词造句等），还发展其智力因素中的观察力、注意力、想象力和思维力。

三、陶冶道德情感，内化道德行为

品行教育是小学教育的重要组成部分。小学阶段是人的道德认知、个性品质形成的重要时期。面向儿童的基础道德修养的有力引导，已经到了迫在眉睫的地步。小学生是未来的公民。公民素质的进步，是一个民族富

---

① ［古罗马］昆体良. 昆体良教育论著选［M］. 任钟印，译. 北京：人民教育出版社，1998：178.

② 胡晓明. 读经，启蒙还是愚昧？［M］. 上海：华东师范大学出版社，2006：9.

强与文明的必备条件。当下的中国社会，物质文明已经相当发达，但人们的精神道德体系不容乐观。民众个人道德素养的普遍缺失，已是一个社会的话题。

在中国传统文化哲学中，强调认识过程的主体修养，认为认识活动与道德修养有密切关系，尤以《论语》为代表的强调教化陶冶的意义。陶冶的价值正如卡尔·雅斯贝尔斯在《什么是教育》一书中谈到，人的文化的一个要素就是作为他历史性知识方式的陶冶，陶冶又是交流、唤醒和自我实现的中介。一个民族的精神层次是由这一民族的陶冶方式决定的，究竟有多少人受到陶冶，人们又是以什么样的敬畏心来对待陶冶的本质，这些都可以作为衡量一个民族精神层次的标准。国学经典代表着中华民族精神层次的标准。它作为人类文化载体的传统文化精粹篇章，蕴含着深厚的人文思想，凝聚着中华民族的人文情感，饱含着丰富的人文精神和道德因素，蕴藏着浓厚的文化积淀，闪耀着理性思索的光芒，传承仁、智、勇，兼以真、善、美和谐统一的崇高道德标准。

小学国学校本课程的开发无疑是通过国学课程，重拾家珍，注重中国儒家伦理道德对学生的熏陶，以具体的行为实践为出发点，用浅显的思想、易操作的方法在教学活动和现实生活中直观地引导学生，将国学中的道德修养资源冶于一炉，设计出当代小学生修身进德的具体方案，既发扬中华修身传统，又能与时俱进，在国际理解教育的背景下，融汇西方的公民教育理念，着眼于现代公民人格的培养，"秉承传统文化，培育现代精神"[①]，立高远志向，孝敬父母，学会感恩，劝学惜时，做知行合一、品行修养高洁之人。走出道德缺失的危机，重塑国民的精神力量：培养健全的人格，塑造合格的公民，这是 A 小学国学校本课程开发价值取向的落脚点。

国学经典所倡导的立志有恒、克己内省、推己及人、反求诸己、诚信仁爱、改过迁善、躬行实践、见利思义、自强不息和朝闻道夕死可足矣的精神和美德，通过校本课程的方式将中国传统文化伦理价值观成功地转化为儿童人格养成和道德建构的资源，成为他们的基本人生信念和自觉的价值追求。儿童在其熏陶下，建构一种完整的精神体系，学习立身处世，做人做事，明理知行，知荣明耻，找到评价自我、评价是非的标准，从而涵

---

① 辽宁鞍山 A 小学办学宗旨。

养心性，博大胸怀，知书达理，乐观坚定，促进良好道德品质的养成和道德行为的内化。

四、培育健全人格，提升人文素养

儿童为什么要学习国学经典？有学者（杜成宪，2007）在谈到这一问题时分析："孩子长大以后，都会在学业和事业上有所成就，但每个人的成就是有差距的。造成这种差距的主要原因并不是智力因素，而是每个人人生观、价值观的差异。每个人在人文素养的提升上所付出的不同程度的努力，是导致最终不同成长结果的主要原因。"为此学校教育要重视传统国学经典对孩子的熏陶，让孩子通过学习传统文化来滋养自己的心灵和大脑，提升自己的人文素养。谈此问题，有学者（赵武倩，2006）以著名钢琴家傅聪为例。"钢琴诗人"傅聪所诠释的肖邦、莫扎特、德彪西，被西方评论界认为具有中国唐诗宋词的韵味。专家认为，这与傅聪幼时所接受的长达 6 年的诗词古文教育是分不开的，深厚的人文素养使傅聪在专业的道路上走得更远。

人文精神可以说是中国传统文化最主要和最鲜明的特征。"观乎人文，以化成天下"中的"人文"的主要内涵是指一种以礼乐为教化天下之本，以及由此建立一个人伦有序的理想文明社会。中国传统文化的人文精神把人的道德情操的自我提升与超越放在首位，注重人的伦理精神和艺术精神的养成等，正是对人在天地万物中这种能动、主动的核心地位的确认而确立起来的，由此人格自我完善的观念广泛深入人心[1]，构成国学经典道德教育价值的核心内涵。

修身是做人的根本。传承中国文化就是传承中国几千年文化当中的做人道理——如何安身立命。今天我们提倡国学，主要是提倡理想人格的追求，克服工具理性的片面膨胀所导致的人文精神的萎缩和失落。纵观当今世界，唯科学主义成为万物的主宰，技术的力量被推向极端。科学性精神的膨胀和人文精神的缺失，导致人应有的丰富的情感世界日渐狭小与局促。不能融入情感领域的人文知识所得到的只能是机械而僵化的客观性知识，也就不能潜入人的灵魂深处而内化或升华为人的智慧，造就马尔库塞

---

①　楼宇烈. 十三堂国学课［M］. 北京：北京大学出版社，2008：72－75.

所说的"单向度的人"，——他们有悟性却没有灵魂，有知性却没有精神，有活动却没有道德欲望。而没有伦理意识和道德情感就不成其为人，人与动物的本质区别在中国古圣先贤看来更强调的是把"是否具有伦理观念和道德意志"作为区分的标准。

在中国传统文化尤其是儒家文化中，把人格的确立（以区别于禽兽）和提升（以区别于一般人）放在第一位，因而也就特别强调伦理观念、道德规范的教育和养成。[①] 以经典著作关照和塑造人的精神为出发点的国学课程就是存在主义教育家乔治·奈勒所说的"课程的全部重点必须从事物世界转到人格世界"，人的异化的悲哀不能不令人反思教育的真谛。而国学则是以感性通向理性、以心灵自我关照客观世界、以精神诉求超越物质功利、以价值理性引导工具理性的人文经典，其蕴含的人文精神可把一个人在智力、情绪、伦理各方面的因素综合起来，使他们成为一个完善的人。[②] 人格的完善是儒家基本的价值追求。"我们的下一代要有宽阔的心胸，要有悲天怜人的情怀，从哪里做起？从文化的教养做起。"（王财贵，2001）子曰："志于道，据于德，依于仁，游于艺"，儒家理想境界中的人才标准正是 A 小学国学校本课程架构的内在依据。

五、强化民族认同感，弘扬民族精神

"民族主义（nationalism）"是国家基础教育目的文化价值取向。在人才培养的素质结构中，突出青少年学生的"国家认同"和"民族认同"，努力培养他们对于祖国、民族的自豪感、责任感和使命感[③]，强化民族意识，弘扬民族精神，是基础教育的职责和重要内容。

民族精神是民族文化的主导思想，是指导中华民族延续发展、不断前进的精粹思想，其表现形式渗透在民族文化的优秀传统之中[④]，要通过国学课程的开发与设计，把中华民族文化的真髓，养育、凝聚民众的真诚的理念，作为中华民族这样一个多民族国家的族群认同、文化认同与伦理共

---

① 楼宇烈. 十三堂国学课［M］. 北京：北京大学出版社，2008：114.
② 丁海东. 儿童精神：一种人文表达［M］. 北京：教育科学出版社，2009：171.
③ 石中英. 教育哲学的责任与追求［M］. 合肥：安徽教育出版社，2008：341.
④ 张岱年. 中国文化概论［M］. 北京：北京师范大学出版社，2004：285.

识的仁爱思想，浩然正气，正道直行，人格修养及"天人合一"、"以人为本"、"贵和尚中"和"刚健有为"等中国文化基本精神的主体内容，大大地弘扬出来——把民族精神基因传下去。正如钱穆所言："要做一个真正的中国人，我想唯一的起码条件，他应该诚心爱护中国。这不是空空洞洞的爱，他应该对中国国家民族传统精神、传统文化有所认识了解。譬如爱父母的儿子，他必先对其父母认识了解一般。这便是史地教育最大的任务。"①

有感于"中国传统文化的意义与价值"，国内著名书画家、鞍山师范学院里仁馆 W 教授（长期关注和支持 A 小学国学教育）如是说：

W：与西方艺术不一样，中国传统文化的魅力，它像一个人一样，就抓人的心魄。……传统文化、传统艺术对人的这种统领就像抓人的心魄一样，西方文化就是另外一种。所以我就觉得神髓、还有魂魄啊、精气神啊，就是中国文化（研究者插话：所以研究它的方法就不能教条，用质化研究更适合研究问题），这个就是所谓中国人的玄，但是玄里面又有具体的东西，我觉得这个怎么去解释。

研究者：有些东西要意会，否则很难去理解。

W 教授：对对对，你比如说人的气质啊，怎么样才叫气质好，你比如我们今天说还是读完书以后，它能增添你的气质。我说一个女人，她要是读了很多书以后或者怎样怎样，她从气质上能体现出来，这个气质怎么去量化，那么这个气质同她从美容院里出来有什么不同，所以这里面就需要一种境界，这个时代就特别需要有这样的眼睛，就是慧眼，所以这是一条充满荆棘的路，因为尤其在当下这个时代，世俗尘嚣日上的时候。

W 教授：所以这时候需要呼唤的是什么呢，就是教育者身上这种正知正见。

研究者：对 呵呵，既恪守土地又仰望星空，给孩子一双什么样的慧眼？

W 教授：对，一定要仰望星空，因为星空你是不可能达到的，但是它会照耀你。我始终跟学生我也强调，我说我体会康德的道德律也好，仰望星空也好，就是人生都是倒在死亡的路上，都是倒在通往理想的路上，所以你说成功了你怎么又没了。所以我觉得这个时候教育者要有自己的理

---

① 钱穆. 文化与教育［M］. 南宁：广西师范大学出版社，2004：65.

想境界、情感世界，不要随俗，这样就好了。然后知识分子的呼声要是多的话，大家能够（齐心协力）。我们的教育如果从这开始，从价值观，从小学生对什么的想法开始……就好办了。

（访谈 W 教授 2010－06－22）

传统文化是一个民族的根基和标志。一个民族与另一个民族的区别最本质的在于文化和传统的不同。"中国人对中国文化失去信心是中国文化的最大危机，学校偏重自然科学，崇洋蔑己，更是中国文化的隐患。"（钱穆，1953）历史发展证明，如果丧失了自己民族文化传承的基因，就会被别的国家和民族瓦解，所以离开了传统文化也就谈不上民族精神。这正是当下国内中小学国学校本课程开发的社会动因和现实合理性。一方面是国家提倡大力弘扬和培育民族精神，另一方面，它并不是自上而下的学者论证的结果，而是产生于自下而上的强大的社会需要，是真正"草根式"的对家国归属的渴望，是"中国近代思想史上，由文化激进主义而带来的弊端渐渐显露，中国文化由遭受践踏到重新复苏的自身逻辑及文化觉醒"（王元化，2005）。作家冯骥才说过："文化似乎不直接关系国计民生，但却直接关联民族的性格、精神、意识、思想、言语和气质。抽出文化这根神经，一个民族将成为植物人。"

A 小学开发国学校本课程旨在建立曾经割裂的与传统的微弱联系，培养儿童对传统的基本认知和情感，续上与中华民族血脉相承的文明薪火，重拾我们民族共同的精神家园。为此，"我们必须建立一个信念，把古代伟大作品中的智慧、启示和经验，转化为塑造新历史的力量。"[1]实践证明，在传承民族文化基因，确立民族观念，强化民族认同感方面，国学经典起到了不可估量的作用。可以说，中国人的精神底蕴有赖于国学使中国文化的精华内化为成人的种种体认、情感与品格。曾有学者（陈越光，2003）深情谈到：一个人，如果他从来不知道孔子老子孟子庄子是何许人；从来没读过听过诗经唐诗宋词，如果他对"富贵不能淫，贫贱不能移，威武不能屈"和"己所不欲，勿施于人"等都一无所知的话，他就没有资格说他是一个真正的中国人。因为他无法融入中华民族的精神生活。这就是对本国的历史要持有一种"温情与敬意"（钱穆，1953）的内涵。

---

① 韦政通. 中国的智慧［M］. 长沙：岳麓书社，2003：163.

第三节　小学国学校本课程设计
与开发的价值取向

课程实践在本质上是一种价值创造活动，因而必须遵循一定的价值原则。(靳玉乐，2003) 明确了国学教育的价值与功能，对走出误区，构建正确的国学校本课程设计与开发的价值取向，具有重要意义。我们不应该停留于旧的二元对立的思路，不应该坚执于概念义理的论证，不应该单一地思考文化思想的建设问题，而应该从生活的实践出发，根据我们变化了的时代内涵，提炼新的问题意识，回应社会的真正需要，再认传统经典的学习问题。(王元化，2005) 在研究中始终需要厘清的是：我们不是在研究国学而是在研究国学教育——不是让儿童适应国学，而是如何让国学适应儿童。因为"教育不在于使人单纯获得死的知识，而是使人通过文化价值的摄取，获得人的全面的体验，进而陶冶自己的人格和灵魂，达到灵与肉"全面唤醒"的高度，成为多维的人——全面发展的人"①。

一、去功利化

在认识上明确了国学教育的价值与功能是非常必要的，但在国学校本课程具体的实施过程中，我们又不能过于强调或过于拘泥于其功用价值和方法，否则就又会走向另一个极端。国学教育最大的障碍并不在学生不懂语言和内容，而在于教育环境处在比较实用和功利主义的状态。经典学习很难在当时立竿见影，需要长期积淀，若干年之后，才会发现讲过的这些东西，对人生有帮助。因此，在对待儿童学国学的问题上可取的态度是：吸收体会庄子的"有和无"辩证关系，采取务实的理想主义，把握好"有用和无用"的"度"，即你首先知道它有什么用，然后忘记它的用途。在国学校本课程设计与开发中，虽做出系统的课程，但在执行时要灵活，别太在乎眼前的"得"与"失"，以一种开放的心态和悠然的姿态，让儿童在富饶的文化土壤中自生萌芽与拔节。故此，我们把"去功利化"，作为

---

①　邹进．现代德国文化教育学 [M] 太原：山西人民教育出版社，1992：75.

小学国学校本课程设计与开发的最为首要的原则，是课程开发核心的价值取向。

"人能弘道，非道弘人"，传统经典价值彰显在于通过国学课程弘道化人。作为育人以精神的价值归属为载体的国学课程，因人之精神发展及培育的绵延而使课程本身获得了人文品格。人文精神的培养不是一蹴而就、立竿见影，而是累积式与建构性的，它不像科学性的知识或工具化的操作技术"人们可以通过计算掌握一切"（马克斯·韦伯，1902），"因为科学有一个公认的外在价值。而讲文化思想只有靠自己具有一份信心来支持自己向前，静待时间的考验，故其结果往往要在身后"（钱穆，1953）。由此对国学课程就不能以过于功利的眼光去衡量与设计，以成人功利化的知识观来评价国学课程的教学效果，或以狭隘的控制论追求教学活动秩序的井然而使儿童付出成长的代价：对自由天性的表达与心灵舒展的束缚。这是小学国学校本课程开发现实意义的底线。

就"去功利化"问题，国内著名书画家、鞍山师范学院里仁馆 W 教授（长期关注和支持 A 小学国学教育）对此深有体会，研究者在对他的访谈中，常感慨于他见解的深刻与情感的真挚。

……

W 教授：对。尤其艺术的教学，其实文化的教学也是，文化的教学要用一种文化的方式，艺术的教学要产生一种艺术的方式。

研究者：一种很空灵的方式。

W 教授：对，本身这种形式学生就可以接受。这个《禅宗语录》里面老和尚和小和尚对话非常妙，而且它能启发人的心性，那是真正的启发，把一个人的智慧一下就拿出来。

研究者：它不强拽人的想法。

W 教授：对，我们现在是本来学生有智慧，老师一弄给人弄傻了。

研究者：是。

W 教授：就像看病，医生本来是调动患者，他一治给人治成……

研究者：给人治重了。现在小学还好，你看中学就是围绕升学率、考卷，初中、高中都是这样。

W 教授：所以我觉得小学是最容易的，假如说做成果的话，这一段是好的一段时间。

研究者：孩子可开发性最强，但是看我们怎么来开发。

W教授：对，然后我是觉得做什么事我还是觉得先不要看成果，这个东西很难量，然后做完以后你自己会觉得，就想我们俩做的这个事时候，我们现在不需要这个东西，任何东西我们都不需要，但是我们面对（这个成果）的时候非常欣慰。

研究者：我觉得你们就是，八个字，静能生慧，乐在其中。真的能感觉到。

W教授：就是乐业的那种感觉。而且我们也觉得我们创造了一种东西，我觉得像作品一样，只有你不功利的时候，这个真是完完全全是这样。

研究者：真是这样。

W教授：然后你才能情愿去做，你夹杂一点东西的时候就不纯粹了，也就没意思了。

（访谈W教授2010—06—22）

"教育是依照天性的自然行程和在人类经常向善的方向上天然能力的发展"[1]，但近代以来科学主义对"理性或理智的片面高扬意味着人失去了诗意的存在状态。人不再生活在感性的因而是诗意的自然中，而是在静寂、冷漠、客观的环境中寻生计"[2]。国学校本课程的设计与开发为小学生体会诗意栖居提供了可能——国学经典内容的丰富性会丰富人的情感体验，让小学生过一种美好的有质量的生活，从文化经典中去寻找生命中的情趣或排解生命中的困扰，享受精神世界的宁静致远。"经典训练的价值不在实用，而在文化。……做一个有相当教育的国民，至少对于本国的经典，也有接触的义务。"[3] 朱自清先生的洞见对当今社会的学校教育来说，也许是一个并不过时的提醒。

裴斯泰洛奇认为，"小学教育的主要目标不是掌握知识或技能，而是发展和增强心灵的能力"，在他看来教育即儿童的全部官能都得到自然、均匀与和谐的发展。"去功利化"意味着国学就是一种慢悠悠的早晨读上一会儿，轻轻松松的，绝不要"头悬梁，锥刺股"那一套；国学也不能多学，适量选取，要不违背儿童的天性，静悄悄地、活泼泼地受熏染足矣。

国学教育不是向学生灌输过去的文化知识，即"教育绝非是单纯的文

---

① 米丁斯基. 世界教育史：上册［M］. 五十年代出版社，1952：204.

② 朱红文. 人文精神与人文科学［M］. 北京：中央党校出版社，1995：29.

③ 朱自清. 经典常谈［M］. 上海：上海古籍出版社，2004：41.

化传递，教育之谓教育，正在于它是一个人格心灵的'唤醒'，这是教育的核心所在。"① "人格世界"的建构是国学校本课程价值取向的旨归。国学课程设计与开发最根本的价值在于对儿童人格和精神的培育，唤起儿童对真善美的渴望，对独立精神的向往，这不仅是国学教育的价值所在，也是一切教育的根本立场。

二、道法自然

所谓"道法自然"是强调在小学国学校本课程开发过程中，要遵循儿童认知规律的一种价值取向。提倡在国学教学中运用潜移默化、循序渐进的方法，通过适量适度学习，以期在必要的规训中又能达到对儿童自由天性的保护——教化的意义。

蒙台梭利关于儿童的"吸收性心智"理论认为，"所有儿童天生具有一种吸收文化的能力"②，因为人类的学习能力，很大一部分，甚至是很重要的一部分，应是默会知识（tacik konwledge）学习，即潜移默化的学习。看起来他学了并不懂的内容，看起来他真正记得的也并不多，其实这些将转变成一种"内隐记忆"，在心理背景中渐渐会产生作用③。

教育过程是一个等待的过程。爱因斯坦说："人们对于他们直接需要范围以外的东西，一般是看不到的。对于直接生产物质财富的工作，他们才愿意付出代价。但是科学如果要繁荣，就不应当有实用的目的。作为一个普遍的规律，科学所创造的知识和方法只是间接地有助于实用的目的，而且在很多情况下，还有等到几代以后才见效。"的确，有时过于用一些看起来很清晰明确的直指目标的功利手段，反而可能会伤及儿童的未知能力，欲速则不达。教育的真谛在于启发自觉，在于给心灵以向真、善、美方向发展的引力和空间。教育要想长久地作用于人的心灵，必须引导学生自己独立思考，自醒自悟，作出自己的选择。留有一块儿童生长中"混沌"的天地，不急于开垦点破，留待某一天的顿悟和自省，不揠苗助长。

---

① 邹进. 现代德国文化教育学 [M]. 太原：陕西教育出版社，1994：72.

② 转引自丁海东. 儿童精神：一种人文表达 [M]. 北京：教育科学出版社，2009：107.

③ （英）迈克尔·波兰尼. 个人知识：迈向后批判哲学 [M]. 许泽民，译. 贵州：贵州人民出版社，2004.

如用儿童易于接受和理解的方式进行开蒙诵经，表面上被一些人看成"蒙昧"的传统做法，其实是有其科学的合理因素的。这个过程不追求神速，不在乎数量，而是在潜移默化、循序渐进中为儿童打下一个智力和精神的底子，为厚积薄发作准备。

国学教育为什么要确立"道法自然"的价值取向，里仁馆 W 教授就此发表看法：

……

W 教授：所以怎么能让孩子们认清知性，真实地表达自己。真实，就是把你那颗当下真实的心（表达出来），你想哭么，你可以哭一下，然后再让你知道，还有个理智，就是怎么去处理这个关系。别把小孩培养成假小孩，全虚伪，本来就是，所以我是觉得。然后这种东西，你看苏联有个作家，叫康·帕乌斯托夫斯基，他写一个作家，一个创作谈，叫《金蔷薇》。他那里面有一句非常有名的话，他说："我们对生活全部诗意的理解，皆来自少年时代的伟大馈赠，一个人在悠长的时代里，能够始终保持童心，那么这个人他就是艺术家。"所以这个我觉得他说这个艺术家，不光是一个作家、音乐家，还是一个具有成功品质的人，其实我们就是说所有对世界的最初的一刹那的看法，决定了你一生。所以说老百姓讲的非常好，从小看大，绝对是这样，它是一个基本的品质，这种品质来自于遗传，来自于社会的整个的集体人类无意识……

研究者：后天的一种训练。

W：对对对，剩下就是，就是各占一些，所以我就觉得童年太重要了，我所有的话，我就觉得我就那么几年，然后我觉得一生取之不尽，用之不竭，然后我会不断地变换，然后别人总说，你现在去体验生活，你去旅游啊，我说，那有什么用，这个岁数让我去一趟九寨沟又去越泰山，那旅游像出差一样。所以我就觉得童年时代的眼睛它不一样，它那时候是真眼睛，我们现在是假眼睛。

研究者：所以我就在想，我们的课程究竟要给孩子们点什么？

W 教授：给孩子尽量让他们表达真实感受的空间，敢表达真心的这种（氛围），长大了就是，你看清朝那个八指头陀都有讲，说"我爱童子身，莲花不染尘，骂也唯解笑，打亦不生嗔"，这是孩子。"可慨年既长，物欲蔽天真"，其实孩子都是艺术家。我只是说能够真实地表达当下，我想这样就（可以了），所以一个人要尽量真实一点，然后这个社会就（好了）。

研究者：今天，我听你们谈的这席话，我很感动，这个声音久违了，它一下和我心里的一些声音……共鸣，真的，真是很激动。它可能是我内心深处在找的一个东西。

W：其实凡是我们，其实我们的生活完全可以和艺术，和这个文化联系起来，从来没有人把它分离开，但是什么把它分离呢，我觉得就是虚伪也好，还有……

研究者：道德伦理。

W 教授：对对对，其实我觉得这个美啊，我们有的时候愿意执著于概念，究竟什么是美，真善美，这是西方人，其实就是那么个东西，为什么要知道它叫什么呢！

研究者：我们去感受它，去体验它。

W 教授：对对对，其实在每个人身上，我们运用它的时候，不是用概念，概念是我们言说的时候不得不采用的一种方法。所以就是我们究竟对于传统文化怎么理解，还有我觉得一方面我们对它爱的时候，去承接它的时候，还要深刻地检讨它，这种检讨我觉得就像孙子指出爷爷的毛病一样，就没有什么，就毋庸讳言，所以，这种东西就是我们文化里面有时候所忌讳的。

（访谈 W 教授 2010—06—22）

"教育是人对人主体间的灵肉交流活动，包括知识内容的传授、生命内涵的领悟、意志行为的规范，并通过文化传递的功能，将文化遗产传给年轻一代，使他们自由生长并启动其自由的天性。"[①] 教育过程中所有的践行无不以关照和善待儿童的精神世界的建构为宗旨。国学不能成为束缚学生的工具，而应开启儿童活泼自由的天性，使他们自由成长。因此在国学课程设计与开发中要立足于对儿童自由天性的保护，去模式化，去教条化，道法自然，追求浑然天成的教育境界。儿童的成长需要打磨但更重在自悟和觉醒。因为"教育规划的原则存在于儿童发展的天性之中，教育不应该被视为任何一种过程或一系列过程，它是一种发展的过程。因此，教育的基本价值思想是存在于人类及其潜能发展的天性之中的"[②]。

---

① ［德］卡尔·雅斯贝尔斯. 什么是教育［M］. 邹进，译. 北京：三联书店，1991：50.

② 转引自［英］A. V. Kelly. 课程理论与实践［M］. 吕敏霞，译. 第五版. 北京：中国轻工业出版社，2007：87.

"十年树木，百年树人"，让传统文化的经典成为儿童生命的一部分，在孩子心中种下中国传统文化的根，对祖国的文化"充满温情与敬意"（钱穆，1950）。百年传承只是虚指，强调的是教育过程是一个顺应天性，开启蒙昧而须耐心等待，道法自然的过程。这一过程是漫长的，是酝酿，是发酵，是瓜熟蒂落，水到渠成；功夫在诗外，慢火熬老汤，营养自在其中。

三、传承与创造

国学负载着中华文明，集中体现中华民族精神。在世界政治、经济等格局发生巨变的背景下，在中华民族振兴与建设和谐社会的时代，国学是向世界弘扬中华文化的凭证；是进行人格养成教育、培养高素质公民和国际视野的未来建设者的重要资源。小学国学校本课程的设计与开发，旨在对于这一资源的利用、整合与优化，其价值在于传承、启蒙、奠基与创造。"传统能够成为每一代的传统，能对一代代人发生不同的意义，秘密在于传统允许每一代以自己的理解和解释延伸它，犹如凤凰涅槃后的再生。"① 如此看来，传统、现代并非二元论。传统不是一成不变的传统，也不是与现代打成两截，甚至相反的东西。

关于传承与创新问题，国内著名书画家、鞍山师范学院里仁馆 W 教授对此有独到体会，下面是研究者对他的访谈：

……

W 教授：所以现在我就觉得应该提倡，其实传统文化，传统的这个是核心。我觉得咱们仅仅背诵三字经、百家姓就可以，我觉得坚持这个东西也是一种俗流。

研究者：对。

W 教授：大家都在背，台湾人怎么背，我们也那么背。我觉得需要创造。那么有了创造，传统它就有魅力了。这个传统文化绝不是就是那种摇头晃脑。

研究者：照搬照抄。

W 教授：或者是穿上唐装就叫传统文化。

---

① 殷鼎．理解的命运［M］．北京：生活·读书·新知三联书店，1988：2．

研究者：我们那种仿古。

W 教授：对，那叫假壳子。所以这个是特别容易走入的一个误区。

研究者：对。

W 教授：所以我就觉得其实体会这个传统精神的时候，中国文化之所以了不起，能够经久不息，就是它这种创新。我们看起来它陈腐不变，其实中国人这种创新能力，真的我觉得是……

研究者：无与伦比。

W 教授：对。而且不着痕迹，就说我们这个汉字吧。

研究者：这句话最核心，不着痕迹。

W 教授：我们汉语里面，到处是外来语，佛教语言、各种文化都有，却看不出来。

研究者：融为一体。

W 教授：对，他们举例子么，沙发，就是沙发，而且非常贴切。收音机、录音机，都加个"机"就变成我们汉语了，所以这个就是汉语的魅力。所以我就觉得汲取传统文化的精髓也应当像汉语吸收外来文化这样，润物无声。要不然光流于表象，就是做给别人看，就是作秀。作秀价值不大，可以一时怎么样，但不会到学生内心深处。

（访谈 W 教授 2010—06—22）

国学的内涵在于它的价值观，其贯穿本民族的价值体系已深入到此民族人民的内心深处。其中蕴含的中华民族传统文化的世界观、方法论、价值观，不仅是本民族国脉传承的精神纽带，现代的中国人安身立命的宝贵资源，更是中国人保持自身独特性、迎接全球化挑战的重要思想源泉。在全球化进程中，中华民族及其文化以怎样的姿态参与"地球村"的合作与竞争，是每一个炎黄子孙都应该思考的问题。1907 年鲁迅在《文化偏至论》中谈到，我们的文化方略应当是"外之既不后于世界之思潮，内之仍弗失固有之血脉"。对中国文化的态度，对"怀古"、"继承"与"创新"的辩证分析，时隔一个多世纪，鲁迅的见地仍不失为当下文化方针的准绳。

通过国学课程的开发，实现中国传统思想文化的现代转化与创新，进一步明确"中国本位的文化建设"的现实意义，即"中国是既要有自我的认识，也要有世界的眼光，既要有不闭关自守的度量，也要有不盲目模仿

的决心。不守旧,不盲从,根据中国本位,采取批评态度,应用科学方法
来检讨过去,把握现在,创造未来"①。同时改变把传统文化与现代化截
然对立的态度,实事求是,既不肯定一切也不否定一切,正如日本史学家
永田广志在其《日本哲学思想史》一书的序中说:"过去的文化既不可以
一概否定,也不应一味赞美。不论我们如何想唾弃它,而它也是与现代有
着血肉的联系;另一方面,不论我们如何想赞美它,而它已经不能按照原
来的样子复活。"因此,对中国传统文化要"择其善者而明用之",探求其
中值得今天借鉴、吸收和发展的东西,因为"中国文化应有自己的形式,
这就是民族形式",同时坚持"剔除其封建性的糟粕,吸收其民主性的精
华,古为今用,批判继承"(毛泽东,1940)这一对待中国民族文化应有的
态度和方针的宗旨。

A 小学国学课程开发历程表明:让学生从小亲近中华传统优秀文化,
就是在延续中华民族的血脉;传承国学经典的过程,就是对小学生进行爱
国主义教育的过程。历史证明,"一个对国家、民族的传统文化没有了解
的人,对自己国家的文化传统没有自信心和尊重的人,是很难让他生起爱
国心的"②。在中华民族历经劫难,对新世纪的文化复兴充满期待的今天,
我们没有理由对这样伟大丰厚的精神资源采取狭隘虚无的态度,在义务教
育阶段,特别是在小学教育中,通过校本课程的设计与开发,渗透传统文
化教育,提倡民族文化的主体意识,回应转型时代,守护文化与文明的基
本价值(如仁爱、良知、诚信、尊严等),并在继承中创新,建立起符合
时代精神和儿童发展需要的小学国学校本课程体系。

---

① 王新命,何秉松,萨孟武,等. 10 位教授的《中国本位的文化建设宣言》//楼宇烈. 十
三堂国学课 [M]. 北京:北京大学出版社,2008:192.

② 楼宇烈. 国学百年启示录 [N]. 光明日报,2007-01-11.

第四章

A 小学国学校本课程开发历程

　　校本课程开发要遵循一定的程序。校本课程的开发是学校一项具有持续性的专业活动。它需要有一种理性决策的过程、民主决策的过程、科学决策的过程。这一过程一般有四个主要步骤：情景分析，包括明晰学校教育哲学、调查学生需求、分析学校资源、把握社区发展需要等等；确定方案（目标与计划），包括确定校本课程总体目标、课程结构、科目、课程纲要；组织和实施，包括选择安排知识或活动序列、班级规模、时间安排、资源分配及需要注意的问题等事项；评价与改善，涉及教师、学生与课程方案三方面：评价内容与方式、结果处理、改进建议。通过这样一种理性的课程决策过程，并制订相应的制度和组织，才能保证校本课程开发是一个持续性的不断改进的过程。校本课程开发是学校自主进行的，校本课程的评价更多地依靠学校进行自觉自律的自我评价，不断反思课程开发过程中出现的各种问题，自我批评，自我激励，自我改进，保证校本课程开发的健康顺利运行。建立较为规范的自觉自律的内部评价与改进机制，是一所学校成功地进行校本课程开发必不可少的重要条件。①

---

① 林一纲，崔允漷. 经验与分享：国家基础教育课程改革实验区校本课程专题研讨会综述［J］. 山东教育科研，2002（10）：25.

第一节 A 小学前期国学课程开发的实践探索

一、学校和课程开发背景

（一）A 小学概况

辽宁省鞍山市 T 区 A 小学始建于 1958 年，占地面积 12 183 平方米，建筑面积平方米。经过 50 年的建设，现已发展成为一所融"书香学园、生态校园、活动乐园、生活家园"于一体的、弥漫着浓郁传统文化与现代气息的独具发展特色的六年全日制学校。现有 23 个教学班，1 063 名学生，教职工 69 人，专任教师 53 人，教师平均年龄 34.7 岁。2002 年前这所地处城乡结合部的小学还是该区一所薄弱学校。社区居民大多以工人为主且下岗者居多。无论是学校硬件设施还是软件条件（师资水平、家长素质、学生素质等）都与当时当地"热点"学校无法比拟，名不见经传。新一轮基础教育课程改革以来，A 小学不断寻求着自身发展的道路，本着"以人为本"实施素质教育的理念，秉承"从规范管理入手，以科研为载体，以科技为切入点，兴教强校的同时，培养特色特长"的办学思路，提出了"传统文化与现代科学并重，素质教育与社会实践齐飞"的特色育人构想。

（二）A 小校本课程开发背景

1. 引子：Y 校长南方出差的触动——中国传统文化的魅力彰显

2002 年初，A 小学 Y 校长利用公出的机会接触到了当时做传统文化的学校、一个热爱中国传统文化并身体力行的人，看到当地学校（江苏江阴）的孩子和教师确实不一样的教养和气质表现，内心被深深触动。Y 校长从南方回来后，和几个平时就喜欢古典阅读的老师谈及自己的想法和心情，引起志同者的共鸣。

2002 年 6 月，全国第一个国学启蒙研讨会在江苏省江阴市召开，A 小学派代表参加。据当时作为代表之一的 A 小学 H 老师（现已调入另一所小学任职）回忆：

"至今我还清楚地记得展示会上点背经典的场面。20 名胸前佩戴号码的学生整齐地站在台前，由全国各地的专家任意点背的场面。参加这次研讨会，我的心灵受到很强烈的震撼。那一刻我深深认识到：最能代表中华民族五千年文化精髓的经典著作构成了中华民族的最基本的精神特质。它不仅包含中华民族的传统美德，也是中华民族发展的思想源泉，也是世界文明的重要组成部分。人类因文化而文明，文明因文化而传承。中华经典，历万劫而不毁，经千难而不断，就是因为一辈又一辈、一代又一代的炎黄子孙始终秉承中华文化之传统，不断使之发扬光大的缘故……"（H老师教学日志）

A 小学前往研讨会的其他几位老师回校后把自己的心得感受向校领导和教师们汇报。校领导把她们带回的录像资料在全校会议上播放，现场的互动场面唤起教师们思考。在学校发展讨论会上，有些教师谈了自己对中国传统文化的感受和认识：

——自国民政府下令废除读经，中国的教育观念大为改变，儿童自诵读"大学之道，在明明德，在亲民……"变为"小老鼠，上灯台……"使中国传统文化的传承出现了前所未有的大断层。

——举世的教育模式，皆偏重于知识技能的传授而缺乏文化的熏陶与人格的培养。"根儿"——没有了，结果是什么呢？尤其是中国内地"十年动乱"以来，受西方文化思潮影响和物质文明冲击，致使几代中国人对我们民族的优秀文化知之甚少。

——再看看当代儿童，从小就被外来的东西包围着：吃麦当劳、肯德基，看蜡笔小新，耳濡目染都是外来的东西。而对本民族的东西呢，了解得少得可怜。中国的未来岂不堪忧？

——有识之士指出："近几十年，为什么我们没有大师级的人物出现？为什么没有产生世界性的著作？"我们觉得除了封闭、积品积弱、"文革"等，一个很重要的因素是传统文化的底子太薄。（A 小会议记录）

因此，继承中华民族文化传统，完成势在必行的文化断层重整工作，让传承千百年世代绝唱的弦歌后继有人，就是一件迫在眉睫的大事。于是说干就干，在 2003 年 3 月，新学期开始，Y 校长就先局部地带领一年级（4 个教学班）的班主任开始了最初的"国学经典进课堂"活动。有了这个认识和前期准备做基础，一个机遇也似乎在等待 A 小。

2. T 区教育局开展特色教育活动——任务驱动，推进开发

A 小学所在铁东区教育局开展特色教育活动。1998 年，在现任 T 区

教育局局长 JB 同志的倡导下，T 区教育局开始开展以古诗文诵读为主的"正蒙"教育。根据 A 小已有一学期的"国学经典进课堂"的基础，加之适逢半年后 A 小学所在区教育局号召各属小学开展特色教育活动，2002年 9 月 A 小开展了"与经典为伴，与圣贤为友"的传统文化导读活动。学校抓住小学阶段人生记忆发展的黄金时期，把传统文化作为一种终生去消化、理解、受益的文化储备，让学生从博大厚重的传统文化中汲取精华，一方面使学生言行雅致、内心充盈、知书达礼；另一方面也为了促进社会的可持续性发展，让传承五千年的弦歌后继有人。正是缘于这些思考，他们走向了国学。2002 年末，该区区长到学校调研时，又为 A 小特色教育出谋划策。2003 年 3 月，A 小又对特色教育进行了拓展。

3. 新一轮基础教育课程改革正式启动——拥有课程改革的政策支持

2001 年，国家正式启动了新一轮基础教育课程改革，颁布了《基础教育课程改革纲要（试行）》，实行国家、地方、学校三级课程管理体制，赋予学校课程管理的权责。其中校本课程要求根据学校实际，满足学生个性发展的需要，体现学校办学的独特性。为学校发展大计，A 小学领导多次调研，在广泛征求师生、家长、社区及社会各界意见的基础上，从经典教育的意义、新课程的要求、学生的年龄特点及学校实际出发，最后达成国学经典校本课程开发的共识。

二、A 小校本课程开发的愿景目标

A 小以"为学生的终身发展奠定基础"为办学宗旨，确立"传统文化与现代科学并重，素质教育与社会实践齐飞"的育人理念，以传统文化教育为有效载体，把努力构建书香校园、人文校园作为学校的办学思想。确定了"与经典为伴，以圣贤为友"的中华传统文化经典诵读活动，作为该校的校本课程暨特色教育活动，开始了国学启蒙教育活动的有益尝试。

三、A 小国学校本课程设计开发过程

A 小中国传统文化国学课程开发历程，依据时间和特点可分为三个阶段：国学启蒙教育起步阶段、国学启蒙教育探索阶段、国学启蒙教育发展阶段。

（一）"摸着石头过河！""现学现卖" —— 第一阶段：国学启蒙教育起步阶段（2002.9—2003.12）

这个阶段的诵读活动主要以一、二年级为主，以全校为面铺开。一、二年级主要用校本课程时间，三至五年用早自习时间进行。一、二年级使用校定教材，三至五年自选教材，主要选用了《弟子规》、《论语》、《老子》、《大学》、《笠翁对韵》等进行诵读。2003 年初，根据刘区长的提议，学校拓展了传统文化教育的途径，在一至三年学生中开展了"端端正正写中国字，堂堂正正做中国人"的书写硬笔字活动，并选用自编校本教材《小学生硬笔书法》（教师 CWL 自编）。2002 年、2003 年学校连续两年召开特色成果展示会，引起社会的关注。

现在呈现在我们面前的是如此清晰的数字，三言两语似乎就概括了 A 小在国学校本课程开发初期所做的工作，这些寥寥数语似乎就把初期的工作说明了，但研究者真正地走入这所小学，经过多番的观察、访谈、文本文件分析，越走进就越感到 A 小国学校本课程从无到有的开始是多么不易！这期间校长、教师、学生以及家长等所经历的酸甜苦辣、困惑迷茫、豁然开朗与爱恨交织，不是一个列表、一串冰冷的数字统计所能涵盖的，所能解释的，其中潜藏在课程开发背后的故事，演绎着真实的场域中个体与群体、个体自身内心世界的冲突、挣扎的过程正是课程开发中同样需要探寻的东西。A 小国学课程开发从 2002 年 9 月到 2009 年（2009 年 9 月研究者介入前）已走过了 7 年，如果仅从学校提供的文本文件，如课程开发大事记等，你是无法感受和触摸这些文字和数字背后的体温的，对这所小学所经历的校本课程就会总有隔靴搔痒的感觉，走近她，真实地发现她，是研究者启动自己研究的真正起点，也是参与她们的改革，行动研究的意义所在。

A 小国学启蒙教育起步阶段做了什么？是怎么做的？有什么收获？又有哪些困惑和问题？这一路走来，寻访亲历者的足迹，就是探寻课程开发的源头流水。笔者需要探寻的是 A 小前期国学课程开发中，在课程设计层面，包括课程目标的演变过程、课程内容的确定过程以及课程组织（课程设置、课程结构）的情形；在课程实施（解释与理解）层面，包括教材的使用、国学课堂的运作以及效果评价（来自学生、教师、家长，学校）等方面的进程。

第一阶段　2002.9—2003.12——A小国学启蒙教育起步阶段一览表

时间	启动"中华经典诵读活动"	国学校本课程教材名称	率先普及及年级	执教者	执教名单	教材使用情况	教学内容	课时安排	切入方式	教学目标	教学原则	课堂教学方法	作业方式	教师检查学生的方式	学校如何促进此项活动	相关链接	定性
2002年9月	"与经典为伴，与圣贤为友"中国文化"导读"进课堂	《儿童中国文化导读》①(蓝皮书)	一年级	一年级班主任	DYY(年级组长，从1年级带到6年，他是A小第一个完整接受全程国学课程班级的班主任)YYY(弟子规筋皮舞)	谁选定的？内容是确定的标准为什么？她初选定全程诵读的内容班不一样？教师用时是否有个人对教材的取舍？	《弟子规》《论语》《大学》《老子》	校本课程同。每天上午早读7:50—8:00;每周二上午第一节，周一、四一节课	以语文课为切入点。尝试透过诵读一小段经典作为教学环节的转折点	求索至善的人格"博学""大人真"	"只表扬，不批评;只鼓励，不强求"	以读为主(有时也配一些简单的讲解，例如DYY老师的做法)	作业预定量(通读)反标注依据 每天诵读15—30min;评选诵读(也包括他人带领每天领诵《中国文宝典化》)15—20分钟。"这样做不止是改变学生，也在于改变家长(YHH)"	评选诵读(包括他行为表现好的)小星，目的是想怎么给该子一个鼓励，使他青的更好。	每月末召开经典汇报会；每小学期末及时表彰会，评选特色班级	新课改：新课程改革将流行每个国家、地方，校三级课程管理。本课程示全面铺开。校三级课程特色学校	中华传统文化特色教育活动以国家为主，校全面开。分层有针对地开展诗读演唱配乐等活动
2003年3月—7月	开设"硬笔生书法课程"	《小学硬笔书法》	一年级、二年级、三年级		CWL(2009年已外借到铁东区青少年宫)CWL自编校本教材	CWL自编校本教材		每周每班一节课，硬笔书法课	在语文课基础上拓宽国学教育渠道，开设书法课	"端正写中国字，堂堂正正做中国人"	以人手，循序渐进基础	讲解以练习为主	每周两页书法练习	由班主任配合老师崔老师	推出硬笔书法等级评定制度，定期聘请省市书法家担任顾问"书小星"		

1. 经典诵读的价值定位？——"开始也没什么太多想法，真的，具体怎么好也说不清"

在学校开展国学启蒙活动的初期，经常会听到教师这样说——

研究者：国学启蒙活动的初期，老师们对诵经的做法有什么看法？

W 主任：开始说什么的都有，老师们的顾虑也不少。像"背这些经、书的有什么用？""正经教学还干不过来，还有闲工夫背这些。""我们都不明白，怎么带领学生去读？"（访谈 W 主任 2010—01—14）

2. 最初的课程目标？——"就是也想让这边的孩子能接触中国文化这些好的东西"

"也没想那么多，就是我们校长带回来的南方江阴那个地方的小孩背中华经典的碟子，我们看来很受震动，就是也想让这边的孩子能接触中国文化这些好的东西。就想让孩子多背点，开始也没什么太多想法，真的，具体怎么好也说不清。"（访谈 S 老师 2010—06—24）

3. 最初用什么教材？——"教材就是 Y 校长从南方开会带回的，后来不够用就翻印的"——教材是抓一本先用

研究者：你们学校从什么时候具体开始中华经典诵读古诗文进课堂这个活动的？

Y：从 2002 年 9 月份，从我们一年级四个班开始的。

研究者：那别的年级呢？

Y：开始时学校就定我们这个刚入学的一年，那时可能是个尝试，学校那时可能也先试试行不行。

研究者：当时你们有教材吗？我有这么一些疑问，就是，这个教材，比如说，最开始我们用的是……？

Y：有。

研究者：从哪儿弄的？自己学校编写的吗？就是这个教材是谁定的？就是谁定的我们就用它呢？还是你们自己商量的？

Y 老师：这个教材啊，是我们学校当时那个杨校长啊，他有一次机会去江阴那个地方去考察的时候，是他把这套教材从南方带回来的。

研究者：哦，哦，怎么是这样呢？

Y 老师：然后我了解的是江阴那个位置那个地方可能是搞国学要先咱一步，有很多单独学这个国学内容的，有一些班，我了解的是，就是在江阴那个地方有不少老师专门就讲国学，而且他是不上课的那种。有，比如说像论

语班，我了解的那个地方就有。然后他考察时可能就看到了这个东西。

研究者：他就把这个教材带回来了。

Y 老师：也看到了当时的时候我感觉，因为我跟他交流过。他感觉学这些东西对孩子影响特别大。他所看到的论语班的孩子，无论从哪方面感觉跟咱们的孩子都不一样，那套教材是他带回来的。

研究者：哦，哦。

Y 老师：然后他带回来的时候，我们最初咱们对这个东西都不太懂，所以最初的时候拿过来咱们看有很多东西都比较吃力。因为都是四书五经。

研究者：当时不懂这些很正常。那套教材一共是几本？你还有印象吗？

Y 老师：六本。

研究者：哦，六本。

Y 老师：六本，哦，一共六本，蓝皮的。然后那套教材带回来的时候，没研究过，这肯定很吃力。那个时候最初学的时候，也就是给我们这套教材，发到我们每个孩子手里，然后当时其实学校，我觉得他也没有给咱一个明确的任务说必须你要从什么教起。（访谈 Y 老师 2010—06—28）

4. 选什么内容？——"咱领导说班主任自己定！"——发现教学内容不统一

研究者：开始时你们确定了杨校长带回的这套教材后，是怎么用的呢？

Y 老师：因为那个时候也不太清楚这个东西该怎么做。

研究者：就觉得好，是吧？

Y 老师：然后，我，最初的时候那个内容选编的时候，杨校长给咱提的是，就是原本正常咱可能是觉得从稍微简单的一点。凭咱的理解，简单一点，让孩子开始学，可能就会选《弟子规》。

研究者：哦，对.

Y 老师：但是当时，最初的时候我们备了一段时间的《弟子规》。然后后来杨校长就跟咱说那意思，如果就是一个《弟子规》。因为我们毕竟刚开始搞这个活动，给我，当时，他倒没说，但是我的理解是，他要求咱们各班级备的不一样，然后选内容的时候，各班的班主任根据自己认为这套教材中什么对孩子有影响就选了什么。

研究者：就是你根据自己情况来定，是吗？

Y 老师：对，根据自己情况来定的。嗯，我教的是《弟子规》。所以，就是每位老师对这套教材理解不同，你看备《论语》的，他觉得那个那个孔子这些东西和他弟子的言行，可能有些东西对孩子有指导的。然后你备《老子》的，他可能就从他的出发点，他觉得这个《老子》对孩子好，他就领孩子背《老子》。但是，我那个时候备《弟子规》，我就是觉得《弟子规》，小孩子背这个很省力，然后对他的言行也有指导。（访谈 Yhh 老师 2010—06—28）

5. 怎么选的？——"咱们四个班级，每一个班诵读的内容不一样，这专攻，就是一个经典"

研究者：你们最初是怎么按教材讲呢？教的内容怎么确定的呢？

S：……一看那个里面内容特别多，然后当时学校要给咱们安排，是怎么安排呢？背的方式不一样。

研究者：哦，能不能具体说说怎么个不一样？

S 老师：就咱们，但是试点，就是四个班级嘛。咱们四个班级，每一个班诵读的内容不一样，这专攻，就是一个经典。那个时候呢，我记得，清清楚楚地记得一年一班背的是《弟子规》，一年二班背的是《论语》，然后一年三班背的是《大学》，我是一年四班，我班背的是《老子》。

研究者：哦，背的不一样。那是谁给规定的呢？还是就你们自己就讨论着说，咱们这样啊，怎么商量的教什么？

S 老师：当时教学校长跟我们讨论的时候，研究商量的时候说，就是你们每个班背的要不一样，就是选择，有自己班特色的东西。

研究者：哦，教学校长姓王吧？是吧？

S 老师：对，当时他是我们主任，还不是教学校长。他，然后他正好是我们低年主任，他抓这事，后来他也是整个过程全都经历了。然后，这里头内容不太一样，主要是成分也不一样，含量也不一样，你看一年一班《弟子规》，那种比较少，逐渐她背完这个之后，她又背《笠翁对韵》，就连上了。像一年二班的《论语》，和我们背的那个《老子》，整个背了三年。

研究者：哎呀，那孩子的底蕴老高了。

S：背了三年，九九八十一章，整个《老子》八十一章都背完了。

研究者：了不起啊。

S：嗯，是这样背的。

研究者：一个班都不一样。

S 老师：不一样，背的都不一样，然后刚开始我们听那课，听的是，嗯，给我们打样板，是《弟子规》那课，因为这个比较浅显，适合学生，朗朗上口啊，就是表演啊那种。

研究者：哦，是，这种情况持续了多长时间？就是说，一个年组开始做，而且四个班要求还都不一样。

S 老师：就是我们这个年组，已经一直持续了，我想应该持续了三年，但是从明年的下一个一年级就不是这么个背法了。

研究者：哦，那就是说你们一直坚持做到三年级。

S 老师：嗯。

研究者：对吧？

S 老师：对。

研究者：来年的话，就是第二个，又入学的一年级。

S 老师：对，又入学的一年级就开始全体都背《弟子规》。

研究者：就是，第二个一年级。

S 老师：嗯。

研究者：就统一。

S 老师：嗯。

研究者：统一这个教学的内容了。

（访谈 S 老师 2010—06—24）

6. 课时如何安排？——"最开始就是晨读的 10 分钟，过了一个月又加了课""同时有两种课表"

研究者：当时我们这个课时是怎么安排的呢？

S 老师：当时这个课时，我记得挺牢的。就是说当时每周是周二有三节课，前三节课就领学生背，学生当时的课堂效率特别高，不像现在国学课基本一周一个班一节，当时就是除了每天早自习领学生背之外，周二连上前三节课，从第一节课到第三节课都是校本课。

研究者：那就是从 2002 年 9 月份开始咱们就这么做了。

S 老师：对。

研究者：就是每周都有三节课。

S 老师：对，而且是连着的三节课领着学生。

研究者：哦。

S 老师：当时呢，整个这三节课下来学生能背挺多东西。

研究者：那么这个列入当时的课表吗？

S 老师：列入了，列入当时课表了。

研究者：就从 2002 年 9 月份。

S 老师：列入当时课表，但是国家来检查的时候，咱们就得，调整一下。

研究者：就是让他们看到的是没有这个安排的。

S 老师：对，对，对，我们有两套课表当时，上边检查时，就换个。我们偷摸地，好像我们偷摸地在做似地，就像开始是小偷似的，上边一来检查。

研究者：啊？还是这样呢！

S：对。

研究者：那这种情况持续了几年呢？

S 老师：我们这个……

研究者：你整个教的三年都这样？

S 老师：我们这个年段，这个年级都这样，嗯。

研究者：那个时候的课表还能再有一张吗？

S 老师：那个时候课表没有了，但是我印象深刻的就是，我们这几个班，同时是周二的前三节课，都是校本，都是这个经典诵读。

研究者：全是，一、二、三，每周二三节，你们这四个班全是这样。

S 老师：对。

研究者：可能是各个班里背的东西不一样。

S 老师：对。

研究者：但是我们都在读。

S：你就能听到整个全是在读的声音。

研究者：哦。

S 老师：嗯。

研究者：那你们仅仅是采取给孩子读吗？

S 老师：不仅仅是这样。

研究者：讲点。

S 老师：讲点。

研究者：读点，怎么做呢？一般的

S 老师：对，当时你看我们，嗯，这四个班，虽然是这四个班背的内容不一样，但是我们有最精华的东西，这四个班全背。

研究者：你们认为那什么是精华呢？

S老师：呃，就是，比如说《大学》的第一章，《大学》第一部分，"大学之道在明明德，在亲民，在止于至善"这部分，不光是全年组，整个全校全背。（2010—06—24访谈S老师）

7. 怎么上课？——"我们领着就是反复读""也不讲解，说实在的，当时我们自己看着都非常吃力，都不敢多讲，怕给孩子讲错了！"

S老师：我刚毕业的时候，杨校长当校长，他刚开始引进来，咱们A小的这个经典诵读就是说有个校本课。

研究者：嗯。

S老师：然后就开始让学生背一些传统文化的东西。嗯，当时咱们也不知道这个。

研究者：当时是什么感觉？

S老师：非常陌生。

研究者：哦？

S老师：觉得自己也没有那个底蕴去背、去教这个东西。然后当时咱们就提出这样的困惑，然后杨校长就从沈阳的一个学校的请来一位老师，他就是负责教，教这方面，《弟子规》给咱们上那个观摩课，然后咱们听完之后就一点一点摸索。

研究者：哦。

S老师：就是，也是一点一点的，那时候全国都没普及。

研究者：对，都没有。

S老师：都没有，那时根本内地没有。

研究者：咱们是内地最早的，差不多。

（访谈S老师2010—06—24）

（二）"就真真心心地做！"——第二阶段：国学启蒙教育探索阶段（2004.3—2005. .9）

从这个阶段开始各班的校本诵读课全部纳入课程表。每学期期初班主任结合班级实际制订诵读计划，学校定期检查督促、总结，较好地保证了各班诵读计划的实施。为满足学生个性发展的需要，学校再次拓宽传统文化教育的途径，开设了以传统文化教育内容为主的校本选修课。它包括踏歌起舞、音乐之声、国色香绣、诗社等。2004年12月，A小成功召开第三届传统文化节。学校的特色工作得到社会的认可，被评为鞍山市特色学校。

第二阶段：2004.3—2005.9——A 小国学启蒙教育探索阶段一览表

时间	启动"中华经典诵读活动"、国学校本课程名及教材名称	执教者	任教年级及名单	教材使用情况	教学内容	课时安排	切入方式	教学目标	教学原则	课堂教学方法	作业方式作业量（诵读）的测定及标注依据	教师检查学生的方式	学校如何促进此项活动	相关链接	定性
2003.7 至 2003.9 至 2004.12	启动"中华经典诵读活动" 全校铺开				读背唱诵诗配画配乐等活动		延续三年前的做法						全校分层次，有针对性地开展	导读活动以一年级为主，以全校地面开	中华传统文化特色教育活动
2005.3	开设古诗文鉴赏	语文教师	四至六年级 WH	校本教材以教材为主，适当对内容进行取舍	古诗文唱歌组国，歌唱当今热爱生活、民族进行	每周一节（2009年前）；每周二节（2009年后）	诗文赏析	提升三方面的能力：培养发掘学生对音乐的兴趣，激发学生对发现音乐、乐知力，乐感	注重积累，综合提升 聆听、赏读使学生从音乐情感的感爱	以赏析综合提升 欣赏、体验、模仿	仿写认识课堂背诵	仿写训练，文学社活动	各类径如：个人展示	导读活动以一年级为主	
	国色古香（国绣）	思品教师	二年级 YY	取自一些传统文化	课堂一些传统文化藏族、新疆、陕歌歌舞等	每周二年级下午7、8节						课堂上以单小结形式检验	每学期举行学生绘画		
	民乐	音乐教师	二年级至六年级 LYF	选取一些传统文化内容和歌词内容融入人教歌词到课本中	"二课"成形舞蹈校自主的"草原巾"	课堂单元内容合进度增加		体验激发学生对民族音乐的热爱、京剧的热爱	音乐重体验，发兴趣	实践绘画，尝试，主仿民族京剧舞蹈及舞蹈兴的特点	课堂结合单元内容参透舞蹈编排每个舞蹈	"二课"以舞蹈表演检查	评出优秀学生作品		
	民族舞《踏歌起舞》兴趣栏目	音乐教师	二至六年级 XHY	根据学校及身特色内容及训练容身选择学习内容	梨园新传，红领巾中华少年书	"二课"一周每周四班时间									
	美术·国画	英语教师	二年级 ZW	根据特色和身选择学习内容	中国画，工笔花鸟（蒙族），打花	每周四下午7、8节课	以中国传统统绘画为切入点	激发学生文化艺术及京剧舞蹈巧技的热爱，对本的绘画基础绘画技工具及笔纸画	养主学中国书画的感受	欣赏、临摹，教师示范	完成一幅国画作品	下次课堂在上展示			
	象棋	体育教师	二至六年级 YXM		大（蒙族花与）中国工笔花										
	科技	体育教师	二年级 DXL												
	礼仪课	语文教师	一至六年级 SXY		中国工笔花、写意画										

（三）"这是个'前赴后继'的结果！"——第三阶段：国学启蒙教育发展阶段（2005.9—2009.7）

这一阶段，学校从长远角度出发，先总结了几年来特色教育工作的经验，并反思存在的问题，最后达成一致。学校的特色教育工作应向纵深发展，应形成一套完整的教育体系。有了理性的思考，学校首先制订了三年特色发展规划，接着根据学生的年龄特点、认知规律、学生诵读所能达到的数量标准（根据 A 小研究，每周 70—100 字为宜），制订了小学阶段一套完整的校本诵读计划（六年）（它包括四书、三百千、《弟子规》、《诗经》等，小学必备古诗 70 首，中学必备古诗文 50 首等）。学生如果能完成这个诵读计划，小学六年毕业后的阅读量应为 150 万字，相当于初中二年级的水平。

如果说，2002 年活动初期时 A 小有些茫然，目的性不是很明确，那么发展到现在，该校已基本形成了一套比较完整、操作性较强的国学启蒙教育体系。它包括每周每班一节的诵读课、一节书法课（诵读课使用我校精心挑选的教材一套，书法课使用自编校本教材）、三至五年的古诗文赏析课程、校本选修课程、贯穿教育教学始终的多元特色活动等。

学校还将国家级科研课题铁东区区域性教师发展课题、A 小学子课题确定为《小学阶段开展传统文化教育与人文精神的培养》，进一步研究国学启蒙教育的途径与方法。其间，学校创办了鞍山市第一份国学报纸《启蒙》，设计了 A 小文化书签，出版了第二本学生诗歌创作集《寻找童年的梦》。

A 小的国学启蒙教育经七年锤炼，日渐成熟。

例如，部分教师开始萌发自觉的课程意识，开始学着自己找问题了。

"我一直在想这么个事儿，如何将中国传统礼仪观念与现代礼仪规范有机地结合起来，在一定的国学经典的积累中开辟出一种既有助于学生对国学经典的理解，又可以培养出具有东方气质的"少年君子""东方绅士"的全新课例。"

（访谈 WQ 老师 2010—06—22）

"我现在插一句 A 小'进学礼'的相关情况：在研发礼仪课程过程中，通过教师自身学习也是在寻找一些古为今用的内容的同时，感到我国传统礼仪中的内容是可以被文明很好地利用起来的。正如国家对传统节日的重视一样。在每年的教师节与孔子诞辰纪念日之际，文明可以把'尊师重教、同学友爱、新生入校'等多种教育思想通过'进学礼'诠释出来，而且我们还会在此基础上开发出更多的古为今用的礼仪仪式，如'开笔礼'等。"

（访谈 WQ 老师 2010—06—22）

第三阶段：2005.9—2009.7——国学启蒙教育发展阶段一览表

时间	国学校本课程教材名称	率先普及及年级	执者	名单	教材使用情况	教学内容	课时安排	切入方式	教学目标	教学原则	课堂教学方法	作业方式（作业预定（诵读）及标准依据）	教师检查学生的方式	学校如何促进此项活动	相关链接	定性
2006.9 启动"中华经典诵读活动" / 社团建设														全校分层次全面展开	导读活动以一年级为主，以校为全面铺开	中华传统文化特色教育活动
2007.9 开发出 A 小国学系列校本教材	中华经典诵读本（上、下）、中华经典古诗文赏析	全校各年级	班主任、全校国学教师、品德教师	WH LWC MXP	全校专人负责，有计划有检查	见教材	校本课每周一节（选读本一节、赏析本一节）	有针对性地开展读背唱演诗配画配乐等活动								
2008.9~2009.12 启动"A 小礼仪课程"	没有固定教材，参考教材《现代礼仪》湖南人民出版社，中小学教育丛书小学生日常行为规范《小学生日常行为规范指导》严大成主编	一至六年级	专职教师	LY WQ ZJ MXH	根据各年级学生特点自行组织教学内容	"A 小日常规范歌谣"等（网上资料）	各年组每周一节	提高学生认知水平，其指导好良好行为习惯的形成	在理解明确规范的基础上导行	讲解演示练习	无	平时存细观察学生行为，对存在的现象及时矫正	每周小全校评优工作			
2009.3~2009.7 研发《A 小礼仪课程校本教材》第一至六年级	参考《青少年礼仪礼节知识》第一工业漫画课《中国古代礼仪文明》林中华书局	一至六年级	专职教师	LY WQ ZJ MXH	集体备课共同确定各学段主题但各年级的深度不同		各年组每周一节		在理解明确规范的基础上导行	讲解演示练习	无					
2009.9 至今 研发《A 小礼仪课程校本教材》的部分	《弟子规》及《三字经》中涉及礼的部分，参考《钱文忠解读三字经》《弟子规》	二年级、四年级、五年级	专职教师		MXH 同	每个年级分为学校、家庭、社会三个方面		导行，在综合课合适的实际问题同								

附：国学启蒙教育发展阶段追踪

1. "这是个'前赴后继'的结果!"——A小学人员（与国学课程开发相关的）调入调出一览表（2010.6.25—2010.7.1）

"15：40—16：20访谈L老师关于从2002年9月开始，国学推进的过程中的一些细节。她提到几个重要的人：已调入烈士山小学任副校长的W，她一直抓国学校本教材的开发；B校长'A小学品牌的打造者——包装（用L老师的话）'，是她把国学对外运作出去，经营得好。在谈了许多人对A小国学的贡献后，L老师说了一个词'前赴后继'! 这个本土概念很触动我。"（我的田野日记2010—06—23）

在A小任职时间	人员及职务	负责事项	背景（涉及的相关人员及是由）	管理特色	贡献	在职期间大事记（A小传统文化历程）	变动情况（时间、去向）	相关链接
1996—2004.7	Y校长	校长学校全面工作	由LY的工作汇报引起对国学的关注	低调务实	首次把"中华经典诵读活动"纳入校本课程	2002.9开始"与经典为伴与圣贤为友"中华经典诵读活动并纳入校本课程。2003.3开设硬笔书法课程选用自编校本教材《小学生硬笔书法》。2003.12被授予"全国中华传统文化经典诵读示范校"2003.12出版第一本学生诗歌创作集《绽放》	2004.7调出	
2004.9—2009.3	B校长	校长学校全面工作	以Y校长前期工作为基础，全面推广了国学经典诵读活动	创新魄力细腻	对外宣传A小国学特色，全面包装打造品牌阶段，把"中华经典诵读活动"升华为国学启蒙教育	2004年制作了A小传统文化教育纪实光盘。2004.12被命名为鞍山市特色学校。2002—2006年A小成功举办了四届"中华传统文化节"。2007年举办"古典的阳光"国学历程五年回顾展。2008年开启礼仪课程。2008年第一次A小"进学礼"	2009.3调出	

1992—2008.9	W 主任	从主任到教学校长负责传统文化教育	一直负责诵读活动及与学科教学的渗透工作	认真踏实落实到位，执行力强	基层工作的具体制定者和指导者，主抓国学校本教材的研发	2005.3 拓宽国学启蒙教育渠道，开设古诗文鉴赏、国色香绣、硬笔书法、声乐、民乐、民族舞等选修课程。2005.9A 小文化书签及 A 小传统文化印象宣传册。2005.10 出版第二本学生诗歌创作集《寻找童年梦》。2005.11 创办鞍山第一份国学报纸《启蒙》。2007 年开发国学系列校本教材	2008.9 调出	
2009.3 至今	D 校长	学校全面工作	传统文化在各学科的渗透及学校文化建设 校本课程全面开发	淡定聚人气，以人为本，放小抓大，以柔克刚，善于化缘	继往开来厚德载物	2009.5 学校基础建设大改造 2009.12 "A 小国学启蒙教育发展基金会"成立 2009.11 举办第二次"进学礼" 2010.5.27 成功举办"守望记忆"A 小第六届传统文化节 2011 年 9 月 A 小被授予"全国中华传统文化经典诵读优质学校" 2012 年 5 月辽宁省经典诵读现场会暨 A 小国学教育十周年回顾展成功举办。		
1992—2009	CWL 老师	中国书法进课堂	传统文化中书画课程建设	专研执着创新	书法教程校本课程	学生获全国书法作品奖	2009.3 调出	

2.A 小校本诵读计划

A 小校本诵读计划（一至六年级）

	一年级（上）	一年级（下）	二年级（上）	二年级（下）	三年级（上）	三年级（下）
第 1 周	《弟子规·入则孝》	《千字文 1》	《大学 1》	《论语·学而第一》2、3、5	《孝经 1》	《孝经 16》
第 2 周	《弟子规·入则孝》	《千字文 2》	《大学 2》	《论语·学而第一》6、7、8、9	《孝经 2》	《孝经 17》

续　表

第3周	《弟子规·入则孝》	《千字文3》	《大学3》	《论语·学而第一》10、11	《孝经3》	《孝经18》
第4周	《弟子规·出则弟》	《千字文4》	《大学4》	《论语·学而第一》12、13	《孝经4》	《论语·公冶长第五》12、15、16
第5周	《弟子规·出则弟》	《千字文5》	《大学5》	《论语·学而第一》15	《孝经5》	《论语·公冶长第五》17、18、19
第6周	《弟子规·谨》	《千字文6》	《大学6》	《论语·为政第二》13、18	《孝经6》	《论语·公冶长第五》20、21、24、
第7周	《弟子规·谨》	《千字文7》	《大学7》	《论语·八佾第三》4、7、26	《孝经7》	《论语·公冶长第五》25、26
第8周	《弟子规·谨》	《千字文8》	《大学8》	《论语·里仁第四》1、2、3、4	《孝经8》	《论语·公冶长第五》27、28
第9周	《弟子规·信》	《千字文9》	《大学9》	《论语·里仁第四》17、18、19	《孝经9》	《论语·庸也第六》1、2
第10周	《弟子规·信》	《千字文10》	《大学10》	《论语·里仁第四》22、24	《孝经9》	《论语·庸也第六》6、10、12
第11周	《弟子规·泛爱众》	《千字文11》	《笠翁对韵·三江》	《笠翁对韵·六鱼》	《孝经10》	《论语·述而第七》3、10、14
第12周	《弟子规·泛爱众》	《千字文12》	《笠翁对韵·四支》	《笠翁对韵·六鱼》	《孝经11》	《论语·述而第七》15、21、24
第13周	《弟子规·泛爱众》	《笠翁对韵·一东》	《笠翁对韵·五微》	《笠翁对韵·七虞》	《孝经12》	《论语·泰伯第八》2、3、7
第14周	《弟子规·亲仁》	《笠翁对韵·一东》	《笠翁对韵·五微》	《笠翁对韵·七虞》	《孝经》13	《论语·泰伯第八》13、19
第15周	《弟子规·馀力学文》	《笠翁对韵·二冬》	《中庸》1	《中庸》4、5、6	《孝经》14	《中庸》8
第16周	《弟子规·馀力学文》	《笠翁对韵·二冬》	《中庸》2	《中庸》7	《孝经》15	《中庸》9、10
	四年级(上)	四年级(下)	五年级(上)	五年级(下)	六年级(上)	六年级(下)
第1周	《老子》1、3、4	《老子》41、43	《庄子·逍遥游》	《孟子·得道多助》	《五柳先生传》	《庄子·养生主》
第2周	《老子》5、6、7	《老子》44、45	《庄子·逍遥游》	《孟子·生于忧患》	《五柳先生传》	《庄子·养生主》
第3周	《老子》9、10、11	《老子》46、47	《庄子·逍遥游》	《孟子·鱼我所欲也》	《岳阳楼记》	《庄子·养生主》
第4周	《老子》12、13、14	《老子》49、51	《庄子·逍遥游》	《孟子·鱼我所欲也》	《岳阳楼记》	《庄子·养生主》
第5周	《老子》15、16	《老子》53、54	《庄子·逍遥游》	《爱莲说》	《岳阳楼记》	《登高》
第6周	《老子》17、18、19	《老子》56、59	《庄子·逍遥游》	《陋室铭》	《诗经·关雎》	《马说》

续　表

第7周	《老子》20	《老子》60、61	《庄子·逍遥游》	《少年中国说》	《诗经·伐檀》	《核舟记》
第8周	《老子》21、23、24	《老子》62	《庄子·逍遥游》	《少年中国说》	《诗经·硕鼠》	《核舟记》
第9周	《老子》26、28、29	《老子》63	《庄子·逍遥游》	《少年中国说》	《诗经·鹿鸣》	《核舟记》
第10周	《老子》30、31	《老子》65、66	《庄子·逍遥游》	《少年中国说》	《诗经·采薇》	《小石潭记》
第11周	《老子》32、34、35	《老子》69、72	《庄子·逍遥游》	《三峡》	《长恨歌》	《小石潭记》
第12周	《老子》36、37	《老子》75、76	《庄子·逍遥游》	《行路难》	《长恨歌》	《前赤壁赋》
第13周	《老子》38	《老子》79、80	《庄子·逍遥游》	《师说》	《长恨歌》	《前赤壁赋》
第14周	《老子》39	《老子》81	《庄子·逍遥游》	《师说》	《长恨歌》	《前赤壁赋》
第15周	《中庸》11	《中庸》13	《中庸》15	《中庸》18	《中庸》20	《中庸》23
第16周	《中庸》12	《中庸》14	《中庸》16、17	《中庸》19	《中庸》21、22	《中庸》24

"回顾所来径，苍山翠翠微。"A 小之所以有今天的发展，用当时"A小国学教育的见证人"W 主任的话说："应得益于五大方面的工作：教师引领是关键；家长支持是保证；扎实诵读是基础；科学评价是动力；多元活动是载体。"

1. 教师引领是关键

"背这些《经》、《书》的有什么用?""正经教学还干不过来，还有闲工夫背这些。""我们都不明白，怎么带领学生去读?"在学校开展国学启蒙活动的初期，经常会听到教师在这样说。针对教师中出现的问题，A小领导意识到，要想把这项工作很好地开展下去，提升教师的理念至关重要。为此，该校通过专家引领——外出取经——校本教研——自读自悟四个层次完成教师的培训。他们的目的很明确，一是转变教师的育人理念，明确开展国学教育工作的意义，二是提升教师的文化素养，逐步提高教师指导学生读经的能力。

专家引领：学校先后邀请了中国青少年发展中心李洪安部长、全国传统文化导读巡讲团、孔子学会理事刘冰教授等专家作为学校国学启蒙教育工作的顾问，定期来校指导工作；学校发放了王财贵教授的宣讲光盘，引导教师观看；我们还多次组织教师听专家的报告，仅去年一年就先后听取了包括中国人民大学中文系博士生导师李炳海、山东曲阜大学孔子学院院长杨朝明等专家的报告 6 次。专家的报告不仅提升了教师的文化底蕴,还为我们答疑解惑,解决了我们工作中遇到的问题。

外出取经:A 小先后选派优秀教师考察湖南、苏州、北京、天津等推广中心,还选派文化底蕴丰厚的教师到师院进修中文。学习回来的教师都要汇报学习体会,取得了"一人学习,众人受益"的良好效果。

校本教研:学校专设"校本教研室"。教研室负责规划、特色活动设计、教师培训等工作。教研室下设"教师读经室"。每周二上午 8—9 点是教师读经室开放的时间,教师集中在读经室读经典,大家互相学习,交流心得体会,有不懂的地方就请校内指导专家诠释讲解。

自读自悟:该校购进国学教育书籍、光盘、磁带,引导教师阅读学习。为使教师更好地学习,学校开展了"三个一"活动,即每月检查一次自学笔记,每周至少抄写经典一页,每学期进行一次教师书写经典大赛、教师诵读经典大赛等。学校还在教师中开展评选优秀导读员活动,并将教师参与学习和开展国学启蒙教育的情况纳入教师业务考核,以调动广大教师的积极性。

教研室还根据教师的需求多次开展交流式培训。例如,大家读到《论语》时想系统地了解儒家思想,A 小 LY 老师(她对创建 A 小国学功不可没)就作了有关孔子的讲座,从孔子的生平讲到《论语》再介绍到儒家思想,使广大教师对这位古圣贤之人有了进一步了解,并对儒家学说有了完整的认识,教师们听后很受启发。像这样的讲座,上学期我们共进行了 6 次。WH 老师的老子闲谈、WY 的孟子、DS 的中庸等讲座,给教师们留下了深刻的印象。经常性的学习思考,渐渐转变了教师的观念,许多老师从开始的不喜欢到能接受又到喜欢读了。校园里经常能看见老师办公桌上有国学方面的书籍。SN 老师受 LY 老师的影响已经成为教师读经的指导者了。一些年轻教师不仅自己读,还领着自己才三四岁的孩子读,她们已逐步认识到经典教育的意义了。

该校还多次开展主题研讨活动,如以《如何提高校本课课堂效率》为主题,研讨的目的是如何调动学生诵读的积极性,提高课堂教学效率。先由 DS 老师执教一节《老子》第八章,然后大家根据教者所采用的多种诵读形式、引用的故事的可操作性展开了激烈的讨论;教师们还对是否给学生诠释其内涵发表了不同的见解。每个人因不同的阅历对这段话的理解也不同，当时很有争议。但她们认为，"我们重视的不是讨论的结果，而是在这个过程中每一位老师的成长与收获。"

这样有主题、有目的的研讨活动，该校经常进行。

2. 家长支持是保证

诵读之初，家长不理解这种教育，说 A 小复古，甚至有个别家长到教育局告学校的状。为此该校做了以下三方面工作：

一是解决家长的思想问题。学校几次邀请孔子学会刘冰教授来校为家长宣讲读经的意义和益处，解答家长的疑问，还根据家长的文化层次，采用相应的教育案例，利用家长会、座谈会等形式，对家长进行培训，解决了其思想问题。一年级是学校开展诵读活动的起始阶段，每学年初一年级新生家长会尤为重要，直接关系到诵读活动的质量，动员工作他们做到了精、细、全。

二是引导家长走进国学。该校要求家长和孩子进行亲子诵读，在诵读中加深对国学的理解；学校的特色教育活动、诵读展示会、每年的传统文化节，我们都邀请家长参加，让家长亲身感受孩子的成长与进步。

三是使家长成为学校发展的参与者。每学年学校都要进行问卷调查，召开家长座谈会，与家长共同分享孩子成长的喜悦，分析存在的问题，寻求解决的措施。多次的交流与沟通，使得很多家长乐于走进 A 小的国学教育，并为之出谋划策，很好地促进 A 小国学教育向更深层次发展。

3. 扎实诵读是基础

几年的实践与探索，A 小认识到：诵读经典要在人人诵读、天天诵读、大量诵读、及时诵读的基础上，重点掌握诵读的方法，这样才能提高诵读的效率。

（1）快乐诵读法。按照"只求熟读，不强求背诵；只要求背诵，不强求理解"的理念，采用"只表扬，不批评"的教学原则，教师引导学生在游戏中读，在玩耍中读。鼓励学生采用自己喜欢的方式读，可以坐在椅子上读，可以拍手读，可以摇头晃脑读。一句话，怎样高兴怎样读。

（2）"三个一百"诵读法。每次诵读 100 字左右；每个单元内容诵读100 遍左右；给每个孩子 100 分。在诵读过程中，大力推行滚动读背法。

（3）"六字"诵读法。这六字就是"同学们，跟我读"。叫"同学们"是呼唤，是为了引起同学们的注意。（因为小学生的注意力不是很持久，儿童心理学家的研究表明，6—7 岁的孩子的平均专注时间为 15 分钟，

8—10 岁的孩子为 18 分钟。因此，孩子在读经时，需要时常提醒，以唤起他的注意。）而"跟我读"这个"我"则大有讲究。这个"我"对孩子满怀希望，充满了期待。用"看谁读的声大""看谁读得准"分组竞赛、加小星星等方式，让孩子在没有压力的情况下，自然地诵读，而后从中取得背诵的乐趣和成就感，从而激发起孩子们读经的乐趣。

（4）欣赏感悟法。教师组织学生在熟读会背的基础上欣赏名篇，通过一些历史故事、成语典故以及生动的画面让学生初步感悟中国古代优秀传统文化的精髓。（举例子）

（5）一气呵成法。此法特别适合儿童天性，特别容易操作，收效非常好。笔者到北京、天津推广中心学习都使用了这种方法。

读诵方式：较短的经典如《千字文》，就从头到尾一气呵成地读下去，从开头的"天地玄黄"一直念到最后一句"焉哉乎也"，注意中间不可间断；篇幅较长的经典，像《论语》，应该把每一篇作为相对独立的任务，采用通篇念的方式一气呵成地读下去。先由教师领读，孩子跟读，大家再齐读，然后让孩子轮流领读，最后直到熟能成诵。

还有亲子诵读法（孩子与家长一同诵读，让孩子在家长的赞扬中诵读，共同享受与经典同行的乐趣）、"师生对口令、生生对口令游戏"等方法。

在教学中，只要设法使孩子将经典读得如行云流水般顺畅就可以了。就像牛吃草，先让孩子烂熟于心，再用一生实践去感悟，定会终生受益的。

4. 科学评价是动力

如果说，教师引领是关键，家长的支持是保证，那么 A 小认为采用科学的评价方式对诵读工作会起到很好的促进作用。

该校一直以来坚持以引导、激励为主，调动每个班级每名学生的积极性，给每名学生 100 分的评价机制。在此基础上采取了以下五项措施：

措施一，建立"四查"制度。一是定期检查教师校本课备课情况——教案；二是每周必查校本课上课情况；三是每月末抽查学生诵读计划执行情况；四是每学期期末检查班级诵读计划完成情况。学校将检查情况定期公示或在教师大会上总结，主要以表扬鼓励为主。

措施二，树立榜样，带动全体。学校在每个年级设立一个读经班。鼓励读经班加快诵读的速度，加大诵读的数量，提高诵读的效率。用榜样带动全体的方式调动每一个班级诵读的积极性。表现突出的班级评选为"诵读明星班级"。

措施三，多给予参加活动的机会。对在诵读活动中表现突出的班级，学校的大型活动如参加师院孔子文化周的展示、电视台记者的采访、录像、学校的宣传片、展板、特色展示会以及传统文化节等都多给机会。参加活动的学生心情会很愉快，也会很自豪，更增添了学生诵读经典的热情。

措施四，诵读与行为规范相结合。我们开展国学教育的根本目的是教会学生做人，养成良好的行为习惯，因此我们更注重学生的行为变化。我们把诵读与学生的一日常规结合起来，学校周周评选红旗班级，月月评选行为规范班。

措施五，几年来 A 小坚持采用评选诵读明星的评价方式，在学生中树立典型和榜样。做到不流于形式，注重实效。

班级对学生的评价主要从以下三方面入手：

（1）各班纷纷设立吟诵榜、诵读小天使等各具特色的栏目。"吟诵榜"是教师们为调动学生诵读的积极性而设计的。学生诵读的内容、诵读数量的多少，一目了然。只要你又背会了一个段落，就可以将自己亲手制作的一个美丽的图案（可以是星星、红旗、红花、小动物等）贴在上面。

（2）周周评选诵读小明星。只要按照教师的要求完成了诵读任务，教师就会在书上你会背的这部分奖励你一个小红旗，五个小红旗换一个小星星贴在明星榜上。周末谁星星多就是本周的班级诵读小明星，奖励下周晨会时间领读经典。

（3）各班在学生的成长档案中设立诵读成果展示页，将学生诵读的成果累积起来，与同学、家长共同分享成长的快乐。

有资料表明，学生诵读经典是有差异的。通常的状况是 30％喜欢读，30％会反抗到底，40％是可有可无，鼓励则进，不鼓励则退。2003 年 5 月初，该校调查了三、四年级的 8 个班级共 314 名学生，喜欢读的占 40％，不喜欢的只有 15％，远远好于通常的状况，这与 A 小建立的较扎实、科学的评价机制有密切的关系。

5. 多元活动是载体

天下大事必做于细。A 小学生每天都是在处处渗透着经典的具有书香氛围的校园里学习生活着。该校多元的活动主要体现在以下三个方面：

（1）文化氛围的创设。学校文化氛围的创设分三个层次：一是对社区的宣传上，在校门口设立了公益广告宣传板，定期更换向社区居民宣传我校的教育理念；二是在走廊创设了非常有文化内涵的 A 小文化印象，突出了知识性、活动性、趣味性，而且具有很高的欣赏价值；三是教室布置雅致，体现班级的特色。

该校师生每天的学习生活是从诵读经典的声音开始的。每当音乐铃响起时，全校学生随着音乐一同诵读，那声音的共鸣有一种震撼力。音乐铃每两周换一次，使用三年来，在不经意间学生至少会背四五十首古诗了。古诗音乐铃的运用，成为 A 小校园生活的一道亮点。

（2）学科教学的渗透。在学科教学中，教师们尝试着渗透经典。教师用经典作为教学环节的转换，可以还根据每个单元的主题有机渗透经典。例如，二年级语文"诚实"一单元中，教师用《弟子规》中的"凡出言，信为先"来教育学生做人要诚实，讲信用。在思品教学中，教师们针对孝顺长辈、关爱他人的主题，引导学生读"为人君，止于仁，为人臣，止于敬……"并创编小品，引导学生从小就做个尊敬长辈、孝敬父母的孩子。

在艺术学科的教学中，教师们经常让学生听古典音乐，观看传统戏剧表演，欣赏名画、名山大川……力求使孩子们耳之所听、目之所视，皆是最好的内容，慢慢熏习孩子，培养他们的审美能力。

各学科积极渗透经典，成为该校教学的一道风景线。

（3）多元活动的彰显。课间学生在操场上跳起了《弟子规》皮筋舞，做《三字经》拍手歌游戏，放学时操场上就会响起此起彼伏的经典路队歌。该校定期举办古诗配画、经典配乐诵读、"我读古诗文"征文、参观师院"里仁馆"的书画展、参加孔子文化周等活动。每学期学校都要举办诵读成果展示会，每年学校都要举办一次传统文化节。

该校还结合中国的传统节日来弘扬传统文化。今年的端午节学校就将开展"端午节粽飘香"主题教育活动，让孩子们了解这个节日的由来、习俗等，让学生在轻松愉快的氛围中牢记中华民族的这个传统节日。

任何一项工作，只要坚持做、踏踏实实地做下去，就一定能取得成效。自活动开展以来，各方面的变化是明显的：学生的识字量快速增加，记忆力和专注力明显提高，人格健康成长，品行得以陶养。现在整洁的操场见不到随手扔垃圾的现象，教学楼里的秩序也越来越井然。2003 学年度上学期铁东区教育局进修科研部来校作对比研究，A 小与其他校比各项指标都高出至少 10 个百分点。眼见着诵读经典量的累积而发生在孩子身上质的变化，欣喜之情怎能不溢于言表。教师通过参与诵读活动，各方面素质都得到了提高，赢得了良好的社会赞誉。整个校园文化和师生面貌已使 A 小书香校园真正"香"了起来。

第二节　"U-A-S"团队走进——"我和 A 小学的故事"

虽然行动研究一再强调，研究应该视每一个具体课题的情境而定，没有统一明确的模式和步骤，但是归纳起来，我们仍旧可以找到一个大致的线索。① 这一部分的整体思路是以行动研究的基本过程为取向，即勒温曾经用"螺旋循环"一词描述了行动研究的一般过程，为后来的行动研究倡导者提供了一个很好的范例。20 世纪 80 年代凯米斯（S. Kemmis）将勒温的"螺旋循环"稍作改造，提出了行动研究"计划——行动——考察——反思——再计划……"的经典模式；同时我们以斯基尔贝克的校本课程开发模式为程序，确立笔者与 A 小学"实地介入式"的国学校本课程开发的行动研究的基本步骤。这是一个螺旋上升的发展过程，每一个螺旋发展圈包括了四个相互联系、相互依赖的环节：计划：分析情境，规划愿景；行动：聚焦问题，编制方案；考察：解释与实施；反思：追踪与重建。

教育改革与改进只有落实到具体的学校，教育质量的提高才会真正成为可能。"学校改进是一个通过有效的组织学习解决教育实践问题、不断增强学校自主发展能力的过程。"② 2009 年 5 月，D 大学教育科学学院与辽宁省鞍山市铁东区教育局合作（2009.5—2012.6），开展了"大学、教育行政部门与中小学三方合作，共同发展"的研究模式，简称"U-A-S 模式"，旨在发挥各方优势，形成合力，促进实践性的学校改进。在"优质学校创生与名校长培养工程"总项目中，笔者有幸成为笔者导师团队中的一员，参与其领导下的铁东区两所小学之一的 A 小学国学校本课程开发

---

① 陈向明. 质的研究方法与社会科学研究［M］. 北京：教育科学出版社，2008：455.

② VAN VELZSEN W, MILES M, ECKHOLMM, HAMEYER A U, ROBIN D. Making School Improvement Work［M］. Leuven，Belgium：ACCO，1985：48.

的行动研究。本课题以行动研究为总体研究模式，以"U-A-S"为组织形式，通过对区域性学校整体推进的总体和阶段策划，运用理论学习与实地介入式指导学校日常研究，做到具体问题具体分析，形成有针对性的、全局的、长期与短期相结合的发展思路，促进学校实现整体发展，提升区域基础教育品质，寻找基础教育改革的新空间[①]。

一、计划：分析情境，规划愿景

计划：以大量的事实发现和调查研究为前提，从解决问题的需要和设想出发，设想各种有关的知识、理论、方法、技术、条件及其综合，以便使行动研究者加深对问题的认识，掌握解决问题的策略。计划包括研究的总体计划和每一个具体的行动步骤。[②]

斯基尔贝克认为，校本课程开发的实施程序主要有五大步骤。学校首先必须分析情境，然后依据情境分析的结果拟定适切的目标，同时建构适切的课程方案，最后进行解释，交付实施，并进行追踪与方案的重建。这五个步骤学校可以根据实际情况，从其中任何一个步骤着手，甚至几个步骤同时进行。对校内外两部分因素的分析，至于目标的陈述，应包含预期结果，所编制的方案应说明教学活动的设计、达到目标所需要的教材、情境设计、人员安排与角色的定义。最后在评价时，应有明确的评价工具与评价模式，通过追踪、交流机制、搜集资料，以了解目标与实施结果之间的差距，判断是否重新设计方案。

在前期（2009.7—2009.9），我们对 A 小学实地调研的基础上，根据该小学实际，与校领导和教师座谈，在"优质学校创生与名校长培养工程"项目中，我们团队与 A 小合作，结合 A 小的历史发展经验、传统优势与未来教育发展需要，我们围绕"秉承传统文化与培养现代意识"这一学校发展基本指导理念，提出了 A 小学"校有特色·师有风格·生有个性"三位一体的发展战略规划。

---

① 马云鹏. 从双方合作到三方合作：学校改进模式新探索 [J]. 中国教育学刊，2011 (4)：25—28. 陈向明. 质的研究方法与社会科学研究 [M]. 北京：教育科学出版社，2008：455.

② 崔允漷. 校本课程开发：理论与实践 [M]. 北京：教育科学出版社，2000：48.

（一）学校发展现状分析

1. 学校发展具备的优势条件

（1）学校曾取得过一些有重要影响的办学成果。学校近年来取得了诸如"全国少年儿童中华文化经典诵读示范学校"、"全国小学生低年级硬笔书法大赛优秀学校"、"鞍山市绿色环保学校"、"鞍山市中小学特色教育先进集体"等荣誉称号，以及其他一些较有影响的教育教学成果。这为学校的未来发展奠定了坚实的基础。

（2）学校历史久远，具有一定的文化积淀。1959 年建校，经过 50 年的历史发展，形成了 A 小特有的办学特色和文化底蕴。这为学校的发展提供了强大的精神动力。

（3）教师队伍年轻，具有发展潜力。学校教师队伍年轻，可塑性强，发展潜力大。这为学校发展提供了人才储备。

（4）学校领导班子专业发展意愿强烈，学校具有发展的内在推动力。校长任职时间短，学校领导班子年轻，具有强烈的发展意愿。这为学校的未来发展提供了强大的内在驱动力。

（5）教育局重视，提供物质与政策保证。当地教育局等教育行政部门对学校发展极为重视，将该校列入"优质学校创生与名校长工程"项目，确立小学与大学伙伴合作发展关系，这为学校的未来发展提供了必要的物质保证、政策保证与智力资源。

（6）A 小学自身具有强烈的发展意愿。A 小学在教学设施等物质条件以及学校领导、师生等主体方面具备诸多发展潜在优势。

2. 学校发展存在的主要问题

（1）办学条件简陋，缺乏现代气息。学校拥有充足的校舍、操场、图书馆等基本办学条件，但缺少多媒体、网络、实验室、科技馆等具有现代特点的教学设施。现代化教学设施的缺乏，使学校未来发展缺少了必备的物质基础。

（2）教师数量充足，但结构不够合理，质量有待进一步提高。全校教职工 69 人，专任教师 53 人，在校生 1032 人，教学班 23 个。从师生比来看，教师数量较为充足。在职教师本科学历 30 人，其他为专科学历，没有硕士学位教师。中高级教师 2 人，小学高级教师 41 人，市级骨干 8 人，区级骨干 4 人。可以看出，教师的学历及职称结构不够合理。专任教师 53 人，平均年龄 34.8 岁，年龄结构也明显不够合理。教师整体素质不高，结构不合理，难以形成学校发展所需的教师整体合力。

（3）校长任职时间较短，对学校缺少必要的了解，对学校发展难以科学定位。校长的引领作用难以全面发挥。

（4）学校文化特色不够鲜明，发展思路不够清晰。学校还没有足够的能力凝练出学校的发展特色，学校的建设思路还不够清晰，学校发展难以形成可持续的、鲜活的内在精神动力及凝聚力。

学校当前遇到的问题是发展中的问题，是前进中的困惑，是思考中的战略抉择。解决问题、破解困惑、科学抉择是 A 小自身发展的必经之路，也是其自主发展意愿的集中体现。

（二）学校发展目标定位

1. 总目标

D 大学教育科学学院与辽宁省鞍山市铁东区教育局携手努力，力争在三年内把 A 小学建设成为学校文化特色鲜明，教师教学风格突出，学生个性鲜活，家长满意，社区信赖，市内一流，省内具有示范效应的名校。

2. 具体目标

（1）形成学校发展特色：秉承传统文化，培养现代意识。"以中华经典诵读为主线，弘扬传统文化"是 A 小多年坚持的办学特色。学校已经初步形成了以国学为特色的传统文化氛围，但缺乏一点现代气息，所谓的"A 小精神"还比较含糊。在此基础上，进一步凝练学校的发展特色：秉承传统文化，培养现代意识。从传统文化中寻找发展底蕴，并赋予时代内涵，让学生领略精深的中国传统文化，体验真实的传统文化风情，成为知书达理、举止端庄的儒雅少年。在弘扬传统文化的同时，培养学生具有自主学习、合作学习和求实创新的现代意识，使 A 小学生成为"具有丰厚的传统文化底蕴与自主、合作、创新意识的现代人"。

（2）塑造教师教学风格：国学素养深厚，教学理念先进，学德艺能兼通。在传统文化浸润下，自觉学习与钻研以"国学"为核心的传统文化，提升教师自身的传统文化素养，深入挖掘传统文化的精华与教育、教学相结合。通过专业引领，促使教师不断学习现代教育理论，倡导"自主、合作、创新"的理念，在充分发挥每一位教师的自主性的基础上，建立教师学习与发展的合作共同体，实现教育、教学理念与方法的创新，全面提高 A 小教师专业化水平，为 A 小打造一支"国学素养深厚，教学理念先进，学德艺能兼通"的教师队伍。

（3）培养学生鲜活个性：诚信笃行，志明心善，自主合作，求实创新。传统文化与现代意识相融合，关注每一名学生的健康成长，让每一名学生都获得赏识、成功与快乐，使 A 小学生形成鲜活的个性：诚信笃行，志明心善，自主合作，求实创新，将学生培养成为"具有丰厚的传统文化底蕴与自主、合作、创新意识的现代人"作为学生发展的总目标。

（三）学校发展基本思路

1. 抓住一条主线：构建学校发展特色文化

将学校发展的特色文化定位为"秉承传统文化，培养现代意识"，以构建学校发展特色文化为主线，不断反思与提升学校 50 年历史发展的有益经验，理性面对学校发展遇到的现实问题，科学研制学校未来发展战略规划，理清思路，明确方向，确保学校持续、健康、快速发展。

2. 围绕四个平台：学校管理，课堂教学，学生活动，校本研修

以学校管理、课堂教学、学生活动、校本研修为基础平台，全面深化学校改革，以四个平台的联动带动整个学校全方位的变革。

3. 做实若干个点：学校文化，有效教学，经典诵读，微型课题

在学校改革整体推进的基础上，着力在学校传统优势方面进一步提升与创新，做亮若干个点。"做亮若干点"主要包括学校文化的凝练，课堂有效教学策略的研制与运用，校园经典诵读活动的深化与拓展，教师微型课题的选题与深入研究等。通过做亮若干个点，使整个学校亮起来。

（四）学校发展建设内容

1. 学校文化建设（由研究者制订具体方案）

（1）精神文化建设

A. 校徽、校歌的征集。

B. 校风、教风、学风的形成。

校风：博学而笃行，慎思而明辨。

教风：勤学，好问，合作，创新。

学风：志，善，勤，恒。

志——有理想，有志向，有目标。

善——有同情心，有责任感，有正义精神。

勤——学习勤奋，做事勤快，为人勤勉。

恒——有信心，有毅力，有恒心。

C. 国学文化内涵的挖掘。

（2）制度文化建设

A. 学校发展性评价机制的建设。

B. 学校科学决策机制与民主监督制度建设。

C. 学校建设发展委员会制度建设及组织建设。

（3）物质文化建设

A. 校园绿化带建设。

B. 走廊文化橱窗建设、校园诗歌路与名人雕像建设等。

C. 班级文化建设。

D. 学校教育教学基础设施建设。

（4）行为文化建设

A. 学校文化年活动开展。

B. 学生日常行为养成教育。

C. 学校常规活动组织与开展。

2. 校长专业发展建设

（1）提升自身管理水平

（2）树立科学管理理念

（3）提高校本研修指导能力

（4）提高引领学校和谐发展的素质

3. 教师专业发展建设

（1）教师学习与发展共同体建设

A. 读书活动。

B. 备课研讨。

C. 主题公开课。

D. 微型课题研究。

E. 校本课题研究。

F. 研究团队建设。

（2）教师专业精神培养

A. 优秀教师人格分析。

B. “愉快教学，快乐学习”实践活动。

C. “教师教学专业化，学生学习人性化”研讨活动。

（3）教师专业技能训练

A. “我表现，我快乐”教师技能展现活动。

B. 教师教学技能大赛活动。

（4）教师专业水平提升

A. 组织校本培训。

B. 鼓励提高学历。

（5）教师国学研读活动

A. "我向大家推荐一本书"研讨与交流活动。

B. 国学研读与教师专业成长展演。

（6）教师教学风格的塑造

A. 教师自身优势与特色分析。

B. 教师教学风格塑造策略。

4. 学校课程建设

（1）学科课程资源开发与利用：地域资源的利用

（2）校本课程资源开发：国学、礼仪、科技等

5. 课堂教学建设

（1）课堂教学常规规范化

（2）教师教学风格个性化

（3）学校教学模式多样化（不同学科、不同领域、不同学段、不同教师）

6. 学生个性发展建设

（1）学生个性像的塑造：诚信笃行，志明心善，自主合作，求实创新

A. 征集学生个性像活动。

B. "我为学生个性像增风采"活动。

（2）学生个性形成的途径

A. 学科教学培养个性。

B. 班级建设体现个性。

C. 学生社团葆有个性。

D. 校本礼仪展现个性。

E. 学生活动孕育个性。

7. 学校信息化工程建设

（1）完善校园网络

（2）实现多媒体辅助教学

（3）建设数字化教学资源

（五）学校发展建设实施步骤

第一阶段：学校发展现状调查分析（2009.8—2009.9）

1. 学科教师知识现状调查。

2. 家长满意度调查。

3. 学生发展现状调查。

4. 学校现实状况调查。

5. 校长专业化水平分析。

6. 学校文化与经验提炼：学校文化特色分析；学校发展优势分析；学校发展经验分析；学校发展机遇分析。

7. 学校发展现实问题分析：问题；威胁；瓶颈。

8. 学校发展策略研制：学校特色创建策略；教师风格形成策略；学生个性养成策略。

以上形成若干个调查分析报告与发展策略报告。

第二阶段：学校发展三年战略规划的形成：2009.10

1. 双方讨论"优质学校创生与名校长培养工程"项目：《秉承传统文化　培养现代意识——A 小学"校有特色·师有风格·生有个性"三位一体发展战略规划》

2. 形成最终实施方案。在调查报告分析基础上，形成 A 小学未来三年发展战略规划。

第三阶段：学校发展战略规划实施：2009.9—2012.7

1. 2009.9—2010.2

（1）初步形成教师专业学习与发展共同体

A. 教师访谈，制订教师专业发展方案。

B. 提供教师必读书目。

C. 教师教育研究方法专题学术报告与研讨。

D. 确立微型研究课题。

课题研究领域：有效课堂教学研究；学校民主化管理研究；学校文化建设研究；学生活动建设研究等。

其他领域课题：由 A 小教师根据实际需要提出。

（2）研讨建立学校、教师发展性评价体系

（3）微型研究课题开题

2. 2010.3—2010.8

（1）启动校本课程开发建设项目

国学文化月活动，主题：秉承文化传统，培养现代意识。

（2）形成教师专业发展共同体，教师专业发展阶段成果汇报

（3）学生主题作品展或大型活动一次

（4）学术报告与交流一次

3.2010.9—2011.2

（1）启动课堂教学改革项目

主题公开课：弘扬国学精神内涵，全面提高人文素养

学术报告：课堂教学评价指标与实践追求

（2）微型课题研究中期汇报与交流

4.2011.3—2011.7

（1）校本课程开发成果汇报

（2）课堂教学改革阶段汇报

（3）学术报告与交流一次

5.2011.9—2012.2

（1）教师教育研究成果汇报

（2）微型课题阶段性研究报告

（3）课堂教学改革成果汇报

6.2012.3—2012.8

（1）进行后测，形成调查报告

（2）成果汇报展与报告会

（3）各项成果资料汇编、发表与出版

第四阶段："优质学校创生与名校长培养工程"经验总结与推广：
2012.05

二、行动：聚焦问题，编制方案

　　行动：按照目的实施计划，行动应该是灵活的，能动的，包含有行动者的认识和决策。行动研究者在研究的过程中应该逐步加深对特定情境的认识，可以邀请其他研究者和参与者参与监督和评议。[①] 在我们团

---

① 陈向明. 质的研究方法与社会科学研究［M］. 北京：教育科学出版社，2008：455.

队即将赴鞍山前夕，就 A 小国学如何进一步发展，导师 C 教授组织我
们在学校举行了第一次座谈会。此后在鞍山现场，又陆续开展调研，试
图聚焦问题，进一步编制方案。2010 年 1 月 13 日，在与 A 小校领导和
部分教师国学座谈会上，就我们彼此合作促进学校改进行动研究的核心
价值，M 教授特别强调 U-A-S 项目的宗旨在于："这次鞍山项目与以往
不同，是互动式的，共同促进的。不是我们设计好让你们做，而是在你
们需要的基础上，我们帮你们做。看看学校适合做什么东西，一定是校
长想出来的东西，你们学校想做的东西，是自下而上的东西。"他强调：
"国学渗透在方方面面，包括校长、教师、学生、评价；学校文化建设
渗透到各个学科里和学校活动（零课时）中。"（会议纪要 2010－01－
13）怎样发挥 U-A-S 项目的真正作用，怎样在"形而上的道与形而下
的器之间进行链接与磨合"呢？（林荣凑，2006）怎样使理论层面与技术
操作层面相融共生呢？这是我们第二次 A 小之行需要思考和试图解决
的问题。

表 1   行动：聚焦问题，编制方案一览表（2010.1.12—14）

调研时间	地　点	参加人	主　题	内　容	发　言	聚焦问题	编制方案	相关链接
第一次研讨会 2010－01－09 10：30	田家炳书院导师办公室。	C 教授、L 副教授、研究者本人。	A 小整个学校办学理念；传统文化教育。	第一个体系在国家课程里面；学科校本课程；国学课一个完全独立的校本课程。	A 小以传统文化为核心，在课程体系上，各个学科的校本课程建设问题。	在前期国学启蒙活动基础上，如何开发 A 小传统文化校本课程。	国学的定性、定位问题，即国学教育的价值取向与目标定位，具体到课程目标。	国学的课时问题、教材的重叠问题、学生负担太重的问题。
第二次研讨会 2010－01－13 14：00	鞍山 S A 小学会议室。	C 教授、L 副教授、研究者；A 小 D 校长及国学教研室教师部分语文教师。	A 小国学如何进一步发展（逻辑思路）。	办学理念；课程结构；编订教材；如何评价。	国学渗透在方方面面，包括校长、教师、学生、评价；学校文化建设渗透到各个学科里和学校活动（零课时）中。	对语文课每周 8 节，国学课每周 3 节，如何整合问题。	做一个国学的课程目标（总目标和具体目标：低年级、中年级、高年级）、课程内容。	A 小国学教师发现哪些内容学生更有兴趣。

续　表

第三次研讨会 2010-01-14 14:00	鞍山 S 小学会议室。	A 小学部分教师：国学组教师。	关于国学教学的提问：困惑。	国学教材确定缺乏理论高度；如何短期提高个人的国学素养。	国学与语文教学的有机整合、最佳方式是什么。	国学功底太薄，有时驾驭不了教材内容。	经典诵读启蒙教育七大原则。	A 小经验：古诗文诵读方式丰富：变音式、快慢式、游戏式、反向式、吟诵式；国学相关活动的策划比较熟悉和胜任。
第四次研讨会 2010-01-14	鞍山 S 小学会议室。	C 教授、L 副教授、研究者、A 小部分教师。	A 小小课题讨论会。	老师中小课题还存在什么问题。	Y 老师、S Z 老师、Z C 老师的小课题讨论与现场分析解答。	如何界定问题。	你面对它时，它才是一个课题，即进入你的研究视域。	

（一）实践的困惑——聚焦问题

A 小国学校本课程开发的过程常常是困境重重，困惑多多，从国学校本课程的价值取向到课程目标的定位，从课程内容选择与组织实施到关于课程评价的探索，一路走来用 A 小老师的话说是"跌跌撞撞"。他们直面问题，提出问题。从四次研讨会所反映的情况来看，在国学校本课程开发中教师们在实施中存在的主要问题有以下几个方面：

1. 制定国学课程标准与资源共享

想做国学教育的课程标准，重新修订后再版，给全区各个小学都能用，如何实现资源共享（出一套课标、教材、参考书）。我们已把礼仪课放入综合实践课，课程设置这块怎样才能过关？如课程要系列化；这个课程与国家或省里的标准怎么取舍？（D 校长）

2. 国学课程内容选择

困惑：（1）选教材时较匆忙，认为古诗词选少了而四书五经的文选多了，想删掉一些东西，补进一些古诗词；（2）想让孩子在各方面了解中国古代文化中优秀的东西；（3）李叶认为孩子在情感上非常缺失（此处可追问具体案例），想从教材上让孩子感受中国文化优秀的东西。强调董校长想做国学教育的课程标准，重新修订后再版，全区各个小学都能用，资源共享（出一套课标、教材、参考书）。（LY 老师）

3. 国学课教学方法

（1）诵读校本教材，有些记忆力理解力强的孩子能当堂完成学习任务，但有一部分孩子要在课后背诵，这些孩子课后的学习负担就加重了，怎么解决呢？

（2）用什么样的鼓励方式更好地激发学生对国学背诵的兴趣呢？（LP老师：国学学习的困惑）

（3）关于知行合一，如何把背与行相结合？

（4）有些经典太枯燥，学生不接受怎么办？（DYY老师）

4. 语文教学的困惑及与国学的整合

第一，语文教学的困惑。

（1）对教材中课文的学习耗时很大，每节课的学习之后学生学习的收益却相差很大，尤其是学困生的收益甚少，如何提高这部分学生的语文能力，有什么好的办法呢？

（2）一直从事高年的语文教学，觉得学生在阅读方面存在很多的问题，从最开始把握不住文章到不知道如何答题到心里明白写不出来又答不到点子上。真对这一问题，我也尝试着一些做法，比如：每节课我都会认真备课，尤其是一些有意义的课文，历史背景强的课文，还要注重课堂情境创设和学习的兴趣，也要教学生一定的方法。经过一段时间，一部分学生能够提高阅读水平，但还有一少部分学生还是原地不动，我自己也在分析其中的原因，认为有两点：一是学生本身不爱学习，所以也不爱读，即使读了，也没有往心里去，草草答题；二是老不学，不爱动笔，不爱分析，就会形成恶性循环，学生的理解停滞不前，导致后来根本读不懂。对这类学生该怎么办？

（3）如何让培养学生学习兴趣和素养与应试教育齐头并进。应试教育要背要写，学生不爱学习，失去了兴趣，何谈素养？不背不写，不学，成绩又不高，昨天看了韩兴娥老师的做法，感觉很好，但我们应该怎样具体实施才能做好？

第二，语文课和国学如何融合。

语文课中对国学内容的学习是渗透，不是每一篇课文内容都要加入国学内容，都能加入国学内容，是自然地加入而不是强加，有的可拓展到课外，如对作者、古诗、对联、名句、谚语、成语、典故等。不知是否正确？（D老师、DS老师）

……

（二）价值的引领——明确问题

经过四次座谈会、几轮访谈以及课堂观察等，在与他们面对面碰撞中，笔者深感迈克·富兰的话"问题是我们的朋友，因为我们只有深入到问题之中，才能够提出创造性的解决办法。问题是通向更加深入的变革和达到更为满意的途径"是多么切中要害。在这个意义上，我们 U-A-S 最有效的策略是"抓住问题"而不是回避问题。

针对以上困惑，我们 U-A-S 团队直面问题并及时做出回应：

1. 关于办学理念、学校定位问题

C 教授提出三个层面供 A 小思考：A 小办学的三个层面（学校定位）一是必修课国学，二是校本课程开发，三是把传统文化（灵魂）。在学校的方方面面（董校长选择第三个层面）；在课程结构上要明确到底怎么定位：开哪些课、课与课的关系等。

在听取 D 校长想法后，C 教授指出：

"宏观理念的确定上是传统文化，A 小确定概念范围：传统文化包括的内容在各个方面如何体现？

思考：国家课程怎么上？在上的过程中如何体现传统文化？学科校本课程，例如音乐课中的"京剧"，科学课中加入的"古代科技"，语文课中的古诗词等。A 小开的国学必修课成为单独开的一门课。同时，还必须考虑国学的课时问题、教材的重叠问题，否则学生负担会太重。"

（会议纪要 2010—01—13）

2. 关于国学的定性、定位问题

研究者本人认为，我们 A 小的国学课程开发要有一个统一的哲学基础：那就是以儒家思想为主干。这个哲学基础，也可以说是信仰，经过几千年的实践证明是适合中国人生活的。有了统一的哲学基础，才能帮助学生形成一个比较统一的世界观与价值观，道德、伦理与人格的教育也才有落脚点。将"传道"作为目标，可以说是 A 小国学教育最明显的特点。

（会议纪要 2010—01—13）

研究者本人发言强调：一是定位：如果没有上位的东西，你们看什么都会困惑。首先是国学的定性、定位问题，定位即国学教育的目标，具体到课程目标。二是关于教材：A 小国学教师发现哪些内容学生更有兴趣。

（会议纪要 2010—01—13）

3. 用什么标准选择国学，怎么去开设国学，如何被学生吸收传承等

研究者本人指出：用什么标准指各年级具有差异性，如小学、中学分开，什么东西进课堂，什么不进（如京剧、书法等），要说清楚；在哪个年段开什么，怎么开问题，分几个板块，如小学应该开设什么国学课程，说出原因、证据（这个理论是什么）。

在小学开展国学启蒙教育这很好，因为小学没有升学压力，各方面素养理论；人的发展的客观规律；国学的特点。

4. 关于语文阅读教学的价值和方法——创造力培养的矛盾

针对 D 老师在指导学生阅读方面的困惑，研究者本人讲了一个案例：

一个作家的散文作为 2009 年江苏省高考语文试卷阅读题，共 12 分。把这个卷子的阅读部分让作家自己答，内容包括选择 8 分，理解其意的简答 4 分，作家答完竟是零分。因为阅读本身是一个主观过程，而题又是人为设计并规定答案的，所以很难确定，对文本本身的理解也是因人而异，所以这种考查方法也不甚科学。尤其是我们的语文分析题规定明确的答案，这本身也很可怕，且老师在批卷中，经常会发现学生答的比所谓的标准答案更好，更有灵气。对此 L 教授在座谈中深有感触，讲了一道美国小学历史考试的选择题，最发人深思的是答案的给分：请选择毛泽东是哪国人？此题 4 分，选 A. 美国人（无分）B. 苏联人（四分之一分）C. 日本人（二分之一分）D. 中国（满分）。

有感而发——以下是研究者本人发言：如果这是中国毫无疑问不选 D 就是零分，而美国这道题表明重视学生思维能力的培养，注重分析、归纳、推理，思维的合理性等。诺贝尔科学奖与中国内地无缘，从这道选择题中也会给我们启示，同时想起了著名的"钱学森之问"。

L 副教授又讲了一个他的学生们批小学升初中的语文卷的案例：

一道阅读题，两个和尚去海南，一个富，一个穷，但最终穷和尚到达了目的的，问：穷和尚是怎么去的？答案是：走着去的。在审查卷子中，李博士发现有个小学生这样答：凭毅力去的。结果得零分。李博士把批卷的研究生找来，说这个孩子答得多好啊，我看比那标准答案好，他的思维有深度，他是理解了，答"走着去的"，只是看到表面，而这个穷和尚的成功其本质是靠他的坚定的意志力。这个答案比给的深刻，在李博士的坚持下，给了满分。这种批法和标准答案不知坑了多少有创见的聪明孩子。

（会议纪要 2010－01－14）

（三）不断调整与思维导向——编制课程方案（试行）

在讨论与磋商中，我们的启发和引导不是居高临下，单方面的指手画脚，而是重在把握教师的思维方式，尤其是注重从根儿上，即原点、本源性思维方面的点拨。例如，面对教师们的种种困惑，我们从国学校本课程设计的基本问题入手，如国学课程设计与开发的价值取向这一本源问题上进行思考与追溯，最后万川如海，争论中的问题切入点在课程设计的价值定位上达成基本的共识（详见第三章）后，一些问题就顺理成章地进入调整与改进的视线，问题越来越聚焦，方向也越来越明晰。

国学校本课程设计与开发的初步方案的达成便是专业研究者与 A 小教师智慧碰撞的结果，其诞生过程真实地展现了二者之间的交流、互动与合作。

关于 A 小国学校本课程设计及国学教材
修订的一点建议（讨论稿）

（课题组 2010—01—16）

A 小国学课的开设成为学校教育一个新的生长点，形成了学校新的特色和亮点。国学课程的具体操作。

第一，课程目标。

学校根据一至六年级学生的年龄特点，对各年级段的国学课程教学提出了不同的要求：小学低段重在背诵，小学高段侧重读讲并背诵。

总的教学的目标定位在"识字"、"理解"、"背诵"三方面。

低年级（一、二年级）以诵读、记忆为主；

中年级（三、四年级）在记忆的基础上，进行初步理解；仍记忆为果；

高年级（五、六年级）在记忆、理解的基础上揣摩、感悟；仍记忆为果；

在教学形式上，力求"中西合璧"、古今共有，用现代化的教学赋予古老的国学以更多新的形式和内容。

第二，课程内容。

国学教育传递的是一种价值观。国学教材的内容应具备三个条件：①选到教材里面的文章应该能够体现一个民族的核心价值观。通过从小学到高中语文的学习，学生可以培养出本民族的文化信仰和文化价值观。②教材中应选用最为典范的汉语。例如《孟子》的文章就是用堂堂正正的语言，讲述堂堂正正的道理，其中不乏"富贵不能淫，贫贱不能移，威武不能屈，此之谓大丈夫"等千古流传的名句。③本教材在大量的古代经典中选用一定数量的儒家经典。如宋代确立了基础教育的基本教材为《四书》，即《大学》、《中庸》、《论语》、《孟子》。这四本书囊括了中国的核心价值观，加起来才五万字左右，学习起来也并非十分困难。《四书》注重中国儒家伦理道德对学生的熏陶，把立高远志向、孝敬父母、学会感恩、劝学惜时、做品行修养高洁之人作为国学教育的主要目标。

教材将以儒家"仁义理智信、温良恭俭让"的普世价值为主轴来编写内容。再版教材教学目标主要是阐明儒家义理，并倡导学生躬行实践，所以老师在讲读时，根据学生的年龄点要常常配合历史故事与日常生活事件，阐发其中蕴藏的深意，使学生能透彻领悟，在动静语默间，达到培养人格、陶冶情操的目的。

一至六年级国学教材均由两部分组成，即中华经典古诗文必读本（为必读内容）和中华经典古诗文选读本（为选读内容）。

必读内容，以"四书"为主，以《论语》为核心，选编了《论语》、《孟子》、《大学》、《中庸》的主要内容。具体编排如下：低年级（一、二年级）主要是内容为语句简单，朗朗上口的蒙学读物《三字经》（识字启蒙）《弟子规》（礼仪训诫）、《笠翁对韵》《千字文》；中年级（三、四年级）主要是《论语》的经典内容；高年级（五、六年级）主要是《孟子》、《大学》、《中庸》。（重点参考内地首度引进的台湾的国学教材：2008 年新华出版社把台湾中学使用 40 年最具权威的国语必修课本以《国学基本教材》为名出版）

选读内容分两部分：

一是区本教材：JB 主编的《小学生必读古诗文》（1—6 册，每年级读一册）。

二是在 WH 主编的《国史通识》的基础上，学生可以根据自身的需要和兴趣自由地有选择的阅读。这些内容浅显的古文，可以使学生逐步扩大阅读量、提高阅读古文的能力，对古文有兴趣，并具备一定能力的孩子可以在课外自选书目阅读。这一部分内容注重趣味性、思想性并重，以短小精悍、浅显易懂、富于哲理、意味深长的民间故事、寓言、神话传说、成语故事为主。内容选自《庄子》、《墨子》、《孟子》、《吕氏春秋》、《战国策》、《韩非子》、《晏子春秋》、《东坡志林》、《列子》、《世说新语》等。

建议：把动漫《孔子》作为对儒家经典的理解用到教学中。国学教材应图文并茂，会更受学生喜爱。

第三，课程组织。

课时的安排

A 小把经典教育纳入课程计划，充分利用在校时间，引导学生诵读经典，以保证了经典教育的落实。

1. 纳入课程计划，学校将一至六年级的国学课程定在每周，每周上两节国学课。

2. 利用零散时间，利用早自习和课前 5 分钟时间组织学生进行集体诵读。

3. （计划）开辟亲子诵读，每天回家一次（10—15 分钟）。

有沟通才可达成共识。重视与家长的沟通，通过家庭这个平台，确保每天十分钟的读书质量，尽可能形成家庭学校齐抓共管的局面。

第四，课程实施。

一、经典诵读启蒙教育教学六大原则：

1. 完整性原则：忠实原著全文，不断章摘句。引导孩子读整本的经典。

2. 模糊性原则：只求熟读成诵，不逐字讲解。

3. 差异性原则：承认学生个体间记忆能力、思维能力的差异性。不强求孩子跟上统一的进度。

4. 自主性原则：允许学生在规定阶段完成规定内容外，诵读更多的经典，并给予相应的评价。

5. 鼓励性原则：以鼓励为主，引导学生热爱经典为根本。

6. 全体性原则：让每一个孩子都享受经典教育的阳光。

7. 知行合一原则：读经典与良好品行的养成结合。

二、教学策略

除教师讲解外，如何调动学生背诵的积极性呢？一些方法如下：教师领读，学生跟读：一小组领读，其他小组跟读；"小老师"带读，学生全体齐读；师生对读，生生对读，男女生赛读；同桌拍手读；学生边踢毽子边念，边跳绳边念，边做室内操边也念等。

故事（王浩的方法）：每周经典课上课前讲一个小故事大启示来暖暖身，这往往是学生最喜欢和期待的，内容尽量以经书和诗中人物轶事为主，以便透过故事了解所读人物的点点滴滴，增加熟悉感。

三、案例示范：这里引用台北县国中初中一年级语文老师的一次课程设计，看一看台湾的国学教育是如何倡导身体力行的

课文：《论语、论孝选》

主题：躬行孝悌

学习单设计：

1. 先说明自己是怎样对待父母的（实情）。

2. 这一个月来的变化（言语、行为、态度）。

3. 因为变化、家庭气氛变化（反思、思考）。

4. 因为躬行孝悌这件事，让我体悟到……（感受）

反省自己的言行。认真观察熟悉又陌生的父母。站在父母的立场去思考父母所做的事。尤其重要的是：实践孝悌不是一个月的事，是终身的事。

此次 A 小之行的系列研讨会对老师们来说，最大的触动在于他们同 U-A-S 东师团队面对面具体的质疑、答疑、讨论与磋商中，初步体验到了教育研究的大体脉络：一项研究的进行大都从发现问题入手，这个问题一般是来自于自己的教育情境，是在具体情境中的困惑和思考从中发现问题；对所发现的问题加以分析，尽可能探求问题的症结所在；基于对所发现问题的理解和认识，设计出解决此问题的方案，其中要具体列出，如目标与措施等；通过方案的实施，谋取问题的解决；最终，对课程开发实践中的问题加以反思，逐步从感性到理性形成在实践中改进的思路。

附：2010-01-14　16：00　以下是 A 小学部分班主任和科任老师关于国学教育的想法和建议（纸条以无记名方式收集，每一个序号代表一位老师的提问）

1. 国学材料中的内容学生不理解，背诵有一定困难，学习时无兴趣，如何解决？老师对其中内容理解也不到位，不一定准确，不敢对学生解释，很苦恼。

2. 是否该让学生了解他所背的国学的背景、内涵等？从几年级开始讲解？各年级的讲解程度？

3. 学生只是机械地去背诵这些古诗文，有些学生毫无兴趣，连读都懒得读，学生的背诵是暂时记忆，时间长了又都忘掉了，这样的诵读还有

意义吗？

4. 怎样通过国学教学培养学生"知情意行"的统一？虽然学生会背会吟诵，但在行为上不能主动去做，该如何做？

5. 国学教育怎样能更好地改变学生的自身素养？我们学校许多孩子读、诵都很好，但实质的行为改变并不大，甚至有的看来没有改变。

6. 国学底子肤浅，需要培训。

7. 国学功底太薄，有时驾驭不了教材内容。

8. 在诵读过程中，同学们一味诵读，在诵读中一些学生对内容不够了解，需要理解吗？

9. 在诵读国学名篇佳作时，同学们需要理解其意思吗？

10. 现在的国学课知识单纯的背诵，这样的方式是否具有实效性？我觉得应该让孩子对历史背景及时代背景有所了解，让孩子明白所背诵内容其中所蕴含的东西。

11. 国学只单独学习经典文章还是应该从传统文化的各方面向学生介绍，让他们全面了解，比如民俗、民情等。

12. 老师您好：在平时的教学中，我们也经常让孩子背诵一些国学方面的诗词等，我的困惑是：甍额是背诵的东西是该让他们先理解再背，还是在背中自悟精髓？

13. 学生有时在背诵后，只是当时了解了大概内容，背诵后遗忘的速度很快，怎么办？

14. 诵读一些不理解的内容如《逍遥游》，有意义吗？

三、考察：解释与实施

考察：对行动的过程、结果、背景和行动者特点进行考察。考察没有特定的程序和技术，鼓励使用各种有效的手段和方法。[①]

（一）问题的再思考——过程的探索与思想的交融

任何研究都不可能是一蹴而就的。U-A-S合作是一种不断生成新理念、新知识、新问题、新方法与新行动的过程。在这一过程中不是两者的相互替代与遮蔽，而是相互取长补短，在切磋中常有灵感的火花闪现。如

---

① 陈向明. 质的研究方法与社会科学研究 [M]. 北京：教育科学出版社，2000：455.

四个月前，常困扰 A 小教师的一些问题，经前期讨论和磋商，加之他们在实践中的不断摸索与我们之间的反复沟通，在此行的研讨中，A 小教师已侃侃而谈，一些"团团迷雾"——模糊的问题在我们前期提供的改善方案的指导下和具体的实施中逐步得到认识与内化。我想起导师同我强调的"你的论文要考虑的最本质的东西就是揭示出基于一所小学的一线教师在国学校本课程开发过程中，研究者（你和 A 小的老师们）自己认为真正的国学课程是什么，把研究者自己认为有价值的国学的样子展示出来。"在研究中对我的方向指明是多么关键。

1. 教师眼中的国学课——"我是这么想的"

（1）教师自身国学素养与学生发展——"打铁还须自身硬！"

要想使传统文化教育在学生身上发挥作用，首先还是要提高教师自身的国学素养。虽然我们学习了长达七年的传统文化教育，但实际上我们大部分老师达不到这个水平。常言道"打铁还需自身硬"，我们自己这方面的底子还太薄，就算有再好的高招（U-A-S 提供的），要是我们自己的国学基本功差，教学生就是个问题，发展后劲肯定就不会太足。因为我们大部分时间还是在从事正常的教学，没有那么多时间和精力来研究国学，所以我希望田老师和几位专家能想出一个高办法，让我们在短时间内提高自身国学知识，形成一定的国学素养。

（会议纪要 2010—05—26 Y 老师）

（2）国学教材与语文课本的整合——"应编一套语文教材的辅助教材，在平时的语文中交叉进行"。

学校的国学校本教材（有校本和区本之分）应该统编成一套，不要那么多版本，使学生从心里产生烦感。我的想法是：四书五经的思想性非常强，应该在学生稍微大一点时开始学，不仅让学生会背，还应该让他们理解其大意。我们之所以对学生进行传统文化教育，其目的不就在于让中国的传统的思想中的好的东西影响现代的孩子，教他们如何做人、修心、养性，如果只背不知其意，这种教育作用达不到。古代诗词、散文重在提高学生的文化底蕴和文学素养，应与语文教学相结合，应编一套语文教材的辅助教材，在平时的语文中交叉进行。我特别赞成田老师把语文教材内容整合的想法，但只是有想法，而不知道怎样具体操作，您能把您的具体做法介绍给我吗？

（会议纪要 2010—05—26 Y 老师）

再者，"文章中提到的相关内容可以衔接、拓展知识。比如四年级上学期这一单元中，我们就可以向学生介绍一些钱币的由来、演变、发展的过程，还可以树立学生正确的金钱观。"

（会议纪要 2010－05－27 LP 老师）

"目前这套教材中的选读本主要是在读和背诵，赏析教材提供一个深化内化的过程。国学课与其说是知识技能的培养，不如说是个习惯养成。认为教材不能阉割，教材应走三条路：应有教材、教辅、读本。希望一本教科书是能永远放在书橱里的。"

（电话访谈 WH 老师 2010－05－29）

（3）对教育本质的思考

就教师这个角色，我们越是身在其中，往往越容易迷失方向。我从教快二十年了，从最初的完善自我职业的角度慢慢地转化到关注学生的发展，也曾经有过迷失的阶段，可我越来越感到，关注学生的发展才是完成自我教育生涯的全部。

就我校开展的传统文化教育活动，我也在想我们是不是抛开更多的功利想法而是更多地关注国学对学生成长经历中所能发挥的更大的作用。

通过这两天的学习和讨论活动，我又有了一些新的想法：我们是不是把国学孤立起来了？其实它是不是应该存在于我们的血液中的东西？我们怎样把它激发出来？也就是把我们的日常教育工作与国学教育有机地结合起来，这应该是一个大胆的尝试吧！我觉得这个方向是正确的。我认为越是自然的，就越接近教育的本质。从事教学多年却失去了教学过程中最本质的东西。那就是教学内容中的实质性的东西，也就是说教学的重点以及对你所教的学生的全面的了解，然后才是形式上的问题。

（会议纪要 2010－05－24WQ 老师）

（4）国学课程评价——"重鼓励，允许有差异！"

一是重诵读，重鼓励，允许有差异；二是要有统一的诵读内容，各年级有进度，有评价标准，可操作性强，科学性强。

（会议纪要 2010－05－26Dyy 老师）

2. 教师课堂上的国学课——"我是这样做的！"

（1）国学教材与语文课堂教学的整合——"结合语文课文内容或教材特点进行超链接语文教学"

第一，在语文教学中，结合语文课文内容或教材特点进行超链接语文教学。有目的有针对性地将国学经典逐步融合到对课文的学习巩固、拓展迁移等环节中。学习古诗可以与相同题材的诗词进行链接，与相同意境的诗词链接，也可以与相同风格的诗人链接。如教学《锄禾》，我就再给学生诵读几首关于珍惜粮食的有关诗句，然后介绍一下作者李绅。再如教学《晏子使楚》时，我告诉学生《晏子春秋》是一部记叙春秋时代齐国晏婴的思想、言行、事迹的书，也是我国最早的一部短篇小说集。有兴趣的同学可以借阅，让学生交流有关勇敢、不辱使命、维护国家尊严的相关事例，有的学生说出汉代韩信胯下之辱，还有的学生说到构建卧薪尝胆。

第二，学习白话文，可以与相同主题的古文相联系。如学习《浙江潮》，我就把它与周密的《观潮》对比进行教学，让学生了解两者描写侧重点的不同。同时，以比赛的形式让学生交流读过背过的有关水的诗词；而我也背诵我知道的诗词并把它们教学生背。在交流的同时，学生巩固了以前学过的诗词，也学到了不少新的知识。（访谈 CY 老师 2010—05—27）

（2）国学课教学方法荟萃——"我们以前把学国学看的太严肃了，太一本正经了！"

用固定的时间对学生进行潜移默化的影响：我现在的教学年级是一年级。每天早自习利用电脑视频为学生播放经典《弟子规》。有的是配乐的，有的是领读跟读的，让学生天天与经典，时时、日日与经典为友。（访谈 WQ 老师 2010—05—27）

以各种不同形式的比赛刺激学生对国学的兴趣和学习的积极性：

《弟子规》、《千字文》、《笠翁对韵》背诵接龙。古诗文的背诵比赛、古代文人故事会等不同形式的比赛；举行诗人、词人推介会，向学生介绍自己崇拜的诗人、词人以及他们的原因，并向同学推介它们的优秀作品以及自己喜欢的作品。（访谈 CY 老师 2010—05—27）

从游戏的角度引导孩子快乐学国学：发现换个角度学生更感兴趣。例如采取的"八卦阵学古诗"等。而我们以前把学国学看的太严肃了，太一本正经了。（会议纪要 2010—05—26LY 老师）

......

（二）诊断与分析

U-A-S 东师团队坚持不懈地（从 2009 年 9 月介入）参与 A 小国学校本课程开发的全过程。对于他们思考的成果及实践中的困惑与经验都有全方位的跟踪与点拨、指导与回应。在开发的同时，A 小教师把我们的方案同时应用到开发实践中，并在自己的教学中不断地根据班级实际加以调整和改造，使讨论稿不断在实践中修正、完善。同时，我们也就他们在实践中反馈的信息重新加以解构与重构国学课堂，在实践中丰富校本课程开发的理论。这一解释与实施的过程，就是课程研究者与一线教师在课程开发的探索中不断获得思想与情感融合的过程，其旨趣是理论与实践密切合作与真诚"对话"。

第一，从目标上，就教师具体的问题加以磋商、点评；对国学课程方案的讨论稿（试行方案）加以调整和补充，并拟定国学课程实施的效果方案，进行初步考察。为提高 A 小国学课程内容的系统性，加强可操作性，提出"新六艺'国学课程行动方案"。该方案中的"新六艺"即国学六个方面：诗、礼、书、画、武、乐。诗：包括四书五经等文化典籍、历代散文、诗歌辞赋、格言对联等；礼：即传统道德，包括忠孝、诚信和礼仪等方面；书：指书法；画：指国画。武：指中华传统武术；乐：指中华传统民乐、戏曲与相声等。

第二，从具体方案与实施情况的考察上。整个研究过程，关键在于我与合作教师的合作，最后能够开发出一套可行的课程方案，在各方面条件允许的情况下，本校教师可以继续进行校本课程开发。这一过程不仅是单向的"我"对 A 小国学课程的及时引领和把关，而且也是"我"——研究者在 U-A-S 合作过程中自身境界和学术视野提升和开阔的过程。

今天（2012—03—04），我忽然发现开发一套国学课程方案本身并不是最重要的，A 小教师和我在这个彼此介入的参与式合作过程中，我们彼此的"内隐知识"的重构和心灵世界的真正的"视域相融"达成的尽可能多的对话和生成的理解才是校本课程开发中教师和研究者改变的真正意义和价值所在。校本课程开发的意义在于教师由过去的课程的"旁观者"到课程的真正"介入者"；而反思性行动研究本身，在专家介入，帮助教师修正自己的"内隐知识"的过程中，彼此都是"亲近"教育研究方法知识的获得过程，而不是过去的那种从研究者、大学图书馆里寄存的知识投放到教师头脑中的过程，教师是在自己的"做"中体验和内化生成了自己关于教学、课程的方法，不是外在的强加给教师们的，而是教师自己在专家和理论的适度的指引下，自己愿意发生的改变以及在不自觉的过程中获得的对研究的热情的过程，因为这种参与其中，让他们看到了自己的作用，爆发出潜在的能量。这个过程是充分地尊重教师的"个人知识"，这种"前设""偏见"的合理性与现实性的前提下进行的，承认这一点，外在的培训与参与，才能和教师以往的教育生活发生联系与共鸣，也才有可能在"视域共融"中，使教师发生心灵意义的重构——拥有"冷静的头脑和热切的心"；实现教师教育的理想——培养出更多的"用心去从事教育的人"！这是校本课程，也是一切课程的真正价值所在。在此不确定、常处于模糊的、混乱的不知所措的过程中，专家的介入，理论的适度先行才会成为他们改变的可能。

（研究心得 2012—03—04）

（三）实施效果的初步考察：国学校本课程开发塑造合作的教师文化

心灵的震撼来自"活着的"课程：亲历 A 小第六届传统文化节"守望记忆"，感受合作文化的魅力。

2010 年 5 月 27 日，我们 U-A-S 团队一行应邀来到 A 小，参加 A 小第六届传统文化节"守望记忆"暨辽宁省首届传统文化经典诵读现场会的开幕式。这是我近 3 年来第一次亲临文化节现场，以前的五次，我都是在录像里观看的（那时还没机会认识 A 小）。不到现场真的是无法体验那种震撼的感觉，但就是深处其中，我也仍然很难用语言描述的我内心的波澜。我在 A 小国学档案里看到一份 A 小教师 WQ 写的《A 小第六届传统文化节"守望记忆"活动总结》，眼前一亮，让我探寻的关于国学课程实施效果找到了某些答案，回忆整个现场点滴，回顾眼前的文本总结，我心灵的震撼来自这"活着的"课程：亲历 A 小第六届传统文化节"守望记忆"，感受合作文化的魅力。眼前所见所感，让我对以往关于学校合作文化的抽象论述找到了触手可及的形象：

今天我首先和大家重温一下 2010 年 5 月 27 日那令我们 A 小人激动无比的日子。当我们从紧张的筹备工作中；从激情四射的展示会中；从各方的赞誉声中恢复了往日的平静。回想这一路的努力，我们每个 A 小人都会有太多的难以忘怀的精彩瞬间。

最具创新意识的团队——国学教研室

每一届传统文化节的策划都是一个艰辛的过程。我们既不能重复过去，又要把国学的精髓转化成为学生可以接受并能很好的诠释出来的某种形式。经过反复的论证最终确定以诵读国学经典为内容，全员参与室外展示的形式。方案有了可那时纸上谈兵，要把它呈现出来不是某个人或某几个人的事。

最有魄力的导演——WQ

感谢校领导和同事们对我的厚爱及信任，把这样一个艰巨的任务交给了我。说实话我的压力很大。之所以敢承担这个任务是因为我身后有一群最朴实的同事们，有一个精诚合作的集体，还有我们对国学教育的那份执着和坚定的信念。这时我听到最多的是个年组长说："你就说吧！我们年组什么任务。"还有其他的领导老师问我："WQ 你看我能干点啥？"大家对我的这份信任和支持，使我放下了思想包袱。在训练过程中，我最想变成"孙悟空"，因为各年组的精益求精让我分身乏术。（摘自 WQ 老师《A小第六届传统文化节总结》）

有学者（富兰、哈格里夫斯）研究指出，具有合作性文化的学校，教师能够步调一致、持续不断地合作，改进他们的教学方法和课程资源，让所有的学生都能够从中获益。在合作文化中，领导权是相当广泛地分散着，这一点对于学校变革和层次提升来说非常重要。合作学校中每一个教师都能成为领导者，当教师能够共享观点和共同探讨问题的解决方案，分享领导权和积极参与，提高他们的效能感，拥有庆祝成功的传统和仪式，这种支持变革和改进的专业化团体便可以得到很好的发展。亲历亲感 A小文化节，也从另一个角度证明约翰逊（Johnson）："校长是重要的，但是也必须激发教师参与领导的积极性。发展强大的相互信任的合作文化，有助于为学生、教师和校长的成长建立良好的基础"。

训练时间最长的团队——一年组

训练之初我跟 F 主任和 CY 讲，一年级乱一点或读得不好也没关系，因为我们的展示是有梯度的不影响效果。可她们还是反复的调整队形，一次又一次的找家长训练。最后几位副班主任 MQP、SLM、ZW、WXD 都上阵了。

难度系数最高的节目——二年组竹竿舞

当时我和 XYH 研究时只是想试一试，因为学生小，竹竿舞的难度又高。可 DYY 和 XYH 带着年组老师和学生硬是把这个难题攻下了。这其中所付出的努力是不用我再多说的了。

最让人放心的团队——三年组

有的同志说我偏心，三年组的节目我指导最多。原因有二：一是上学期三年组承担了 A 小国学教育基金会成立仪式上的演出任务；二是 LP 和年组老师对工作的认真，先是WXZ、WLP找我把节目的音乐录下来，在教室一遍一遍的上学生学唱。然后有一次又一次的问我还有哪些不足。一分耕耘一分收获。三年组的节目第一次联排的效果最理想。

最不容易展示的节目——四年组"孔孟之道"

四年组承担了一个最乏味的节目。我没有给他们更多的内容，也不让他们用太花哨的形式。DS当时只给我了一句话"你放心吧，我先领着学生练，你看哪儿不合适我再改。"结果又是我一句话"组字的效果不好，不组了。改！"她们还是什么也没说又重新练习。四年组是我认为最省心的节目。

最麻烦的节目——五年组情景表演。

情景表演《桃花源记》从表演、服装、道具还有背景，每一个环节都是重头戏。场地又在主席台正中，先不说排练的强度有多大，就说场地的调整。我左一遍改，又一遍调，PX、YHH和年组老师就反复的调整队形。五年组节目也最出彩。

最辛苦的团队——六年组

今年我们都在不约而同的夸六年的学生真好！在ZJ和WH老师的指导下，六年组的朗诵使我们的展示会主题得到了升华，同时也展现了A小的学生风貌。在辅导员LXB的带领下承担了开场的重头戏，也是展示会上的小义工。展示会结束时，当大家怀着激动的心情，拖着疲惫的身体回去休息时，ZJ还带着学生清理着会场。

最默默无闻的团队——道具组

ZJ带领着ZY、LF的道具组，可能排练场上你看不到他们的身影。当画龙点睛的背景、道具上场时让我们眼前一亮。这时你才会知道她们的辛苦。

最忙碌的团队——音响、摄像组

这是一个流动性最大的团队。说他流动性大因为除WAJ主任以外其他成员不固定，人员的工种不固定。LWC、YXM、DXL、还有D师傅在W主任的带领下什么力气活、脏活、累活，你是跑腿的、还是爬高上低的全行。后来人手不足SLM、ZW、LXY、WXD老师也负责了麦克工作，满场飞。

最专业的团队——解说、领诵、指挥

LY的撰稿；YY的解说；WH、ZF的领诵；ZQ的指挥；LD的音响师。虽然她们都不是专业人士，但他们的表现却是一流的。这源于他们对工作的认真态度。

　　资深教师的团队——会务接待组

　　ZN 主席负责的会务接待组是由我校教龄较长的老师组成的，也是最能展现咱 A 小教师风采的团队。她们的彬彬有礼、周到热情，无不为我校增光添彩。

　　最震撼的节目——《少年中国说》

　　P 校长负责的压轴节目《少年中国说》使整个展示会达到了高潮——群情激昂。真正体现了全员参与的指导思想，也为我们的展示会画上了一个圆满的句号。

（摘自 WQ 老师《A 小第六届传统文化节总结》）

　　借由 A 小第六届传统文化节"守望记忆"暨辽宁省首届经典诵读现场会的开幕式，我们不难发现 A 小国学校本课程开发的历程也是学校教师专业化团队发展的建设过程。这是一个群体的共进，而不是仅仅关注个别的成长。透过 A 小文化节的场面，我们看到的是背后的力量——"团队行为的塑造和共同愿景的建构"是校本课程开发更本质的意义和作用。于此相反，我们深有同感，消极的文化、同事和环境压制了最好的教师。

　　每次的艺术节落幕以后，总有人问我：你们学校为什么可以做到这些？我给大家讲一个发生在道具组的故事。从外校请来的帮我们做道具的 H 老师有一天对 ZJ 说："我发现你们学校的老师干活怎么不知道藏奸呢？我们院里领导在都干活，领导一走都溜边。你看这几位老师一上午头都不抬就是干。"后来他才知道那中间有位是我们新来的 J 书记。她说："我看别的我也插不上手，干这点活我还行。"这就是我校全体教师的写照，这就是 A 小人的精神。

（摘自 WQ 老师《A 小第六届传统文化节总结》）

　　由此观之，"个体专业发展的理论"已经让位于一个更加现代化的、着眼于学校范围内的教师群体共同学习和实践的以合作文化建设为中心的方法。这一方法的假设是"除非学校教师群体得到提升，否则学校无法发展"，突出强调"专业化团队发展"的学校文化的提升和变革。学校教师团队职业提升的理想只有在一个具有着眼于提高教师合作、归属感和自主能力等方面的健康的学校文化中才可能实现。只有通过团队行为的塑造和合作文化的建设，教师的成长和学校改进的愿望才能得到最充分的实现。（谢翌，马云鹏，2004）A 小国学校本课程开发的初步成效让我们切实体会到"学校文化的价值在于'唤醒生命',而不在于传递知识。"(斯普兰格)文化只有与精神相结合,即只有用"精神文化"这一概念才能真正表达文化的生命本质。(周勇,2004)A 小国学校本课程开发正是以共享的信仰:教育的真谛是唤醒为核心的让师生共浴温暖和爱意的合作。

四、反思:追踪与重建

反思:对观察到和感受到的与指定和实施计划有关的各种现象进行归纳,描述出本循环的过程和结果,对过程和结果做出判断,对现象和原因做出分析解释,指出计划和结果之间的不一致性,形成基本设想、总体计划和下一步行动的计划。[①]本节从 U-A-S 视角,考察 A 小真实发生的国学课程样态。以我的田野日记(2010－06－21～2010－07－05)的方式呈现,辅以讨论与分析。

(一)观察——"我"眼中的 A 小

2010－06－22　周二

7:50　在 A 小餐厅吃早饭。饭厅干净、整洁。A 小老师们的早餐、午餐都在学校。D 校长说因考虑老师们早上很多人不吃饭,胃痛的人多,故在 2009 年 5 月开始给老师们开早餐。早餐有米粥、馒头、小菜、鸡蛋等,很可口。

8:00 －8:30 与 A 小老师、学生们一起到操场上做早操,共两套:一套是铁东区统一早操,第二套是 A 小体育教师自编的校本课程——带有太极拳味道的学生操。之后的 10 分钟是师生绕圈慢跑。

2010－06－23　周三

14:40 从鞍山师院专家宾馆到 A 小。这时在操场上看到班主任领引班级(后来知道下午全体党员开会,学生提前放学)学生向校门口走去。一个学生在前举着班牌,有学生在队伍里起头,孩子们边走便大声朗读古诗词,其中有李白的《将进酒》等。从他们的表情和动作,感到放学路上齐颂古诗词已成习惯。走过来的每个班都是如此。晌午后的校园有一种说不出的韵味,我为他们照了相。童声稚气,特别可爱——A 小路队歌。

2010－06－24　周四

---

① 陈向明. 质的研究方法与社会科学研究 [M]. 北京:教育科学出版社,2008:455.

13：40 W 主任又来接我回学校。在师院大门口的超市我买了冰棒给他和国学组老师。在 A 小操场和 W 主任一起向教学楼走时，发现塑胶操场中有一空饮料瓶，正想去捡，他已先弯腰捡起，走到大门口时扔进一个树桩型的垃圾桶。这样的情形在 A 小已见过几次。

2010—06—25　周五　奇热

7：45 到 A 小。在餐厅早餐。心情愉快。从老师们吃饭时的闲聊和表情，感到她们很放松和开心。

17 点在 A 小和 WQ、LY、ZJ、D 校长分手时，WQ 老师的一句话让我感动："田姐，明天周六我陪女儿，但周日陪你！"，那眼神和语气绝对不是客气和寒暄。身在异乡的周末，那个眼神和那句话，难忘。

2010—06—28 周一：阴，下午晴

醒来已近 8 点。觉得眼睛发涩，像有一层蒙糊在眼球上，嗓子发干，洗漱时发现满眼又是眼屎．这些天来的劳累和奔波，身体在今天早晨感到极度不适。8 点半赶到 A 小，ZN 主席急切等我。今早大师傅做的是面条，但听我说了一句想喝粥，她们又马上做了小米绿豆粥，等我回国学组后差不多已是间操时间，ZN 过来找我去喝粥，这让我很不好意思，自己以后说话一定要小心啊！

2010—06—29　周二　小雨

13：25 到 A 小。国学组竟然一个人也没有。"一会儿就要开国学审议会了？人都哪去了？"我有点急。

13：30 到三楼会议室才发现她们几个已经在忙碌了：发放审议稿件，摆放水果，添加椅子等，WQ 老师正在指挥。真让我感动啊！她们比我到的还早！此刻当我从日记本上打出这行字的时候，心头还涌动热热的暖流，眼睛潮湿而酸涩！这期间的 20 分钟等几个班主任。

17：30—19：00 大家都散了，我想请 WQ 老师一起喝点酒。我们来到一家朝鲜烧烤店，要了几杯凉啤酒。这些天的忙碌和紧张在审议会结束后心忽然一下像落了地。我们俩痛快地喝酒，谈了许多。在送我回师院的路上，WQ 老师谈到国学教育的"导行——理解——创造"等问题，给我启发，她很有魄力。

2010—06—30　周三　阴　凉爽

12：20 中午没有回 hotel，P 校长陪我逛街修鞋跟（不知什么时候发现有一个鞋跟掌丢了，可能是前天玩球跑丢的吧）。

　　她一路上和我唠她的女儿并提醒我女儿过 18 岁生日时可以为孩子做一个成长纪念册并亲自为孩子写前 18 页的日记，每一页代表一岁，以后的页数由孩子自己写，做 100 页，意味女儿长命百岁。她为她的女儿做的成长相册是找王浩老师设计的，非常独特，我才知道原来 WH 老师不仅精于历史，且书法和美术也很了不起！A 小藏龙卧虎啊！看着眼前貌似粗犷而又是这样细腻的 P 校长，我内心升起一种特别的感动：人，真须要走近些；每个人都是一座富矿。来到修鞋的地方，老师傅听 P 校长说是特意来找他修的，且告诉人家这是长春来的教授也知道你修的好，他特别高兴，一边钉还一边夸 P 校长长得有气质，大眼睛像个苏联人，我听了直想乐，鞋修好后，P 校长非要给我交鞋钱，她拿出 5 元，那大爷收了 4 元，一句话把大爷说的高兴！谁还在乎那一元钱呢！人，是多么需要真诚的肯定啊！我不和 P 校长争了，她说的一句"修个鞋跟，你走路时总想着我。"没法和这份真心意再争执什么了！

　　15：00 和 A 小全体老师一起坐上大巴去唐家房旅游，以庆祝"七·一"。这里面也发生了很多有趣的故事。

　　19：50 大巴把我们拉回 A 小大门口。WJ 老师为我拎电脑，和我一起回宾馆，她说她家和我的住地方近。后来我才知道，其实那天她是专门送我一程的（并进了房间帮我收拾整理临行前的用品）！

（二）困惑——寻找问题的突破口

　　2010—06—23　周三

　　15：40—16：20 访谈 LY 老师关于从 2002 年 9 月开始，国学推进的过程中的一些细节。她提到几个重要的人，低调、务实的 A 小国学开创者 Y 校长；已调入烈士山小学任副校长的 W，她一直抓国学校本教材的开发；B 校长"A 小国学品牌的打造者——包装（用 LY 的话）"，是她把国学对外运作出去，经营得很好。在谈了许多人对 A 小国学的贡献后，LY 说了一个词："前赴后继"！这个本土概念很触动我。

　　2010—06—24（20：35 记录）　周四

　　12：30 躺下后，脑子里还是想着上午碰撞在心里的一些问题：A 小从 2002 年 9 月至今的国学课程到底是如何进行的？怎样才能把相关每一学年的具体做法呈现出来？之后睡着了。

　　14：00—17：00 到国学组后，发现 WQ、S 正在为我复印、收集相关国学资料忙碌着。

我的办公桌上已放了一叠复印资料，是 WQ 忙了一上午的成果。其中有 B 校长、LY 和 WQ 的博客记录（关于国学校本课程开发的）。看到这一切我很感动。

在我们的交谈中 WQ 又为笔者找到前五届 A 小文化节的光盘。在计算机里找到后，她们发现每一个录像或录音资料都没有标记时间、名称，结果找起来很费时，在确定是哪一届文化节时需要一一打开通过看具体的人（例如谁主持）、学生等来确定时间和具体内容。这时她们自己也发出感叹：这个归档实在太缺乏系统性了，连个时间、地点、名称也没想到要标明，当时觉得很清楚，但过后就渐渐忘得面目全非了。这时笔者说："看来记忆是个最不可靠的东西呀！一定要严格系统地归类呀！"从某种角度说，一个国家、一个企业、一所学校，其档案管理的水平代表其真正的管理质量标准。当然，在这个过程中几个年轻人惊奇地发现了自己和伙伴们在过去的几年里的镜头，当时的神态、气氛，许多让她们感到了时间的威力和渐行渐远的青春……LY、S、WQ 都很激动，S 说："呀，那时真年轻啊！"接着，她们纷纷给自己都复制了一份当年的文化节光盘留念。这件事对笔者有很大触动：今后作的研究一定要边作边记录相关的详细信息，从一开始就严格作出分类，这太重要了。

今天下午，是我到 A 小的第三天，和 LY、S、WQ 及 ZJ 的交流开始渐深，她们也开始接受我，亲近我。

笔者向她们谈了目前的困惑和想法：虽然前期也看了几遍 A 小国学的一些文件资料，算这次也来过四次了。但前三次都是走马观花，脑子里实际几乎没有关于 A 小国学校本课程的基本线索。这次来真的感到不一样。不走进田野现场，都只能是道听途说、盲人摸象。这次虽然只进行到第三天，但脑子里总算有了一些轮廓，尽管十分不清晰，但至少现场的人和事激发着笔者不停思考，一个问题拽出的人和事，让我从模糊到清晰，虽然还有些混乱，但现在至少自己能深入地围绕着大问题去落实了，框架在渐渐搭建。

目前笔者特别想也必须把以下问题弄清楚：就是从 2002 年 9 月至今的七年中，A 小学国学校本课程开发究竟是怎么走过来的？每一步都做了什么？每一次（根据叶子给我的"A 小传统文化历程"）大的转折（指阶段性的成果出现，如新开设的国学课程、举办文化节等）之前，是如何酝酿的？这个过程有哪些人参与？当时是如何想的？如何做的？每一步从当时的目标、设计到具体的上课呈现方式、教材的使用、课时的安排、课表的制订到当时教师们的困惑等。

笔者说了这些之后，WQ 她们表现出极大的兴奋、热情和赞同："你和我们想的许多地方一样啊！""可是我们苦于不知如何梳理和下一步如何做下去？""我们不想再重复自己。可目前又没有一个高度，现在进入发展的瓶颈，你的研究正是我们需要的！""看来你真是来做学问的，帮助我们一起发展 A 小的国学的呀！"笔者接着说："我要先把这些问题弄清楚，就像我是 A 小国学的亲历者一样。而我目前脑子里还没有一个相对清晰的路线图，我要把这个框架图，像个列表一样，今晚回宾馆后先画出来，做细目，把问题弄清楚后，以后在后续研究中把这些——你们已经做出来的珠子，找一个线串起来，这也许就是用课程的理论把 A 小前期的东西串起来，提升出可操作性的国学校本课程，从目标、组织、实施到评价的一套体系。在这个过程中，我个人的研究和 A 小国学的进一步完善达到一个 win-to-win，也算我将来有一天不枉做一个学者吧。"

WQ 老师很兴奋，她说："你看，你把自己的想法和我们毫无保留地托出，让我们了解你，也就更真心地愿意去配合你，帮助你收集资料，想招儿，看来，彼此沟通是多么重要，有双向交流才会有配合。"她的话也给笔者很大启示。笔者开始来时没有和她们正面交流，第一天、第二天，只是作个别访谈，当时自己有个顾虑：自己也不太清楚要干什么，具体应该先怎么做，甚至不自信她们是否愿意帮助我。在这几天的共处中，笔者以自己的朴实、坦诚和认真，渐渐走近了她们的世界，她们开始不拿我当外人了。一个合作，一定是 win-to-win，如果只顾自己的利益，路不会走多远的。在做事和交流中，她们被笔者对教育的真爱，对 A 小国学的一种情感所打动，WQ 她们真可爱！也是一群有教育梦想的年轻人！当她们感受到笔者和以往来的一拨拨人不一样（用她们的话说，那帮人要么做点表面文章——邀功；要么为了自己的成果来搜集资料，划拉完走人，A 小的老师像被人利用，巧使唤似的）时，她们以一颗真诚、火热的心拥抱了笔者！她们还为笔者能获得更多有价值的信息出谋划策。笔者又一次感受到了真诚实在的价值，也体会到"动机单纯往往更接近目标"的含义。

另：在这近三天的访谈中，尽管我事先列了访谈提纲，可发现有一个共同点：WQ、S、WH（这一点 WQ 表现最好），我在对他们访谈时，提

问初期她们还能按照问题相应回答，但答一会儿，几乎都是开始说自己的
过去，几次想打住她们，但都无奈于她们太兴奋，甚至即使又拽回话题，
她们一会儿还是回到诉说自己的过去上去。今天上午在访谈 S 时，谈到她
在 2002 年 9 月和伙伴们初创国学"经典诵读"时，她滔滔不绝，用她自
己的话两次说到："今天我也不知怎了特别兴奋，特别激动，好像又回到
了那时。"她说到几处眼里有晶莹的东西盈在眼眶。在这种情况下，后来
我就干脆放弃了原来的提问大纲，索性由着她讲下去，用她的话："田姐
（前三天她们都叫我'田教授'，怎么纠正都不改。那时我总说叫我田老师
更舒服），我还想讲一些我当时的事，你先别问我，行吗？"当时开始时，
我是很焦虑的，LY、S、WH 身上的共同点（第一次访谈时）使我一度
很困惑：这样下去，我还能完成访谈计划吗（我的潜意识里总是不自觉地
想往我来时做的方案上拽）？打断又不礼貌，即使打断几次也又跑回去了！
这时我就想：这是为什么呢？为什么她们如此激动？是不是她们真心投入
的事业一直没有人去真心关注过、耐心地聆听过？她们的内心渴望被关
注、被肯定？

　　补记：今早（2012-02-06）偶然翻书，看到印度哲学家克里希那穆
提（胡因梦译）的一段话：聆听，似乎多少能解释一点我当时面对 A 小
不止一位老师在接受我访谈时特别激动、沉浸在往事里不管你问什么，她
一定要自己先滔滔不绝的困惑——"聆听是不易达成的一门艺术，但其中
确实埋藏着美与高度的理解。我们应该怀着生命的深度去听，但我们听的
方式之中总是有成见与某种既定的观点。我们无法单纯地听，我们的思
想、结论和偏见总是会造成阻隔……若想真的聆听，我们的心必须安静，
没有任何欲求，只是放松地觉知着一切。处在这种警醒而被动的状态里，
才能听到成见之外的东西。语言管理方式会造成困惑，它只是一种表面的
沟通工具。心中有爱或许就懂得聆听了，不过真正能聆听的人是极罕见
的。大部分人都在追求结果，我们不断地在征服和克服问题，因此听的能
力已经不见了。只有真正的聆听才能听到话中的诗意。"

　　（三）释疑——"做中学，学中做"（到中小学去研究教育）
　　2010-06-25　周五
　　5：30-6：40 以上 4-6 个问题是今早醒来时脑子里盘旋的几个想
法，迅速起来记下。随着对现场的熟悉和深入，许多以前从来没去思考过
的问题，一个个迎面追来，尽管面目还不清晰，但感到自己越来越有问题

意识了并开始进入思考的门槛。虽然每天脑子里转个不停，很累，却体验到一种说不出的快乐。

昨天近午夜才躺下，很乏却睡不着。想起这三天来的访谈遭遇的一个共同的困惑是：我按照自己的访谈提纲提问时，开始的第一个问题，她们（LY、S、WH等老师）还能问什么答什么，但渐渐地就由不得我的问题了，他们说着说着就沉浸在自己的那段经历中了，滔滔不绝中神情和眼神都发生了变化：用她们自己的话说忽然感到很激动，讲述的内容多是自己在这个国学课程开发中做了许多，话题的枝权特别多，我想怎么拦都拦不住，她们好像都没注意我的着急似的，即使我把话题拽回来，问别的问题，她们往往一会儿就又回到自己的那个情境中了。有两次石晓妍老师对我说，"我还想再说几句！我就不管你问不问了，我想先说一些自己的事……"WH也存在这类问题。我渐渐发现他们在讲述的过程中充满了成就感，总是不自觉地说起自己认为最得意的事情……

这是为什么呢？这两天我一直在反思：可能这和设计访谈提纲时，自己设计的问题针对性不强有关？例如，表意不够清楚？提问不够具体？要是此时导师在就好了，问他们为什么。再有是不是与受访者本身有什么相关？（访谈中能鲜明地看出人的性格：感性、偏激，抑或相对理性）。所以陈向明教授提出的从多方面、多角度、不同人去验证一个结论或事实的重要性。带着这些疑问，我拿出陈的《教师如何做质的研究》第五章"如何进行访谈"看了起来。在读到70页访谈的主要特点中的第6点时，我的心一下子凝住了，几天来的困惑似乎有了个答案，原文是这样写的："使受访者感到更加有力，因为自己的声音被听到了，自己的故事被公开了，因而影响到他们对自身文化的解释和构建。"我对前半句好像能理解，但对后一句还有些模糊。想起前天上午对叶子访谈时，不知不觉中拽出许多和国学相关的人和事，她说了一句"A小传统文化的展开是'前赴后继'的结果。"我的心一动一热。"前赴后继"，我似乎找到了陈向明教授在《质的研究方法与社会科学研究》中阐述的关于什么是寻找"本土概念"。解读A小文化，解说A小国学启蒙教育，好像表面是在不停地追溯关于国学课程的由来过程，但实际上在追溯背后的一条河流——这一切的源头活水：A小教师的教育信念，也许。

这几天，我的内心一直很不平静。从最初的不想来，不敢来，到来时的迷茫，到这三天内发生的变化……真是不到田野里来，就永远不知道什么是真正的问题和研究。古语"闭门造车""盲人摸象"的含义算今天才懂。我最初在学校苦思冥想的许多设计（访谈、问卷设计、观察方案的制订，包括对一些问题的思考）都有不少（三分之二）发生了颠覆。还有也更钦佩导师的眼力。他一再嘱咐我别急，这次去不要做那么多，先看看到底是怎么回事，至于问卷之类的以后再说。"实践是最伟大的导师。"（好像是列宁说的，不敢确定了）真对。

　　还有，不经历在 A 小真正的现场研究过程（做访谈、听课、观察等），我其实从前听老师讲的或自己看的关于研究方法的书（尤其是陈向明的），自己看到那些文字，好像懂了，其实没有；当我在田野中具体地去做，遇到迷惑时，想起导师课堂上的一些话（好多都有记录，是我的另类红宝书之系列），再回头看这些教我方法的理论书，我发现自己有点豁然开朗，陈向明教授在书中的许多话一下子找到了触点，所以真实的经历中的体验对人是多么重要，杜威说"知识可以传递，但经验不可。"是多么精辟！所以儿童的学习更是如此。如果不重视儿童的体验过程，没有直接经验，你讲的再多作用也不大。我深深体会到什么是"做中学，学中做"了，这是真理！

　　8：20—8：35 访谈 D 校长下阶段国学设想。

　　她有一段话让我特别感动，感到她的朴实和厚道，这句话的大意她说过两次："我不懂（指国学），但 A 小国学这么好，不能在我手里耽误。"事实上，在后来的接触中，我越发感到她不仅懂国学，更懂老师和孩子的心！在访谈中，D 校长谈到教师参考书的修订、区本教材（目前没有大纲及注解）更像（后面的话记的不清楚，但做这些的理论依据还不清楚，让所有的老师都能上国学课。）目前存在的问题是：教师的专业能力达不到；课程设置上有关部门不能给我们开绿灯，国家课程固定的规定限制我们，我们只好把综合实践活动课给占了一部分。

　　2010—06—29 周二 小雨

　　……

　　13：50—17：10 国学审议。D 校长讲话。

　　国学审议会一直持续到 17：10 分结束。这是我没想到的。在这之前，D 校长曾有些担心，她对我说，大部分老师和我不是很熟，再加上现在都在忙期末复习，可能开会时不一定能有太多人发言，让我不要着急，能说多少算多少，如果效果不好，就早点结束；这一点我也有准备，这次要不行以后再说。开始时是有些冷场，但大约 15 分钟后就不一样了，最后出现大家抢着要说，有几个班主任和科任老师，忙完自己的课后，又回到会场，这让我非常感动！

在会上发现品德课的 L 老师和班主任 CY 非常有思想，她们的一些想法和做法都给我很多启示。这真应了那句古语"人多出韩信"。会议中间有几处似乎题跑的远了，WQ 特别着急，甚至不顾 WH 老师的面子，直接打断他的话，WH 老师更是可爱，直接说，"我还没说完呢，你等我把话讲完，你就知道了我没跑题！"这些可爱的老师啊！此刻我的心情难以言表，正应了那句经改动的歌词"我拿什么奉献给你——A 小的老师们！"

2010—06—30 周三

13：00—13：30　期间 L 老师、CY 老师来送冰棍儿。CY 老师没走，我让她也坐一会儿，我们俩边吃冰棍边聊，真的，本不想问她问题，也知道这是难得的午休时间，班主任一天几乎不得闲（中午安排学生们吃饭，还要和学生们在一起午休），可是不知不觉就怎么聊到了国学上，越发觉得她谈的很有价值，在征得她同意后录了音。崔玉老师真是个有心人哪！她小巧细腻，声音很温柔，很有见识，是那种做什么事情都是有板有眼，不温不火的，极有见地。感到这次不经意的交流非常有收获。从她的眼神里也感觉到她对我的那份信任和友好。下午上课的铃声响了，我真有些过意不去，没让她中午休息上一会儿，她却说"不累，和你说一说也挺高兴的，要是你还想问什么，只要我知道的，都没问题！"

为她打开门，看着她走进教室，回头还和我挥手，心头一热，"A小，我拿什么奉献给你！"这句被自己改编的歌词又窜出喉咙。请别笑我为什么这么爱激动。真的，在 A 小，艾青的一句诗总是会在某一时刻跳出来："为什么我的眼里常含泪水？因为我对这土地爱的深沉！"（想起收上来的 6 年 1 班的调查信里，就有一个学生引用了这句诗，我对 A 小更有一份特别的看重）。对 CY 老师的访谈，主要是这几个问题：关于她是如何上国学校本教材的？在国学教学中她遇到过什么问题？对国学教材有什么看法？等。她谈到家长的作用和她对学生家长的调动配合她的国学教学，这给我很大的启发。这是个细腻、内敛、温婉而有内涵的好老师。

（四）内心波澜：什么是真正的课程

校本课程设计是一门技术，但我想它更是一门艺术。技术和艺术不同，因为艺术饱含深情。每一个课程设计的背后，都藏着一个个关于深情的故事。这是我在 A 小近 3 多田野调研的最深感触。我在此前期，曾特别专注于关于课程设计的技术套路，还没到 A 小，就翻出这 18 盘课程设计与开发的招数和模式，总在预设种种可能的设计情形，但真正地来到田野，走近这所小学，逐渐走进这片热土，我的内心被一个声音唤醒——究竟什么是课程？是那文本上条分缕析的各种概念、原理的界定和假设吗？是先生课堂上洋洋洒洒的说书吗？是考试时学生们抓耳挠腮苦思回想的定义吗？我在 A 小的校园里，在她的课堂上，在老师们纯净的眼神里，在孩子们自然的笑容里，找到了课程的影子，我坚信这个真理，它是我的课程理论——与心灵接触最近的地方才有课程，走进心灵的课程才是教育。这是我在 U-A-S 中最深的体会。

2010—06—29 周二 小雨

……

23：30

1. 在 A 小的 8 天里，访谈、听课、观察、参加活动等，让我逐渐明白了一些"学会倾听"的含义，但做的还远远不够。

听听我对其他老师的访谈录音，自己几次都听不下去，总有抢话的地方，打断他们的思路的时候也不少，虽然有原因，是当时怕想到的问题不及时问就会错过机会，在追问时却没掌握好火候，后来知道如果有灵感跳出或发现什么问题，可以先用笔记下来，他或她讲完后再追问也不迟。抢话，其实也暴露了我性格中的真实一面，缺少沉稳，也是没有涵养的表现。"沉稳中洋溢激情，内敛而不失敏捷"，这是我所向往的境界。

2. "你看到的只能是你想看到的"，对这句哈的理解又加深了一步。

什么是"视而不见，听而不闻"的古语找到了对应的含义。无论在生活中还是在学术研究领域，当你自身没有问题意识，不去琢磨思考，不曾体验眼前有了什么，出现了什么时，你往往是不会意识到太多的。

例如，2009 年 4 月，在首都师范大学开会时，叶澜教授在会议上做的专题汇报关于的她领导的"新基础实验"，如果是现在在会场上去听她的讲座，我就会带着问题去听，会有问题跳出来，并会有自己在实践和理论中遇到的问题和她讲的相撞击的，质疑或吻合的东西，可是那时的我，只是带着耳朵来了，或有点仰慕或更多是无心，总之，现在都回忆不起来具体的任何细节了。由此我想到下一步要做的：找出先生的"新基础实验"关于大学教师与中小学教师合作的行动研究方面的论文好好琢磨一下，看看可以借鉴的地方；要把叶澜教授的《让课堂焕发出生命的光彩》找出来，琢磨她的框架—内容思想—行文规范等。

写到此，想起从家里带来的军旅记者余戈的《1944：松山战役笔记》^① 的后记中的一段话："……有心者与无心者不一样，有准备者与无准备者不一样，来的人和来的人也就不一样。"是的，这是我第五次到鞍山 A 小，但这一次真的是不一样啊！

2010—07—01 周五

早晨醒来不知是几点，周遭寂静。可能是这十几天来的惯性使然，脑子里冒出的想法立刻记录下来：

此次鞍山调研对我的触动：

1. 认识到计划的重要性（统筹时间、安排事项、不打无准备之仗的重要）

2. 思维的缜密是多么重要，这是可以培养的，成为好习惯

也理解了 HL 对我说的"你选择做什么样的论文，也就是选择过一种什么样的生活。"如何在大框架上去想问题，再进入细节部分。我的问题是：一是在来鞍山的火车上看了会儿书，却把眼镜落在了车台上，使得这段时间的看书严重地伤害了眼镜，以前总是丢东西（实际上不是"丢"，没人拿我的东西，是我自己扔下不管的），却不以为然，认为是性格原因（也绝对有父母的原因，如果小时候丢了什么，他们能比较严厉地对待，也许会好些。记得他们的话是"谁愿意弄没呀，是不？下次注意就行"，这类话对我就更没压力了），自己也不在乎，甚至认为也改不了，实际是自己根本不重视的结果，是长期散漫的性格造成的思维的不严密。如果还不改，真的成不了什么事。二是到鞍山后才发现未带照相机的输出线。这都是心里没数、考虑不周，事先不做计划的结果。此次鞍山之行甚至也影响了我对生活的态度，不想太由着自己的性子，想哪是哪儿了，向往自己的思维充满条理，感到深沉的分量。

3. 深刻感受到实践的价值

"你要知道梨子的滋味，必须亲口尝一尝"（小时候是被动地背了毛主席语录，现在总是跳出来帮我印证一些问题，真没想到）的含义；还有杜威的"知识可以传递，但经验不能"。想起导师说的"其实做的过程才是

---

① 余戈. 1944：松山战役笔记 ［M］. 北京：生活·读书·新知 三联书店，2008：480.

真正的收获，是受用终生的"，他的话是对的。

4. 发现自己真的特别适合做质的研究

（1）以访谈为主要手段的质的研究方法，信任的程度影响到资料的收集。

（2）质的研究方法更适合于比较开放的情境性或过程性的描述，这很和我比较包容的天性相契合。

（3）如何以扎根理论的方法，在资料分析中建立起研究的结论，这对我来说是一下步的难题。把它分解开，我下一步具体要做的是：如何对访谈的资料进行编码和归纳。"借助质的研究方法，使研究者成为一种工具——一种挖掘周围事物和内部联系的工具，然后再把挖掘出来的东西或按种类或形状或内部联系展现出来，让读者或观众读后，自己分析，自己评价""值得研究重在'扎根理论'的建构，重在以小见大，通过心理认同达到推广"（陈向明、林小英，2004）。我深深感到每走哪怕半小步，都是那么不容易，正应了那句著名的语录"前途是光明的，道路是曲折的"，也许。

5. 现实的需要极为迫切——以责任心做事

在 A 小，通过多次访谈、观察等，感到教师在校本研修中有许多困惑，她们中的大多数想改进教学，但常不知如何入手，这时真是特别需要有顾问指导。校本研修的三个要素：专家引领（这是我做的不够的）、伙伴合作（A 小有这个基础，文化氛围好）、教师反思（这是核心，一小部分教师有这个意识目前）。我很想能为她们做点事，但自己的能力还差不少。尤其是小课题的指导方面，理论上需要加强。

6. 学会倾听

反复回听录音，发现自己的问题不小。抢话的问题很严重，好多处自己都不好意思听下去了。访谈时不要插话、抢话，要好好听老师们讲，不要轻易打断他们。如有问题，可以先记在本子上，等他们讲完时再问，这样也避免忘记。如何处理追问和等待的火候，这真是学问。

注：这一天没做什么，就是觉得累，下午又睡着了，梦里还是鞍山的事。

2010—07—04 周一　　长春 D 师大 4 舍 509

早6：30—7：30 起来后，本打算先洗漱去，但跳上来的想法使我立即记下来：

　　A 小的老师们在对国学课程开发的过程中，可以用跌跌撞撞形容，她们经历了不解、迷茫、困惑甚至即使是现在困惑也随时随地出现和存在，但她们确实在这个过程中，教师自身的反思，对国学的认识、理解，用她们的话说"对文字开始有了感觉"，触摸到古典精华的温度。当她们和我谈起国学教学、校本教材时，不仅是几个老师，眼神放光，语气里充满了自豪，甚至常有动情处眼圈发红，声音变调的。

　　我在这次田野调研的过程中，今早醒来，忽然冒出一个念头：我原来做行动研究的主旨是专家介入帮助一所小学改进和完善国学课程的设计，但现在这个方案也要完成，可是我发现在调研的过程中，对许多老师的访谈和观察，包括文本文件的分析，始终有一个挥之不去问题，那就是在开发国学校本课程的过程中，几乎所有的老师（也许也有一点心思都没放在这里）在校本研修中都或多或少、或小或大、或长或短的来自学科知识、教学方法、甚至更早的是观念意识等方面的冲突和困难，用她们的话是："开始是自己都怀疑这老祖宗留下的东西有用吗？这些个'之乎者也'，自己还弄不懂呢咋教呢？这课除了读背还要咋上呢？自己常遇到不会的字词该怎么问，问谁呀？"……

　　但就是在这样的举步维艰中，到 2010 年 6 月，她们自身真的变了许多。也许她们也说不清太多理论上的缘由，但她们对自身的自觉或不自觉的反思，谈吐中的那份优雅、朴实无华中的恬淡，真的，我感到在我的论文中，现在要有一块需要呈现、探究关于在校本开发的过程中，A 小的教师（包括校领导）她们遇到的困惑是什么？面对困惑，她们的心路历程以及在试图解决困惑的过程中，她们的所思所为？她们是如何改变的？而在我和她们有更近距离的交流的过程中（尤其是在非正式访谈，如平时早餐、午休、办公室闲谈、回长春前一天集体郊游等——在无意识交流中，观察人的言语行为，往往更能看出本质的东西），我发现看一个老师的教学水平、看她对教学、学生的理解层面，其实有时并不用一定要走进她或他的课堂，只要看一看，感受一下，她或他对生活的态度，对人的方式，就大抵差不多了。所以，我认为一个老师，她对生活世界的全部理解几乎也就决定了她对教学世界的理解和角色定位。

　　在 A 小的这十几天里，常有一种氛围感染着我，人们看到的是 A 小的校园，充满了中国符号的表征、孩子们的礼仪、教室里的每一个角落无不散发的传统文化的气息，包括每天不绝于耳的古典音乐、课间休息时古诗文经典童声稚气的朗读……是的，这些连空气里都弥散着某种情怀的音符让侵润其中，感受到的是一种触手可及的关于什么是教育的信念、什么是教师信念！A 小的校园、老师、领导、学生总是在变，但变的背后，总有不变的东西——教育信念，校风最重要！信念的作用是这一切的源头。我试图找寻。我为什么不知不觉就会和"信念"这个词产生联系呢？也许我们每个人的"前设"（经历、知识结构、个性等）不同，会导致对同一件事的完全不同的看法。

透过这国学课程背后的一切，关于人的核心价值体系，你对生活对人的态度决定了教育行为的背后的本质。

关于校本课程开发过程中，教师在专家引领、伙伴合作（A 小文化具备这一点，对此我感触很多）的过程中，关于个体的"人"是如何经历了真实意义的自主反思的？这个心路历程中的挣扎、困惑和欣慰……我想呈现或探索，这好像和我前期的设计，和我的初衷有了偏离，想起导师说的"这就是质化研究最神奇的地方。你不知道前方是怎样的，是一路走出来的"，也许这就是书上说的质的研究往往会在研究中不断地调整自己的研究计划。就像我在离开长春去鞍山前心里特没底特无助，讨教 HL 给我支招儿，她说"实践会告诉你怎么做的"，当时听的是一头雾水，心想你就直接告诉我呗，干嘛让我这么揪心呢。通过一个载体——国学课程的开发，教师群体发展的过程——如何看待教师的专业成长？我想呈现和探索的，不知和我预设的研究的主旨是否一致或冲突？

A 小调研对于我有四个核心词：问题意识；学术能力；研究热情；社会担当。

第三节　小学国学校本课程的整体设计

作为专家角色的 U-A-S 团队成员，在与 A 小学教师展开合作时，并不是专家权威式的灌输，而是尽可能地悬置自己的专家身份，认真倾听一线教师内心的声音，展开真正民主、平等的对话。对话的基点不是虚拟的，而是基于教师对所研究问题的真实把握程度。在近 3 年的田野研究实践中，我们发现：一线教师们对于研究问题的解决策略往往诉诸于自己的教学经验，扎根在自身教学经验基础上去解决教学世界中的种种问题是他们的惯常做法。教师们的经验是在其长期的教学实践基础上积累而成。这些经验有别于专业理论，其样态有些模糊、不系统，没有严密的逻辑体系，更谈不上科学严谨的结构关系。但就是这些隐藏在每位教师个体上的教学经验，像一把把开启问题的活钥匙，在教学世界中绽放了无穷的魅力！也就是这些经验，在支配着教师教学世界下的一言一行、一举一动。对于教师的这些经验，学者们将其命名为默会知识。①"教师的默会知识是在个人经验的基础上构建起来的，不能明确表达的内隐性知识，包括教师个人的教育信念，教师对自我的了解和调节意识，教师对学生的感知和沟通能力，教师应对多变的教育情境的教学机智，教师在教学活动中对理论性知识的理解和把握，教师在日常行动中表现出的批判反思精神等。"②对于教师的默会知识，我们十分珍视。因其具有强大的生命力，但又很隐蔽的特点，所以在和 A 小学教师的合作中，我们 U-A-S 团队尽可能地帮助教师们激活他们的默会知识，并在研究实践中，逐步将其默会知识显性化。

U-A-S 团队在与 A 小 N 次的碰撞中，我们不是居高临下地指手画脚，而是重在把握 A 小教师的思维方式，尤其是注重从根儿上，即原点、本源性思维的点拨。如面对 A 小教师们的种种困惑，我们通过彼此的交流与磋商，从国学校本课程设计的基本问题入手，如，国学课程设计与开发的价值与意义定位这一本源问题上进行思考与追踪，顺溜溯源，争论中的问题切入点在课程设计的价值趋向上达成基本的共识（详见第三章）后，一些问题就顺利成章地进入调整与改进的视线，如，国学校本课程的目标确立、内容选择及课程组织模式与实施策略等，问题越来越聚焦，方向也越来越明晰。以下是经过多方探讨和实地调研基础上，研究者与 A 小教师共同设计的一套小学国学校本课程设计与实施的模式。

---

① 田立君，杨宏丽，陈旭远. 论教师专业发展中对话的教育意蕴 [J]. 课程・教材・教法. 2010（4）：109

② 陈向明. 实践性知识：教师专业发展的知识基础 [J]. 北京大学教育评论. 2003（1）

小学国学校本课程的整体设计

课程目标	课程内容	课程组织	课程实施
1. 总体目标： 　　增强爱国热情，获得中华传统文明的情感体验；积累中华传统文化知识；形成开拓的视野和人文情怀。	1. 内容选编原则： 1.1 "撮其精要，整合再现"的优选原则 1.2 "循序渐进，内外结合"的编选原则 1.3 "不贪多求大，有限度读经"的适量原则	1、组织模式 1.1 分科课程模式：专门开设一门国学必修课。 1.2 学科渗透模式：在各个学科之中渗透传统文化，每个学科逐步开发具有学科特色的国学校本课程并实施。 1.3 综合统整模式：以传统文化为主题将相关学科内容统整起来。	1. 教学原则 1.1 模糊性原则 1.2 差异性原则 1.3 自主性原则 1.4 鼓励性原则 1.5 全体性原则 1.6 知行合一原则
2. 具体目标 第一学段（一、二年级）： 2.1 能用普通话正确、流利、有感情地朗读国学经典原文。 2.2 结合上下文和生活实际了解文中诗句的意思。 2.3 背诵优秀古诗文 50 篇（段）。 第二学段（三、四年级）： 2.1 在古诗文诵读中积累自己喜欢的词语和格言警句。 2.2 乐于运用在古诗文诵读中学到的词语写出自己想说的话。对照自己的生活经验，用合适的语言将自己的思考结果清晰地表达出来。 2.3 培养读书乐趣，增加天文地理、艺术常识等各方面的知识——	2. 课程内容选择标准 　　国学教育传递的是一种价值观。国学课程的内容选择应具备三个条件：第一、选到教材里面的文章应该能够体现一个民族的核心价值观。通过小学一至六年的学习，学生可以培养出本民族的文化信仰和文化价值观。第二、教材中应选用最为典范的汉语。第三、国学教材要在大量的古代经典中选用一定数量的儒家经典。 2.1 以体现民族核心价值观和典范汉语特色的经典为主体。 2.2 以中华传	2. 教学课时分配与教学梯次安排 　　校本课程的地位，体现了对校本课程的价值判断。课时安排灵活分散到各个层面，既有利于学生根据自身需要进行选择，又有利于统筹安排。 2.1 国学必修课（正式课程）纳入学校课程计划，突出国学课程的规范性和整体性 　　每周三课时。每个单元安排三个课时：第一课时完成单元导入和一篇主体课文的教学，引导学生进入单元学习氛围；第二课时完成一篇主体课文和部分积累内容，引导学生逐步领。 2.2 利用学校课余时间（非正式课程），突出国学课程的创造性、选择性和趣味性。 在学校教师利用早自习和课前 5 分钟时间组织学生进行集体诵读。课间做《三字经》拍手歌游戏、中午午休后每天一个班轮流进行校园古	2. 教学策略 　　探索 A 小国学校本课程推进的过程，分析各阶段实施所采取的措施，可以看到其小学国学校本课程实施体现出多种灵活的教学策略。 2.1 吟咏诵读教学 　　"诵读为主，理解为辅"是吟咏诵读教学的依据。小学低中段重在背诵，小学高段侧重读讲并背诵：第一学段（一、二年级）以诵读、记忆为主。第二学段（三、四年级）在记忆的基础上，进行初步理解；第三学段（五、六年级）在记忆、理解的基础上揣摩、感悟。吟咏诵读法是 A 小国学经典教学的基本方法。诵读时不仅"高声朗读，以昌其气"，还讲究"密咏恬吟，以玩其味"。 2.2 情境化教学 　　虽然强调背诵，但并不是排斥生动活泼的学习方式和方法，运用现代媒体可以使深奥难懂的国学字句变得生动形象，

国学中浓缩了人文科学和自然科学等多方面的知识。

第三学段（五、六年级）：

2.1 保持学生对学习国学经典的兴趣，使学生乐于参于国学实践活动。

2.2 具有一定的语感，能初步把握阅读的重点内容，初步具备一定的鉴赏能力。

2.3 积累古诗文诵读中的优美词语、精彩句段，能灵活运用在习作中。

统文化典籍为补充。

3. 课程内容的编排

第一学段（一、二年级）：主要内容为语句简单，朗朗上口的蒙学读物，如《三字经》（识字启蒙）《弟子规》（礼仪训诫）、《笠翁对韵》、《千字文》等。

第二学段（三、四年级）：主要是《论语》、《孟子》、《大学》、《中庸》的经典内容。

第三学段（五、六年级）：主要是中华传统文化经典中的诗词歌赋等。本学段同时采取螺旋式加强的训练系统。

诗词展示平台、放学途中的经典路队歌及诗歌接龙等。分几个时段诵读（因儿童集中力有限，所以以时间短、次数多为佳），教师引导学生在游戏中读，在玩耍中读。

2.3 家庭"亲子诵读"（校外课程），突出国学课程的弥散性、浸润性和亲和性。

学生放学回家后和父母要有一次（约10—15分钟）共阅读。由父母带动诵读，创造一个人人都在诵读的环境，让儿童浸濡其中，耳濡目染，亲近经典。父母子女一起诵读既能培养亲子关系，又能把诵读经典的乐趣与好处和家人分享。

易于学生理解，同时也避免了严肃刻板的教学方式，在轻松愉悦的氛围中唤起儿童学习传统文化的兴趣。

2.3 趣味化教学

把知识教育与思想品德教育密切结合起来，以儿童的兴趣为基点，从具体的事物讲起，将经典具体化、故事化、口语化，挖掘其后面的故事，避免教条化的说教。具体包括讲故事、猜谜、游戏、课本剧、戏剧表演等多种方式调动学生的兴趣。

2.4 生活化教学

国学校本课程实施中（教的过程中）不仅仅是简单的吟诵，在教学方法上同样是积淀。教师要思考如何让国学与儿童生活相联系，走进家庭（石晓妍儿子面对爸爸不对的做法，随口说出《弟子规》中的语句规劝大人的做法等），让教育回归生活世界。

第五章

小学国学校本课程的执行方案

第一节 小学国学校本课程目标设计①

目前国内一些小学引入国学大有泛化的趋向，国学校本课程建设须进一步规范化、系统化与科学化。按照国学教育的自身规律，结合 A 小学国学校本开发的实践经验，本研究以对 A 小学国学校本课程设计与开发的行动研究为案例，对小学国学校本课程设计与开发中的目标定位与内容选择进行了探讨。通过我们的研究与分析，旨为国学校本课程在我国小学的设计与开发提供有益的思路与借鉴。

课程设计是课程理论向课程实践转化的桥梁。课程的价值取向决定了课程设计，反过来，不同的课程设计模式也往往反映了不同的教育观和课程设计取向。课程设计的核心是课程的目标以及课程内容的选择和组织。课程目标是课程开发的灵魂。课程总是为某种目标或意图而设计、实施的，某一学科的课程目标都应为总的教育目的服务。课程目标决定课程的性质，课程目标一旦确定，课程组织、课程实施和课程评价就有了依据。国学校本课程目标的确立，必须建立在国家所确立的教育目的及义务教育阶段语文课程目标统一要求的基础上，"全面考虑特定的学生群体在未来社会中的社会角色和发展方向，并明确这一特定群体究竟需要哪些课程"

---

① 田立君，董兰，陈旭远. 小学国学校本课程目标与内容设计 [J]. 东北师范大学学报，2012 (3)：154—158.

（王斌华，2000），在此基础上才能确立课程目标。课程目标是指导课程编制者所有活动的最为关键的准则，所以必须以精确而又清晰的方式来表述。

一、总体目标

在调查、分析、评估的基础上，考察国学教育的自身价值，依据泰勒目标原理和布鲁姆教育目标分类法，结合学校课程开发的实际，A 小学把国学校本课程定位为：对学生进行文化播种与德行培育，建立学生大文化视野的通识课程，它不是简单的语文课程的补充，也不是思想品德教育的辅助教材，其目的不在于应试，而在文化陶冶。A 小学从情感态度和价值观、知识与技能、过程与方法三个维度设计了小学国学校本课程开发的总体目标：增强爱国热情，获得中华传统文明的情感体验；积累中华传统文化知识；形成开拓的视野和人文情怀。

A 小学开发的国学校本课程，体现以儿童发展为本的教育理念，以尊重儿童为前提，课程目标力图适合儿童身心的全面发展，在目标上强调显性目标和隐性目标的整合，把情感、认知、行为、能力等结合起来予以综合设计，旨在通过国学校本教学和各种生动的国学实践活动，培养学生热爱中国本土文化的情愫，感受祖国文字之美、鉴赏经典神韵之美，创造性地运用祖国语言的能力；通过国学校本课程的实施，力戒"现代教育的悲剧之一就是认为唯有认知学习才是最重要的"[①]，提高学生人文素养，发展创造个性，培育健全人格。

（一）增强爱国热情，获得中华传统文明的情感体验

认识中国传统文化的发展历程，领路国学经典的博大精深，感受诸子百家的风采，浸润儒家思想，形成积极向上的人生态度。吸取古人深思、反省的生活智慧，并落实在日常生活上；配合现代思潮，以达新旧传承的目的；强化民族认同感，增强爱国热情，培养家国情怀。

（二）积累中华传统文化知识

了解中国传统文化的背景知识和最有代表性的国粹，在积累和体验的基础上，初步培养学生阅读浅显文言文及浅近古籍的兴趣，增进涵泳传统

---

① 施良方. 学习论 [M]. 北京：人民教育出版社，1992：403.

文化的能力；研读文化经典教材，了解我国传统文化核心内容，积累传统文化知识，丰富传统文化底蕴，形成运用传统文化的基本能力。

（三）形成开拓的视野和人文情怀

帮助学生完成早期（13 岁前）文化积淀，以利终身。在整个小学学习过程中受到传统文化熏陶，掌握学习传统文化的基本方法。形成"社会伦理意识"和具有"淑世爱人精神"的胸怀和视野，能够从学以致用角度思考问题，把经典中的文化精神传播到社会生活中去，把传统中的人文精神发扬光大。

在三维目标中，各个目标之间是相辅相成，互为条件和基础的。在态度目标与知识和技能目标之间，知识目标中的"了解我国传统文化核心内容，积累传统文化知识"，与态度目标的"浸润儒家思想，形成积极向上的人生态度"是相互联系、互为基础和条件的。没有"积极向上的人生态度"作为基础，即使是了解了中国传统文化的丰富性，也只是单纯地限于知识表面的了解。只有建立在向善向上包容他人态度的基础上，才能更深地理解中国的文化，并由此产生家国认同感和民族自尊心。而知识与技能和过程与方法之间的关系则是，过程与方法是在学习和掌握知识与技能的过程中形成的，而且过程与方法又是有效掌握知识与技能的工具和手段。

二、具体目标

英国学者斯滕豪斯（L. Stenhouse）认为，过程模式的实质在于，从总目标中衍生出来的不是一系列的短期目标，而是内在于总目的之中的一系列细化的原则，这些细化的原则能够指导随之而来的实践活动①。总体目标的落实需划分梯次，具体展开。上述三维目标主要通过学段目标来实现。分段的主要目标分为三个学段，体现在义务教育小学阶段的 6 学年中。

第一学段（一、二年级）：

1. 激发和培养学生学习中国传统文化经典的兴趣；乐于参与国学经典的诵读和即兴创作活动。

---

① ［英］A. V. Kelly. 吕敏霞，译. 课程理论与实践 ［M］. 第五版. 北京：中国轻工业出版社，2007：89.

2. 能用普通话正确、流利、有感情地朗读国学经典原文。

3. 结合上下文和生活实际了解文中诗句的意思。

4. 背诵优秀古诗文 50 篇（段）。

第二学段（三、四年级）：

1. 在古诗文诵读中积累自己喜欢的词语和格言警句。

2. 乐于运用在古诗文诵读中学到的词语写出自己想说的话。对照自己的生活经验，用合适的语言将自己的思考结果清晰地表达出来。

3. 培养读书乐趣，增加天文地理、艺术常识等各方面的知识——国学中浓缩了人文科学和自然科学等多方面的知识。如对读物中感兴趣的人物和事件有自己的感受和想法，并乐于与人交流，有表达的自信心。

4. 背诵优秀古诗文 50 篇（段）。

第三学段（五、六年级）：

1. 保持学生对学习国学经典的兴趣，使学生乐于参于国学实践活动。

2. 具有一定的语感，能初步把握阅读的重点内容，初步具备一定的鉴赏能力。

3. 积累古诗文诵读中的优美词语、精彩句段，能灵活运用在习作中。

4. 背诵优秀古诗文 60 篇（段），能对文中不理解的地方提出疑问；初步学会默读和略读；能借助工具书和生活积累，理解词语的意义。

5. 在正确解读传统经典的过程中，自觉吸纳中华文化中的的精髓，具有一定的知识综合运用能力。

（1）养成读书看报的习惯。

（2）养成收藏国学经典资料的习惯。

（3）乐于书面表达，对习作有信心，能将自己的所见、所思、所感写下来。

　　尽管，课程目标是校本课程学习后所要达到的学生发展状态和水平的描述性目标，是课程设计的基础环节和重要因素，直接影响和制约着课程内容、课程组织、课程实施等后续课程因素的设计和操作，但是，在 A 小国学校本课程目标设计与开发中，我们既重视关注结果的行为目标，又强调注重过程的展开性目标，因为"教育基本上是一个演进的过程。而且，它是渐进地生长的，它扎根于过去而又指向未来，从这个意义上说，它又是一个有机的过程。在此过程的任何阶段上，我们能提出的目的，不管它是什么，都不能看成是最终目的，也不能将它们武断地查到后面的教育过程中去。目的是演进着的，而不是预先存在的。"①

第二节　小学国学校本课程内容设计

课程内容是课程目标的具体化，是课程的核心要素。课程内容与课程目标之间具有内在逻辑联系，任何类型的课程，其内容都是以课程目标为直接依据选定的，课程内容在一定程度上体现了课程目标的要求。课程内容的合理性程度，制约着教育目标和课程目标，影响着人才培养的具体质量规格。"校本课程内容是教与学的基本素材，是达到校本课程目标的重要载体"②，正因为如此，人们在不同的历史时期，都面临着"什么知识最有价值"这一经典的课程内容问题。

国学课程内容是为了实现国学教育课程目标而要求学生系统学习的国学知识、文化技能和情感体验的总和。国学课程内容是以国学经典为主，指向学生人文素养的发展和精神世界的构建。内容上强调学科内容（国学经典）和领域内容（语文课、思品课等）的整合，将分解的学科或领域统和起来，突出综合性；课程内容突出与儿童及社会现实生活相联系，以儿童个性化发展为主旨。

一、课程内容设计的原则

A 小学国学校本课程内容设计突出"以儿童发展为本"的教育理念，根据儿童的心理特点、认知模式和接受水平设计国学校本课程，内容选编遵循三大原则：

（一）"撷其精要，整合再现"的优选原则

采取"撷其精要，整合再现"的方式组织教材，从浩瀚的典籍中遴选精华的、有代表性的、为时代所需的元素，为不同年级学生量身定做课程内容。

---

① 瞿葆奎. 教育学文集·教育目的 [M]. 北京：人民教育出版社，1994：625.
② 王斌华. 校本课程论 [M]. 上海：上海教育出版社，2001：137.

（二）"循序渐进，内外结合"的编选原则

编辑顺序注重由易到难，由浅入深，循序渐进；编辑体例遵循主体知识与背景知识结合、多种题材和体裁作品穿插、课内外结合的原则；按照知识性与趣味性相统一的原则，依据儿童年龄特征、认知规律和学习兴趣，贴近学生的现实生活，为不同学段学生量身定做课程内容。

（三）"不贪多求大，有限度读经"的适量原则

"中国文化是一个有'统'的文化，根源便是'经'。如将《论语》《孟子》《大学》《中庸》《礼记》《诗经》中精选若干，共不超过一万言，如此，则学生之负担不加重，而经之大义微言，亦略可窥其大概。"[①] A小学一至六年级国学课程均由两部分组成，即中华经典古诗文必读本（为必读内容）和《中华经典古诗文选读本》（为选读内容）。两部分的编排均遵循上述内容选编原则。

二、课程内容的选择

国学课程内容的选择以及课程内容的编排，都涉及价值标准问题，其隐含的价值取向是课程内容抉择和实施的指针，它决定课程内容对各方面的意义。它既指选择和确定课程内容的价值标准，又指课程内容自身具有的价值导向，同时还涉及教师对所教内容的价值取向以及课程内容对学生的实际价值或意义。

漫漫历史长河，儿童国学教育该如何选材呢？有学者（徐梓，2006）强调，"一定要学习经典，要挑选千百年来经过时间考验、培养了一代又一代先贤并对中国历史文化产生重要影响的素材，要选择支撑起中国人传统知识世界和精神世界的素材。"A小学国学校本课程设计与开发有一个统一的哲学基础，那就是以儒家思想为主干。这个哲学基础，也可以说是信仰，经过几千年的实践证明是适合中国人生活的。有了统一的哲学基础，才能帮助学生形成一个比较统一的世界观与价值观，道德、伦理与人格的教育也才有落脚点。将"传道"作为目标，以此确定国学课程内容，是A小国学校本课程最明显的特点。

国学教育传递的是一种价值观。国学课程的内容选择应具备三个条

① 徐复观. 当前读经问题之争论［M］. 徐复观文录选粹. 台北：台湾学生书局，1980.

件：第一，选到教材里面的文章应该能够体现一个民族的核心价值观。通过小学一至六年的学习，学生可以培养出本民族的文化信仰和文化价值观。第二，教材中应选用最为典范的汉语。第三，国学教材要在大量的古代经典中选用一定数量的儒家经典。

（一）以体现民族核心价值观和典范汉语特色的经典为主体

"我们要承认变中有常，人类始能在宇宙中历史中取得一个立足点。而常道之显露，总是超越时间性而永远与人以提撕指示的。中国的经，不能说都是常道。但在人之所以为人的这一方面，确显示了常道，而可对自己的民族，永远在精神的流注贯通中，与我们以启发鼓励、提撕、温暖，我觉得这是无可置疑的。"[①] 遴选那些凡是经过了漫长历史积淀下来的经久不衰的文化精华，兼容并蓄，为我所用。选择浓缩了古代圣贤先哲对宇宙、自然、社会、人生的深入思考的优秀的传统文化因子，建构中华民族特有的文化传统和民族精神。

"开辟生命之源、价值之源莫过于儒家。"[②] 国学教材要在大量的古代经典中选用一定数量的儒家经典。国学的核心是四书五经，四书五经以四书为标准，四书又以《论语》为首。如宋代确立了基础教育的基本教材为《四书》，即《大学》《中庸》《论语》《孟子》。这四本书囊括了中国的核心价值观，我们可以看到，"在基本人格的确立、基本伦理观念、基本道德规范的养成方面，儒家修养论着重强调的是社会良好环境的创造，以及师友、父母的言传身教；而在人格的提升，伦理观念的深明和道德规范的自觉、道德境界的向上方面，则着重强调的是个人的学习和修养"（楼宇烈，2007）。例如，对《论语》解读以孔门四科，分德行、言语、政事、文学，而且各有重点。这样不仅让学生全面掌握《论语》，而且是很科学很经济地去学习，做到事半功倍。学习掌握了四书，其他国学，如古文唐诗等国学经典则迎刃而解。就是说，掌握四书，对于国学经典就会居高临下，自由徜徉（萧夏林，2008）。

选编的内容主要是《论语》《孟子》《大学》《中庸》的经典内容。主体是校本教材，即《中华经典古诗文必读本》，这部分是核心内容。这套教材教学目标主要是阐明儒家义理，并倡导学生躬行实践，所以教师在讲

---

①　徐复观. 当前读经问题之争论［M］. 徐复观文录选粹. 台北：台湾学生书局，1980.

②　牟宗三，罗义俊编. 中国哲学的特质［M］. 上海：上海古籍出版社，2008：186.

读时，也常常配合历史故事与日常生活事件，阐发其中所蕴藏的深意，使学生能透彻领悟，在动静语默间，达到培养人格、陶冶情操的目的。

朴素简练，明白晓畅是汉语的典范特色。A 小学国学校本课程教材编写时着眼于现代语境的审视，采用教本与读本合一形式，通过准确的白话注释及精当的点评，在编写解读上打通了传统与现代，实现了伟大的国学经典与现代汉语的全面自由对话。这套国学校本教材的基本任务是文化继承，教材选用最为典范的汉语，所展现出的汉语的博大精深和典雅静美，也为学生奠定了语文学习的坚实的基础。例如《孟子》的文章就是用堂堂正正的语言，讲述堂堂正正的道理，其中不乏"富贵不能淫，贫贱不能移，威武不能屈，此之谓大丈夫"等千古流传的名句。

（二）以中华传统文化典籍为补充

以"经史子集"中的"史"与"集"为补充。选编目的"在于提升学生对国学的认识，增进阅读古籍的基本能力，培养研究古籍的兴趣，以利吸收传统文化的精华"。选编的内容：

一是参考教材。《小学生必读古诗文》（1—6 册，金宝主编），每年级读一册。

二是扩展教材。在本校教师王浩主编的《国史通识》的基础上，学生可以根据自身的需要和兴趣自由地有选择的阅读。这些内容中浅显的古文，可以使学生逐步扩大阅读量、提高阅读古文的能力，对古文有兴趣，并具备一定能力的孩子可以在课外自选书目阅读。这一部分内容注重趣味性、思想性并重，以短小精悍、浅显易懂、富于哲理、意味深长的民间故事、寓言、神话传说、成语故事为主。内容选自《庄子》、《墨子》、《孟子》、《吕氏春秋》、《战国策》、《韩非子》、《晏子春秋》、《东坡志林》、《列子》、《世说新语》等。

三是视频教材。考虑到国学经典朗朗上口、富于音律美和儿童心理发展的特点（如重直观形象等），在设计和编写国学校本教材时，除纸质教材外，还有配套音响 CD 和视频 VCD 等数字化教材，供教师课堂使用，以保证国学校本课程实施的效果。如把动漫《孔子》（106 集动画片，每集 10 分钟）作为对儒家经典的理解用到教学中，形象的画面、生动的构图、鲜明的色彩、奇异的想象，深得学生喜爱；也增强了诵读的趣味性和实效性。

此外，A 小学国学校本教材注意了与现行语文课本的结合。如现行语文课本中有多篇文章选自古代经典，但绝大部分以现代文的形式出现，如《刻舟求剑》、《坐井观天》、《揠苗助长》、《晏子使楚》、《将相和》等。A 小学在选编国学校本教材时，在相应的年级编入原文，学生可以对照学习，既能促进对语文的学习，又能激发、强化对国学的兴趣。

三、课程内容的编排

"文化总是一定水平的文化，儿童也总是表现为一定发育水平的主体。"[1] 正如皮亚杰论述"一切理智的原料并不是所有年龄阶段的儿童都能吸收的，我们应该考虑到每个年龄阶段的特殊兴趣和需要"[2]，儿童只能适应于跟自己的精神发育的水平和特质吻合的文化，而文化也只有进入它恰切的精神场域才得以被激活。儿童既不会对于任何文化的形式与资料都照单全收，文化也不是一刀切式地整体融入儿童自己的精神世界。

儿童与文化的矛盾运动，也就是儿童的人文精神与相应的人文文化双向选择、双向互动，同时在这一过程彼此因对方而被创造，被不断重新的构建，获得持续发展的力量。[3] 基于皮亚杰的儿童智力发展理论，儿童认知结构的发展是一个连续建构的过程，每一个阶段都是前一阶段的延伸，是在新水平上对前面阶段进行改组而形成新系统，国学校本课程教学按年龄、分年级，遵循由低到高、由易到难、由浅入深，确定容量、安排时量、螺旋式上升的思路设置不同梯度的教学内容，实施整体性教学。

第一学段（一、二年级）：主要内容为语句简单，朗朗上口的蒙学读物，如《三字经》（识字启蒙）《弟子规》（礼仪训诫）《笠翁对韵》《千字文》等。本学段课程内容设计上注重遵循儿童心理发展的特点。在对国学课程内容素材的选择上主要以童谣和直观形象的蒙学读物为主。尽量选择音律谐和，节奏明快，朗朗上口的作品，使学生易于吟咏诵读。在设计上注意根据儿童心理发展的特点来安排内容顺序，力图生动、精要、浅显，让学生在玩中学，玩中传播，玩中创造。

---

① 刘晓东. 儿童精神哲学 [M]. 南京：南京师范大学出版社，1999：19.
② ［瑞士］皮亚杰. 教育科学与儿童心理学 [M]. 傅统先，译. 北京：文化教育出版社，1981：176.
③ 丁海东. 儿童精神：一种人文表达 [M]. 北京：教育科学出版社，2009：187.

　　第二学段（三、四年级）：主要是《论语》《孟子》《大学》《中庸》的经典内容。依据维果斯基的最近发展区理论，小学生学习国学经典是有难度的，因此，教师教学应着眼于学生的最近发展区，为学生提供适当难度的国学经典学习内容，调动学生的积极性，发挥其潜能，超越其最近发展区而达到困难发展区的水平，然后在此基础上达到下一发展区的发展。本学段采用拼音注释诵读本，注意降低古汉语字音与普通话字词转换的难度。古汉语有特殊的字词系统，小学生读认比较困难，在开发国学校本教材时，A 小学力图通过各种方式来解决这一问题。如给那些难认、难懂的古字词加注拼音、解释其含义，易认、易懂、易学，降低了学生学习古诗文的难度。

　　第三学段（五、六年级）：主要是中华传统文化经典中的诗词歌赋等。本学段同时采取螺旋式加强的训练系统。如对于一首古代诗词，教材总是反复出现，回环往复，步步加深，变式训练。国学内容不是一次性学习完成的，而是螺旋呈现，多次生成，使学生在潜移默化中加深了对传统经典的印象。不贪图多背，只要求常诵。经典诵读不是一朝一夕的事情，贵在日久天长的积累，要求全体学生每天诵读，日积月累，在"浸染"之中受到熏陶，受到教育，受到启迪。

　　教育是一项立人的活动。而"人不只是经由生物遗传，更重要的是通过历史的传承而成其为人。"这"历史的传承"也就是文化的传承，因为"文化是一个民族真正的灵魂，民族文化必然顽强地存在于课程之中。"①中国传统文化的丰富性、深刻性和生动性，其"天人关系、人我关系、生死关系、苦乐关系及荣辱关系"（黄济，2001）等宝贵的人生哲学的价值观构成元素，如何通过国学校本课程的设计与开发，传承、渗透、内化给学生，使作为我们华夏民族精神源头的文本经典，终成为中华儿女的文化识别符号，以拓展其生命宽度，发掘其生命深度并开启其人生向度。正如龙应台在《紫藤庐和星巴克之间》所说的"传统不是怀旧的情绪，传统是生存的必要"，此句的深意在 A 小国学校本课程的设计与开发的行动研究中，已变成触手可及的默契：精心设计的课程目标、合理有序的内容安排与潜移默化、生动活泼的教学策略结合起来，祈望藉国学课程在不经意间传承、内生给孩子们中华文化的精髓，为中国文化传统的重建稍尽绵薄的

---

① 张楚廷. 课程与教学哲学［M］. 北京：人民教育出版社，2006：393.

寸草之心。

第三节　小学国学校本课程组织[①]

"课程是学校内学生所遇到的一切有计划、有组织的经验，这些经验是为了教学目的而设计的；课程是学生所参与的一连串活动，这些活动是为了改变学生的知识能力而设计的；课程是在学校内对学生生活有计划的干预，这种干预是为加速学生的教育而设计。"[②] 如何将国学内容有计划、有组织地纳入到学校课程计划之中，是国学校本课程有效实施的前提和保证。

一、国学课程组织模式

A 小学国学校本课程注重了多样性和选择性，将课程分为必修与选修。目前，从课程实施情况来看，主要采取了如下几种课程类型：

（一）分科课程模式

专门开设一门国学必修课。固定课时，专任教师，专用教材，全体学生必修。国学必修课以完成国学校本诵读计划为主体。根据学生的年龄特点、认知规律和学生诵读所能达到的数量标准（每周 70—100 字为宜），A 小学制定了小学阶段一套完整的国学校本诵读计划（六年），主要包括四书、三百千、《弟子规》、《诗经》等，小学必备古诗 70 首，中学必备古诗文 50 首等。学生如果能完成这个诵读计划，小学六年毕业后的阅读量应为 150 万字，相当于初中二年级的语文阅读水平。

（二）学科渗透模式

在各个学科之中渗透传统文化，每个学科逐步开发具有学科特色的国学校本课程并实施。如礼仪课（思品学科渗透）；古代科技课（科学学科渗透）从中国古代游戏入手；国画课（美术学科渗透）；武术课（体育学

---

① 田立君，陈旭远. 小学国学校本课程组织与实施［J］. 教育科学，2012（3）.
② 黄光雄，蔡清田. 课程设计：理论与实际［M］. 台中：五南图书出版股份有限公司，2007：6—26.

科渗透）；器乐课与舞蹈课（音乐学科渗透）分别从民族乐器和民族舞入手等。国学相关选修课（每周二、周四 3：40－4：30），不分年级、班级学生自愿选修。兼职教师任教。

在学科教学中，A 小学教师尝试着渗透经典。具体以语文课、思品课、艺术学科为例，教师用经典作为教学环节的转换，还根据每个单元的主题有机渗透经典。如二年级语文《诚实》一单元中，教师用《弟子规》中的"凡出言，信为先"来教育学生做人要诚实、讲信用。在思品教学中，教师们针对孝顺长辈，关爱他人的主题，引导学生读"为人君，止于仁，为人臣，止于敬……"并创编小品，引导学生从小就做个尊敬长辈，孝敬父母的孩子。在艺术学科的教学中，教师们经常让学生听古典音乐，观看传统戏剧表演、欣赏名画、名山大川，力求使孩子们耳之所听、目之所视，皆是文化精华，慢慢熏习孩子，培养他们的审美能力。

（三）综合统整模式

以传统文化为主题将相关学科内容统整起来。每两年一届的传统文化节；每周一升旗仪式上的"红领巾小讲堂"；校园诵读展示台：每天中午的 1：00－1：20 一个班级展示，各班级轮流进行诵读展示，有计划、有记录、有总结；每周四 1：00－1：30 的"东东广播站"；每学期末的班级诵读展示；每学期末的"国学经典诵读"晋级评价；每年九月初的"进学礼"；每年端午的"端午粽飘香"主题班会等，这些都是常态下的以传统文化为主题的活动。如 A 小学教师结合中国传统节日，通过国学课程来弘扬传统文化。如端午节学校开展"端午节粽飘香"主题教育活动，让孩子们了解这个节日的由来、习俗并创设相关情境让学生在轻松愉快的氛围中体验传统节日的妙趣，获得文字和诗词之外的情感享受。

以上几种课程模式类型在 A 小学国学校本课程开发中都发挥了自身作用。

二、教学课时分配与教学梯次安排

"课程即经验"[①] 的课程定义为 A 小学国学校本课程组织设计提供思路。它将课程视为一种学习经验，是学习者、学习内容与教学环境之间的

---

① 黄光雄，蔡清田. 课程设计：理论与实际［M］. 台中：五南图书出版股份有限公司，2007：6－26.

交互作用，以及交互作用之后所产生的经验历程与实际结果。"课程即经验"的课程定义重视正式课程、非正式课程和潜在课程，有利于学习者的均衡发展；强调学习者的个别差异，尊重学习者个人的主体性，重视学习者参与学习活动的机会，关注的重心由"教"转向了"学"，由规划好的目标与内容转向学生在学校实际经验的内容和真正达到的目标。

课程是有目的、有计划地安排学生学习机会的过程。在国学教学活动中，师生之间，学生之间，学生与家庭之间的交流存在着多种多样的组合形式，它不仅存在于国学课堂教学，也存在于课外国学学习中。

任何教学活动都有空间形态和时间流程。对空间形态的建构主要表现在教学活动的形式上，对时间流程的控制主要表现在对教学过程各个组成部分的安排序列上，它们在现实的教学活动中是不可分割的。"课程时间安排对于国学校本课程的实施具有重要影响，它表明了校本课程的地位，体现了对校本课程的价值判断。"① 课时安排灵活分散到各个层面，既有利于学生根据自身需要进行选择，又有利于统筹安排。

（一）国学必修课（正式课程）纳入学校课程计划，突出国学课程的规范性和整体性

每周三课时。每个单元安排三个课时：第一课时完成单元导入和一篇主体课文的教学，引导学生进入单元学习氛围；第二课时完成一篇主体课文和部分积累内容，引导学生逐步领悟单元意象；第三课时通过大量的主题朗读、阅读、诵读以及歌唱、绘画、写作等学生喜闻乐见的训练方式引导学生实现对单元内容的深刻理解，达到道德情感熏陶的目的，适当拓展延伸。例如，"亲仁、尚礼、志学、善艺"的主题构成了一个计划合理、环环相扣的国学校本课程体系，体现了 A 小较强的课程规划意识。每个主题下面都设有若干微型课程，每一个国学微型课程都制定了《课程纲要》，对课程目标、内容、实施、评价有着清晰的规划。

（二）利用学校课余时间（非正式课程），突出国学课程的创造性、选择性和趣味性

在学校教师利用早自习和课前 5min 时间组织学生进行集体诵读。课间做《三字经》拍手歌游戏、中午午休后每天一个班轮流进行校园古诗词展示平台、放学途中的经典路队歌及诗歌接龙等。分几个时段诵读（因儿

---

① 王斌华. 校本课程论［M］. 上海：上海教育出版社，2001：230.

童集中力有限，所以以时间短、次数多为佳），教师引导学生在游戏中读，在玩耍中读。鼓励学生采用自己喜欢的方式读：可以坐在椅子上读，可以拍手读，可以摇头晃脑读。一句话，怎样高兴怎样读。让小学生和老师在没有压力的状态下，自然地熟读，而后从中取得背诵的乐趣和成就感；在唱游中学习、在快乐轻松中体味，在潜移默化中吸收和传承中国优秀传统文化。

（三）家庭"亲子诵读"（校外课程），突出国学课程的弥散性、浸润性和亲和性

学生放学回家后和父母要有一次（约 10—15 分钟）共阅读。由父母带动诵读，创造一个人人都在诵读的环境，让儿童浸濡其中，耳濡目染，亲近经典。父母子女一起诵读既能培养亲子关系，又能把诵读经典的乐趣与好处和家人分享。A 小学开展国学经典诵读之初，家长不理解，说学校是在复古，甚至有个别家长到教育局告学校的状。校长和教师引导家长走进国学，要求家长和孩子进行亲子诵读，在诵读中加深对国学的理解。而孩子举止大方、亲和有礼，待人接物的变化也引起家长的反思；在与孩子共读中，家长对照经典的教诲反躬自省，用他们的话说"照了镜子，美丑自知"，随着"亲子诵读"的推进，家长的外在言行和内在气质趋善向美。"亲子诵读"让家长亲身感受到自己和孩子的共同成长与进步，同时课程实施与社区资源、家长资源相整合。

第四节　小学国学校本课程实施

国学校本课程的设计与开发是在小学实施国学教育的一种有益的尝试。在小学国学校本课程体系的建设中，课程实施是至关重要的一个方面，因为"它是把课程方案付诸实践的过程，是实现预期的课程理想、达到预期课程目标的基本途径"[①]，而"课程改革的关键往往在于实施。对实施过程的考察是研究具体课程方案的重要一环"[②]。新一轮基础教育课

① 施良方. 课程理论：课程的基础、原理与问题［M］. 北京：教育科学出版社，1996：126.
② 马云鹏. 课程实施探索［M］. 长春：东北师范大学出版社，2001：2.

程改革确立的国家、地方和学校共同建设课程的思路，使学校层面的课程实施不仅仅是一个执行的过程，还是一个更为重要的创造和丰富的过程。因此，"我国课程实施的'忠实取向'正在被'相互适应取向'与'课程创生取向'所超越，创生取向的课程实施模式受到重视"①，走向合法化，使校本课程开发成为必然。

国学校本课程实施是国学课程付诸实践和走进课堂的过程，它是校本课程开发过程中的重要阶段。因为课程方案只是一组尚待在实际中验证的假设，需要教师在教学中根据不同的情境，善用多种方法和技巧并发挥创意，依学校特性和学生特点实施课程。从本质上讲，"课程实施是一个动态的过程，它应成为有计划、有组织的互动过程，一方面促进教师的专业成长，另一方面发展学生的课程体验，最终指向预期教育目标的实现"②。根据校本课程开发理论，结合 A 小学的国学校本课程实施的践行，笔者对小学国学校本课程实施中的核心环节包括教学原则、教学策略进行了探讨。

一、小学国学校本课程的教学原则

任何课程计划都是通过教学来完成的。交往教学理论认为，教学的本质是教师与学生围绕特定主题的交往过程。教师与学生在尊重差异的前提下展开持续的交往，持续地发生交互作用，形成"学习共同体（learning community）"。在这种共同体中，教师与学生之间、学生与学生之间彼此相互尊重，展开自由交往和民主对话，由此把课堂变成一个真正的"生活世界"（life world）。在"生活世界"（life world）中，每个人的创造性和潜能得以发挥。围绕特定主题而展开的教师与学生之间的交往，其组织形式是多样化的。作为学校教育的基本构成的教学交往，其组织形式不只是局限于课堂，课堂教学只是其基本的组织形式之一，教学交往还有其他途径，如教师指导下的学生针对某种主题的探究以及各种社会实践等。③ A 小学实践表明，国学校本课程实施过程中所确立的教学原则更能体现这一新型教学理论所倡导的理念。

---

① 张华. 课程与教学论 [M]. 上海：上海教育出版社，2000：336.
② 汪霞. 课程实施：一个值得关注的问题 [J]. 教育科学研究，2003（3）：5—8.
③ 陈旭远. 交往教学研究 [M]. 长春：东北师范大学出版社，2008.

（一）模糊性原则

根据"书不尽言，言不尽意"，读书重在己"悟"的规律，只求熟读成诵，不逐字讲解；以"诵读为主，理解为辅"。背诵经典不是目的，在儿童记忆力最佳时期的积累涵泳，只为日后"在人生成长历程中渐渐酝酿、发酵、成熟"（王财贵，1997），为其逐步感悟理解和提取，创造一种可能性。假以时日，就会融会贯通，成就自身。

（二）差异性原则

关注学生个体差异，确保每名学生学有所获。力求在诵读的过程中让不同层次的学生各有所得、各得其乐。古罗马教育家昆体良提出，儿童教育要节制自己的力量，俯就孩子们的能力量力而行，因为"紧口瓶子不能容纳一下子大量流进的液体"，承认个体间记忆能力、思维能力的差异性，尊重其身心发展规律，不强求小学生跟上统一的进度。皮亚杰证明"儿童发展的较慢速度也许有利于最后更大的发展"，即"后劲儿"。尊重"差异性"明了"等待"的意义，它意味着儿童"可塑性的延长"。（杜威，1916）

（三）自主性原则

注重学生主体地位的充分发挥，培养学生主体参与国学的意识。"儿童是有他特有的看法、想法和感情的，如果用我们的看法、想法和感情去代替他们的看法、想法和感情，那简直是最愚蠢的事情。"卢梭在《爱弥儿》一书的忠告是自主性原则的依据。允许小学生在规定阶段完成规定的内容外，诵读更多的经典，并给予相应的评价。不以成人对经典难易的看法来衡量课程的深浅，把重心放在教学的过程和经验的重视上。

（四）鼓励性原则

以鼓励为主，"只奖励，不强求"，以引导小学生亲近热爱经典为根本，提倡"进步就是优秀"。强调"儿童的世界观与成人是有差异的，教师要了解和诊断儿童现存的知识水平和结构，引起儿童内在学习的动机，以真正促进其认知发展。"[①] 教学重在创设一个人人都在诵读的情境，让儿童浸润其中。诵读进度的把握多从儿童的实际出发，建立发展性评价体系。

（五）全体性原则

在对象上要面向全体学生，让每一名儿童都享受经典教育的阳光；在

---

① 黄忠敬，李晓军. 当代国外课程设计模式述评 [J]. 广西师范大学学报，1998（2）：103－105.

教学方式上采取全员参与，共同切磋。子曰"独学而无友则孤陋寡闻矣"，全体学生共同参与的学习活动要比一个或几个儿童单独学习的效果要好。

（六）知行合一原则

读经典与良好品行的养成结合。使学生行为好转，心地向善，修养提高。儒家在修养论上十分强调"知行合一"，就是既要在认识上弄清道理，又要在行为上身体力行，而言行不一最为不齿。国学校本课程强调躬身实践，在潜移默化中把所学的知识内化为自己的思想和行为准则；同时尊重学生情感体验，重视学生生活经验的积累。

A 小学 L 老师自创的"《弟子规》生活力行表"，就是对"知行合一"教学原则的一个很好的诠释。她的力行表显示在 A 小学，儒家文化是拿来身体力行的，而不是为作研究而研究。儒学具有崇实黜虚的优良传统。孔子特别强调"躬行"，强调学以致用，《论语》第一句就是"学而时习之"，他要求自己的学生不但要读书，而且要置身于实践之中，把所学的东西与完善自身和改革现实紧密联系起来。陈寅恪也曾肯定中国文化的传统是"言道德，唯重实用，不究虚理"。

附：《弟子规》生活力行表（周表）

姓名：　　　　　　家长：

同学们：家人无时无刻都在关心着我们。想想我为家人做了多少？记得每天都要做哟！注：好（✓）一般（■）差（○）

一、起床之后，不让父母着急

□□□□□□□1. 闹钟一响，我马上起床。（朝起早，父母呼，应勿缓）

□□□□□□□2. 向长辈请早安。（晨则省，昏则定）

□□□□□□□3. 主动刷牙洗脸。（晨必盥，兼漱口，便溺回，辄净手）

□□□□□□□4. 自己穿好衣服。（冠必正，纽必结，袜与履，俱紧切）

□□□□□□□5. 穿衣整洁大方即可，不挑名牌与奇装异服。（衣贵洁，不贵华，上循分，下称家）

二、力行学文

□□□□□□□1. 出门前向家人告别。（出必告，返必面）

□□□□□□□2. 路上见长辈或老师主动问好。（路遇长，急趋揖，长无言，退恭立）

□□□□□□□3. 说话要诚实谨慎，不能说谎。（凡出言，信为先，话说多，不如少，惟其是，勿佞巧）

□□□□□□□□4. 保护好自己的人身安全，与同学不打闹，不到危险的
地方玩耍。（斗闹场，绝勿近，邪僻事绝勿问）

三、回到家，把快乐带给家人

□□□□□□□□1. 一回到家，会跟家人问好。（出必告，返必面）

□□□□□□□□2. 将衣服，鞋子摆好，不乱丢。（置冠服，有定位，勿乱
顿，致污秽）

□□□□□□□□3. 把书包放在固定位置，不乱丢。（置冠服，有定位，勿
乱顿，致污秽）

□□□□□□□□4. 随自己能力，帮忙做家务。（亲所好，力为具）

四、做功课，不增加家人负担

□□□□□□□□1. 不看电视，主动做功课，不用人催。（宽为限，紧用
功，功夫到，滞塞通）

□□□□□□□□2. 没有一边做，一边玩。（读书法，有三到，心眼口，信
皆要）

□□□□□□□□3. 书放正，人坐正，字写正。（墨磨偏，心不端，字不
敬，心先病）

□□□□□□□□4. 做完一件事，再做第二件事。（方读此，勿慕彼，此未
终，彼勿起）

□□□□□□□□5. 做完功课，收拾好书籍文具。（列典籍，有定位，读看
毕，还原处）

□□□□□□□□6. 整理自己的房间，使房间整洁卫生。（房室清，墙壁
净，几案洁，笔砚正）

五、爸爸妈妈下班回家后，让他们欢喜

□□□□□□□□1. 拿拖鞋、倒茶水。（冬则温，夏则清，亲所好，力为
具）

□□□□□□□□2. 拿联络册给父母看，分享在校发生的事。（闻誉恐，闻
过欣，惟德学，惟才艺，不如人当自励）

□□□□□□□□3. 父母打电话或处理事务时不打扰（人不闲，勿事搅，
人不安，勿话扰）

六、吃晚饭，全家和乐融

□□□□□□□□1. 帮忙拿碗筷、端菜。

□□□□□□□□2. 请长辈先用餐，自己再开动。（或饮食，或坐走，长者

先，幼者后）

□□□□□□□3. 不挑食、不多吃。　（对饮食，勿拣择，食适可，勿
过则）

□□□□□□□4. 夹菜给长辈。（亲所好，力为具，亲所恶，谨为去）

□□□□□□□5. 饭后帮忙整理。

　　七、玩游戏，兄弟和睦

□□□□□□□1. 做完功课再玩游戏。（但力行，不学文，任己见，昧
理真）

□□□□□□□2. 跟兄弟姐妹一起玩。（兄道友，弟道恭，兄弟睦，孝
在中）

□□□□□□□3. 不争吵。（财物轻，怨何生，言语忍，忿自泯）

□□□□□□□4. 玩别人的玩具要征得同意。（用人物，须明求，倘不
问，即为偷）

□□□□□□□5. 游戏后主动收拾。　（置冠服，有定位，勿乱顿，致
污秽）

　　八、睡觉前，让父母放心

□□□□□□□1. 睡前先将书包整理好，再上床。（虽有急，卷束齐，有
缺坏，就补之）

□□□□□□□2. 小学生九点以前要上床睡觉。

□□□□□□□3. 睡前向家人道晚安。（晨则省，昏则定）

二、小学国学校本课程的教学策略

　　"传统的教学是教师中心，而且是无视儿童个别差异的同步教学。在这种条件下不可能期待儿童能动的活动，也不能培育他们的能动性与创造性。"① 传统的国学教学以知识传习为主，突出强调教师的作用，学生主体地位未能得以充分体现，在教学方法上存在较多的问题。因此，如何选择合适的、体现校本课程理念的教学方法是国学校本课程实施面临的重要问题。

　　"与校本课程开发的基本理念相一致，教学方式方法选用的一个基本

---

　　① 　佐藤正夫. 教学原理［M］. 钟启泉，译. 北京：教育科学出版社，2001.

原则就是学生为本，同时兼顾到教师的个人特征和内容本身的设计。"①
在校本课程开发理念指导下，A 小学国学校本课程提倡知识学习的过程
与情感态度的培养同步，倡导合作、探究与交流的教学方式，强调以学生
为主体的体验性学习和探究性学习。学生的（个人）兴趣和（现在）需求
是校本课程的出发点和生命力。

　　国学教学最可悲的模式是用死记硬背来束缚学生的天性。A 小学采
取的不是单一的读经诵经模式，取而代之的是生活化、儿童化的多种课程
形态。在国学校本课程的实施途径上强调多种方式的结合和综合运用，特
别注重儿童多样化的学习方式，遵循教育基本理论，充分考虑儿童的特
点，由浅入深、循序渐进地加以引导学习，探索 A 小国学校本课程推进的
过程，分析各阶段实施所采取的措施，可以看到其小学国学校本课程实施
体现出多种灵活的教学策略。

（一）吟咏诵读教学

　　"诵读为主，理解为辅"是吟咏诵读教学的依据。小学低中段重在背
诵，小学高段侧重读讲并背诵。具体安排如下：

　　第一学段（一、二年级）以诵读、记忆为主；第二学段（三、四年
级）在记忆的基础上，进行初步理解；第三学段（五、六年级）在记忆、
理解的基础上揣摩、感悟。吟咏诵读法是 A 小学国学经典教学的基本方
法。诵读时不仅"高声朗读，以昌其气"，还讲究"密咏恬吟，以玩其
味"。之后让学生熟读理解、在一定领悟的前提下，再次吟唱，心中复现
情景，从而进一步入诗境，更深切、更具创造性地领悟诗文内涵。余光中
先生说："老派的吟诵，随情转调，一咏三叹，无论是当众吟诵，对于体
味古文和诗词的意境，最具感性的功效。"国学经典诵读背诵式课型结构
重点突出课堂朗读训练，充分体现以读代讲，以读促悟，以读激情的教学
思路。

　　除教师讲解外，就如何调动学生背诵的积极性，A 小学教师探索出
如下方法：教师领读，学生跟读；一小组领读，其他小组跟读；"小老师"
带读，学生全体齐读；还可以师生对读，生生对读，男女生赛读；同桌拍
手读。A 小学教师还将背诵内容融于各种游戏活动中，比如学生边踢毽
子边念，边跳绳边念，边做室内操边念，教师 S 发明的"游戏巩固

---

① 徐玉珍. 学校本位的课程设计：原则与策略［J］. 上海教育科研，2002（6）.

法"——"《弟子规》皮筋舞"：《弟子规》的记忆多半是依靠反复的诵读，在诵读的同时孩子们感受到了韵律美、节奏美、思想美。皮筋舞是普通的户外活动，孩子们边跳边唱的不是普通的儿歌，而是《弟子规》里的内容。孩子们边学边玩，边玩边乐，边乐边背，牢牢地把《弟子规》内容记住了。这样既锻炼了身体，又与传统文化亲密接触，丰富了孩子们的课余生活。陶行知提倡的儿童六大解放：解放大脑、解放双手、解放眼睛、解放嘴巴、解放时间、解放空间，在孩子们跳《弟子规》皮筋舞的时候，可能是实现得较理想、较自然的时候。《弟子规》皮筋舞创造了无意学习的境界，它让孩子们尽情体验学习的快乐，在精心设计的游戏活动中，价值在渗透，知识在运用，能力在提高。在玩耍中，动态生成的教学促进儿童成长。

（二）情境化教学

马一浮先生强调国学"不是陈旧呆板的物事，是活泼泼的，不可目为骨董；此学不是勉强安排出来的道理，是自然流出的，不可同于机械。"[①]虽然强调背诵，但并不是排斥生动活泼的学习方式和方法，运用现代媒体可以使深奥难懂的国学字句变得生动形象，易于学生理解，同时也避免了严肃刻板的教学方式，在轻松愉悦的氛围中唤起儿童学习传统文化的兴趣。为此，A 小学教师利用各种手段创设情境，将声、像、文融为一体，使学生处于乐学的境界，使国学教学童趣化。例如，讲读《论语》。子曰："三人行，必有我师焉。择其善者而从之，其不善者而改之。"子曰："当仁不让于师。"伴随着悠长的古筝声，孩子们用稚嫩的声音齐声诵读；再如，在讲"三人行，必有我师焉"这两句话时，老师轻点鼠标，在投影仪上就出现了"两小儿辩日"的动画画面。随后，老师就用这个故事来讲一个道理：连孔子这样的大学问家都有回答不出的问题，可见，人人都有自己的不足，要注意学习别人的长处。下面是一个教学情境化示例[②]：每天午饭后，孩子们经常把外衣脱下来，随便扔到桌椅上，然后跑出去玩。于是教师设计了一个场景：喜羊羊家里乱七八糟，衣服、帽子、袜子乱扔一地，小朋友看到了都说："太乱了，我们要整理！"于是孩子们便动起手来，一会儿，教室里干净极了！孩子们自己诉说着劳动成果的同时把《弟

①　马镜泉. 马一浮学术文化随笔 [M]. 北京：中国青年出版社出版社，1999：95.

②　石晓妍. 利用《弟子规》进行有效的品行教育 [J]. 现代中小学教育，2010 (12).

子规》中"置冠服，有定位。勿乱顿，致污秽"的含义解释了出来。

（三）趣味化教学

小学国学教学无论是诵读课还是赏析课，都必须重视激发起学生兴趣，即研究如何"把真实的东西转变成他自己想要的东西，从而使他的自我得到满足"①，因为小学国学教学内容大多是一些古诗文，与小学生的生活有着一定的距离。所以要注意从儿童的实际出发，做到文道结合。把知识教育与思想品德教育密切结合起来，以儿童的兴趣为基点，从具体的事物讲起，将经典具体化、故事化、口语化，挖掘其后面的故事，避免教条化的说教。因为面对小学生，"教育者在任何情况下都必须把儿童当成是儿童而不是成人看待"②，通过具体的故事使学生能够深切感受到经典离他们并不遥远，从而激发出他们对于学习国学的兴趣，提升课堂教学的实效性③。具体包括讲故事、猜谜、游戏、课本剧、戏剧表演等多种方式调动学生的兴趣。

如 A 小学每周国学经典课上，教师课前讲一个"小故事大启示"来暖暖身，这往往是学生最喜欢和期待的，内容尽量以经书和诗中人物轶事为主，以便透过故事了解所读人物的点点滴滴，增加熟悉感。再如，创编人体造型辅助法：就是将国学内容用身体的姿势和动作加以表现。方式是请同学上台根据他所理解的国学内容以相应的姿势和动作加以表现。既加深了对国学的理解，也给学生以表演的机会；趣味合唱法：国学教师将一些诗词歌赋改编成童话式的、具有各自不同角色的合唱，再将角色分配给不同的学生，组织学生以表演音乐的形式来体验国学。

（四）生活化教学

国学校本课程实施中（教的过程中）不仅仅是简单的吟诵，在教学方法上同样是积淀。教师要思考如何让国学与儿童生活相联系，走进家庭（石晓妍儿子面对爸爸不对的做法，随口说出《弟子规》中的语句规劝大人的做法等），让教育回归生活世界。

---

① ［瑞士］皮亚杰. 儿童的心里发展［M］. 傅统先，译. 济南：山东教育出版社，1982：43.

② 戚万学. 活动教学认识论［M］. 天津：南开大学出版社，1994：142.

③ 王浩. 小学国学校本课程课堂教学实效性初探［J］. 现代中小学教育，2010（12）.

"教育的过程就是生活的过程，而不是将来生活的预备"①，因为在孩提时代，传统总是潜移默化地渗透到年轻一代身上，然后年轻一代总是通过和历史、将来和伟大人类的塑造的内在联系意识到传统。② 潜移默化，自然形成，也是中国古代教育中一条重要的原则和方法。"潜移暗化，自然似之。"颜之推认为儿童的道德行为和习惯，多半是在周围环境和他人的影响下自然形成的。③ 所以生活化教学是指国学课的教学要贴近学生的生活，让学生联系生活实际谈感受，加深对课文的理解，从中受到潜移默化的教育。联系是为了提高教学的时效性，让学生学以致用，汲取古人的智慧，指导自己的学习、生活，教学中教师设计让学生联系生活实际谈感受的环节，把学国学与学做人联系起来，联系学生的生活实际理解国学，拉近了古今文化的距离，使遥不可及的古代文化走入了学生的生活。

国学教育的生活化，使学生把中国传统文化中优秀的思想内化为一种品质，外化为良好的行为，使他们"我欲仁，斯仁至矣"。如 A 小学 WQ 老师、石晓妍老师发现，每节下课学生走出教室的时候，孩子们身体都会无意地碰到过道里的课桌，造成班级里的课桌七扭八歪。于是她们在讲到《弟子规》中"宽转弯，勿触棱"这一句时，让孩子们站排到前面演示，怎样做才是"宽转弯，勿触棱"。通过孩子们亲身演示，以后每节课上下课都井然有序。这是课程实施以儿童的社会生活为基石，内容生活化教学的一个案例。

A 小学教师在课堂上探索、总结了多种方法，如意境渲染、多媒体教学、动作演示、恰当提问、设身体验、感情朗读等，对增强学生对语言文字的感受力大有帮助，学生通过反复诵读、体味，加深了对文本内涵意境的理解。A 小学上述这些独具特点的国学校本课程教学法，明显突出了师生互动的理念，通过激励学生的参与，使学生在国学经典学习过程中，无论是诵读还是感悟赏析都能感受到真切感、亲近感以及自豪感，从而激发起学生对传统文化经典的强烈的兴趣和参与热情，因此获得了良好的教学效果。这些独特的教学方法和策略也成为 A 小国学校本课程实施

---

① ［美］约翰·杜威. 杜威教育论著选 ［M］. 王承绪，译. 上海：华东师范大学出版社，1981：159.

② ［德］卡尔·雅斯贝尔斯. 什么是教育 ［M］. 邹进，译. 北京：三联书店，1991：38.

③ 黄济. 教育哲学通论 ［M］. 太原：山西教育出版社，2001：94.

的一大特色。

　　教育是一项立人的活动。而"人不只是经由生物遗传，更重要的是通过历史的传承而成其为人。"① 这个"历史的传承"无疑就是文化的传承。"文化是一个民族真正的灵魂，民族文化又必然顽强地存在于课程之中。"② 中国传统文化的丰富性、深刻性和生动性，其"天人关系、人我关系、生死关系、苦乐关系及荣辱关系"（黄济，2001）等宝贵的人生哲学的价值观构成元素，如何通过国学校本课程开发，传承、渗透、内化给学生，使作为我们华夏民族精神源头的文本经典，终于成为中华儿女的文化识别符号，拓展了其生命的宽度，发掘其生命的深度并开启其人生的向度。在 A 小学国学校本课程组织与实施中，不难发现国学校本课程内容与教学方式都趋于相融共生，兼容并蓄。

第五节　小学国学校本课程评价：学生发展性评价的实践探索③

　　校本课程是由学校针对学生的兴趣和需要，结合学校的传统和优势，充分利用学校和社区的课程资源，自主开发和实施的课程。它着眼于发展学生的兴趣、需要和特长，关注学生的个性发展，充分体现师生的自主性、能动性和创造性，具有鲜明的学校特色。A 小学秉承"为学生的终身发展奠定基础"的宗旨，以传统文化教育为有效载体，努力构建书香校园、人文校园作为学校的办学思想，选择了"与经典为伴，以圣贤为友"的中华传统文化经典诵读，作为学校的校本课程暨特色教育活动，开始了国学启蒙教育的有益尝试。A 小学国学启蒙教育历经了起步阶段（2002年 9 月—2004 年 9 月），探索阶段（2004 年 9 月—2006 年末）和发展阶段（2007 年至今）。随着国学校本课程的推进，我们把目光投注到了教育评价，特别是学生评价问题上，寻求与新课程相一致的较为合理的评价方

---

　　① ［德］卡尔·雅斯贝尔斯. 什么是教育［M］. 邹进，译. 北京：三联书店，1991：56.
　　② 张楚廷. 课程与教学哲学［M］. 北京：人民教育出版社，2006：393.
　　③ 王群，田立君. 学生发展性评价的实践探索：以"国学经典诵读"课程评价为例［J］.
　　　　现代中小学教育，2010（12）：60—63.

式。学生发展性评价是校本课程实施过程中的一个重要环节，它对学生的学习与发展起到信息反馈和激发动机的作用。恰当的、有效的评价是促进学生主动学习、健康发展的动力，又是教师关注学生个性发展、重视学生能力培养的表现，还是校本课程开发不断完善、修订，成为下一轮校本课程开发的依据。学生的发展性评价，是指依据一定的教育发展目标和发展价值观，评价者与学生配合，制订双方认可的发展目标，由评价者与学生共同承担实现发展目标的职责，运用多种评价技术和方法，对学生的学习过程、实践能力、创造能力和素质发展进行价值判断，使学生在评价活动中，不断认识自我，发展自我，完善自我，逐步实现不同层次的发展目标、优化自我素质结构，自觉地发自内心地改进缺点，发扬优点，不断实现发展目标的过程。"学生发展性评价"是 U-A-S 东师团队和 A 小学在国学校本课程开发过程的行动研究中，不断探索形成的一套较为完备的课程评价体系。

一、学生发展性评价在国学校本课程实施过程中的功能

（一）具有导向作用

校本课程的评价要从指导思想、课程意识、课程能力、师生参与程度、师生创造性的发挥、学校特色等方面进行全面的评价，要着眼于学生的个性发展和能力提高。学生发展性评价既要关注学科认知领域的发展，也要关注学生在学习活动中的情感体验，要真正把学生看成正在成长的"人"，这样才能宽容他们的各种"错误"，并帮助他们"由失败走向成功"。在"国学经典诵读"校本课程实施过程中，对学生学习的评价要关注活动中表现出来的情感态度，尊重学生在"国学经典诵读"活动中的感悟、体验，充分肯定他们由失败到成功的那些环节；要关注学生的即时表现，更要关注学生在学习活动中表现出来的可持续发展的潜能，了解学生发展中的需要，帮助学生认识自我，建立自信，促进学生在原有水平上的发展。学生的国学学习是在经历情感、态度的冲突和内心张力的增强与释放过程中，形成自己的判断和思考。

（二）促进了国学校本课程实施中学生综合素质的提高

学生发展性评价内容的综合化，促进了国学校本课程实施中学生综合素质的发展，使之更适应人才发展多样化的要求。

1. 国学经典诵读促进了小学生的身心健康和人格优化

国学经典是古代圣贤思想、智慧的结晶，是我们民族文化的瑰宝。教育专家认为，"道德"、"情操"、"品性"、"气质"等人文素养，很难教成，靠的是"陶冶"、"熏习"、"耳濡目染"、"潜移默化"培养出来的。因此，国学经典诵读，让学生熟诵于口，濡染于心，能改变德育以说教为主的方式。如"己欲立而立人，己欲达而达人"的仁道；"和为贵"、"和而不同"的共生共处之道；"自强不息"、"厚德载物"的个人与社会健康互动之道等等。这些经典的熏陶可以帮助学生明白做人的道理、准则和方法，从中得到做人的乐趣，不断提升精神境界，有利于学生的身心健康和人格优化。

2. 国学经典诵读发展了学生记忆力

人类有两大学习能力：记忆力和理解力。理解力和记忆力在人生成长过程中的发展曲线是不同的。一个人的记忆力发展是自 0 岁开始的，6—13 岁则为一生中发展的黄金时期，至 13 岁则为一生中发展的高峰。我们开展的国学经典诵读活动，是根据儿童的记忆特点来安排的。反复诵读，是儿童的自然喜好。指导孩子背诵大量经典诗文的家长都有这样的体会，孩子对经典诗文的背诵一旦突破一两百篇（首），接下来的背诵就变得非常容易。这是因为在背诵的过程中，孩子的记忆力得到了很好的开发和锻炼。

3. 国学经典诵读提高了学生的语文素养

小学生诵读国学经典是积累语言的重要渠道，少年儿童正处于储备语言的最佳时期，多读、多背诵一些经典，不仅有利于培养小学生的记忆力，更有利于小学生积累知识，丰富语言，提高语文素养。例如：学生诵读的《三字经》、《百家姓》、《千字文》蕴涵着丰富的历史知识和各种题材广泛的典故。读了《增广贤文》会说话；读《幼学琼林》就是在读中国古代的百科全书；《笠翁对韵》为声律启蒙读物，它既能给学生一种写作格式的对韵，又传送了历史、地理以及古典文学知识；《论语》、《庄子》是我们民族思想的源头构成；唐诗所表达的人的思想情感的丰富性、复杂性、广阔性是前所未有的……优美文化经典，这些范文烙印脑中，自然就提高语文素养。

（三）及时发现问题并提供矫正处方

通过发展性评价，我们可以发现国学校本课程实施过程中存在的简单问题与困难，并通过对问题和困难的分析，寻找产生问题和困难的原因，制订解决问题、克服困难的措施。国学校本课程的实施是一个动态生成的过程，实施评价最重要的是评价要反馈，而且反馈一定伴随有各项改正措施和程序，以便教师和学生为今后的国学校本课程实施作好充分准备。

二、学生发展性评价在国学校本课程实施中的探索

（一）评价标准分层化

心理学家加德纳的多元智能理论告诉我们，每名学生都有可持续发展的潜力，只是表现的领域不同而已。如果我们以一刀切的标准去衡量所有的学生，则会使后进生难以接受，逐渐丧失学习兴趣及自尊心、自信心。因此，我们的评价在承认个体差异的基础上应依据学生的不同个性，因材施教，因性施教，充分尊重学生的个体发展要求，正确地判断每名学生的不同特点及其发展潜力。实施分层评价，在每名学生已有基础上确定不同的"最近发展区"目标，让每名学生"跳一跳"都能摘到果子。学校2010 年 4 月推行的"国学经典诵读活动"考级评价方案（试行稿），制订了相应的国学教育的评价标准及国学经典诵读考级制度。

1. 考核内容分段

根据学生的年龄和认知水平，把考核内容分为六个学段。各学段均以规定的内容为主要考级依据。每一学段分别设立三个基础等级（小秀才、小举人、小进士）以及三个飞跃等级（小探花、小榜眼、小状元）。

2. 晋级考核分级

晋级考核也将分为"班试"与"校试"两个级别。"班试"考核小组由班级自行选拔产生，同班主任共同监督完成考级工作，也可选举家长协助进行考级工作。经考核合格后颁发等级证书或奖章、奖品等。"校试"由学校组织进行，每学期进行一次。以年组为单位进行，各班只有达到小进士级的学生方可参加。校试考核小组由学校领导、国学教研室教师及学生家长代表组成。

3. 学校还将设立集体等级

学校还将设立"国学学士班"、"国学硕士班"、"国学博士班"的集体等级。考核依据各班级学生晋级情况统计量化标准评定。

4. 将一至六年级分为两个等级

每个等级在诵读内容上分为必背篇目及选背篇目两部分。如果各学段学生能连续四个学期获得"诵读小状元"称号，就可以在后两个学期获得"小先生"或"小考官"资格。在教师的指导下，实现差异诵读、弹性诵读，使每名学生都能够读有所得。

（二）评价主体多元化

评价主体从单向转为多向，增强评价主体间的互动，强调被评价者成为评价主体中的一员，建立学生、教师、家长、管理者、社区和专家等共同参与、交互作用的评价制度，以多渠道的反馈信息促进被评价者的发展。

1. 轻横向评价，重纵向评价

由于每名学生知识基础不同，接受能力不同，理解、感受、领悟能力也不同，因此应该在评价中强调重视纵向评价。我们为每名学生建立了"A 小国学经典诵读晋级评价手册"，进行自我评价；记录总结每 qk 学生在阶段时间内的进步，加强自身的纵向比较，督促学生多诵读，多涉猎。

2. 建立多元化的评价体系

"A 小国学经典诵读晋级评价手册"评价的主体分别由"自评、互评、教师、家长"四部分组成。全面互动的评价，有助于达到自我教育、主动发展、共同成长的目的。

自评：学生的自评一般以描述性为主，用简短的话语写出自己的进步与不足。例如学习国学经典的心得和总结等，以此来提高学生的自我反思能力。学生的自评以国学经典教材单元为单位，采用五星制记录自己的进步和成长，放入学习成长袋。在此过程中，学校特别强调评价的形成性，使学生清晰地看到自己的变化，在取得成绩的喜悦中重新发现自己。

互评：学生之间相互评价也是一种非常重要的评价方式，它可以让学生及时、客观地了解自己在学习国学经典过程中的长处与短处，优势与劣势，明确学习目标和努力的方向。互评可渗透于每节课中，也可分阶段进行，学生在小组内以公正、公开、公平的原则互相评价，成绩由组长记录，最后再交给教师并放入学生的成长袋。

教师评价：评价是为了促进学生更好地发展。在学生的心目中，老师的评价具有权威性，对于学生来说，他在学习上的每一点进步，一旦得到老师的鼓励、肯定评价之后，内驱力往往成倍地激增。因此，在教育教学中，我们要面向学生个体，有针对性地从学生学习科学的情感、动机、态度、自信心、思维方法、创新意识和能力发展等方面进行适时、正面、积极的评价。教师通过即时评价对孩子进行国学经典诵读的反馈。

家长评价：家庭教育对学生的影响是巨大的，家长的评价标准和评价观念对孩子的发展有着不可替代的作用。由家长评价学生的国学学习兴趣和日常生活表现，促进了学校国学教育的发展，为此要首先解决家长的思想问题。学校几次邀请孔子学会的知名教授来校为家长宣讲诵读经典的意义和价值，解答家长的疑问。我们还根据家长的文化程度，采用相应的教育案例，利用家长会、座谈会等形式，对家长进行培训，解决了家长认识上的误区。其次，引导家长走进国学。我们要求家长和孩子进行亲子诵读，在诵读中加深对国学的理解；学校的特色教育活动、诵读展示会、每年的传统文化节，我们都邀请家长参加，让家长亲身感受孩子的成长与进步。学校成立了"A 小家长志愿者联盟"，每学年都要进行问卷调查、召开座谈会、讲师团，与家长共同分享孩子成长的喜悦，分析存在的问题，寻求解决的措施。多次的交流与沟通，使得很多家长乐于走进 A 小的国学教育，并为之出谋划策，很好地促进了我校国学教育向更深层次发展。

（三）评价方式体现综合性、趣味性

将量化评价方法与质性评价方法相结合，适应综合评价的需要，丰富评价与晋级的方法，追求评价的科学性、实效性和可操作性。

1. 考核方式制度化

建立"四查"制度：一是定期检查教师校本课备课情况；二是每周必查校本课上课情况；三是每月末抽查学生诵读计划执行情况；四是每学期末检查班级诵读计划完成情况。学校将检查情况定期公示或在教师大会上总结，主要以表扬鼓励为主。

2. 成果衡量等级化

为全校学生建立"A 小国学经典诵读晋级评价手册"，全景记录每名学生的晋级成长历程。手册设立学生风采（学生基本情况）、星光历程（各年度晋级情况）、学生自我评价、班级考核小组评价、教师评价、家长评价等。

3. 激励形式多样化

各班设立晋级展示榜、诵读之星等各具特色的栏目。"晋级榜"是教师们为调动学生诵读的积极性而设计的。学生诵读的内容、诵读数量的多少，一目了然。对在诵读活动中表现突出的班级，学校的大型活动如参加孔子文化周的展示、电视台记者的采访、录像、学校的宣传片、展板、特色展示会以及传统文化节等都多给机会，参加活动的学生心情会很愉快也会很自豪，更增添了学生诵读经典的热情。

4. 言行一致化

我们开展国学教育的根本目的是教会学生做人，养成良好的行为习惯，因此我们更注重学生的行为变化。我们把诵读与学生的一日常规结合起来，学校周周评选"红旗班级"，月月评选"行为规范班"。

5. 机会多多趣味化

学生周周都有晋级机会，晋级周期由学生自我掌控。诵读奖励可采用不同的方式，可在班内采用比赛（小组比赛、男女生比赛）、接龙、师生对接、游戏、演唱、小品等多种方式开展奖励活动。

第六章

润物无求，花开有声：
A小学国学校本课程实施的效果

A 小学国学校本课程实施的成果，在教师、学生、家长身上都得到了体现。虽然在课程整个开发历程中，一路上是"沟沟坎坎"，遇到数不清的麻烦，但正是在直面问题和尝试解决的过程中，学校发生了真实意义的改善。U-A-S 团队在"介入式"行动研究后期，在与校长、教师、学生及家长的接触中，在观察与访谈时，他们所吐露的心声，足以反映学校改进的真实成效。

教师专业发展有诸多说法和定义，但笔者认为最核心的只有两条：一是构建真正课程实施的美好心灵——职业道德和个人特质，这是源；二是教师从教的杰出才能——知识结构与教学能力。教育不是时下一些人眼中的"另一种商业"，它"神圣"在哪儿？就在第一条，它是和建立人美好的心灵相联系的事业，是培养有感情的人、"和谐发展的人"①。

A 小教师在国学校本课程开发过程中，不只增长了知识锻炼了能力，更重要的是坚定了从教的信念——要给学生一个洋溢着生命味道和温暖的课堂：从技术的掌握到情感的升华。

---

① 北京大学元培教育计划提出培养"和谐发展的人"。

第一节　教师的成长：国学校本课程
开发促进教师专业化发展

　　A小学在国学校本课程开发中，在指导学生学习传统文化的同时，亦实现着教师的自身发展。他们更新了教育观念，实践着角色的转变，推进了新课程实践，推动各科教学改革，学校在发生静悄悄的变化。2009年至今，A小学教师撰写论文100多篇，其中10多篇在国家级论文评比中获奖，30余篇在省级、市级、区级、校级论文评比中获奖，10余篇在《现代中小学教育》发表；指导学生参加各级各类作文竞赛，共获得优秀指导老师奖40多个；承担各级各类竞赛课、公开课、研讨课、示范课、开放课、展示课等100多节，获得市级以上奖励的有十多节，其中经典课题研讨课60多节。辽宁卫视、鞍山电视台以及辽宁日报、鞍山日报、鞍山晚报、经典教育报等媒体相继作了专题报道。

　　"德以经为源，教以人为本"国学经典中蕴含的传统美德的精华，"润物细无声"的润泽心田的教化力度在校本课程开发中显现出来。校本课程开发的过程就是教师心灵成长的过程，充满暖流的回忆和细节不时触动教师的心弦，它才是一部学校课程的大书。

　　国学校本课程开发促进A小教师专业化发展，具体表现在德、才、识、能四个方面。

一、德——职业道德与精神世界的提升

　　"德"是教师的立命之根，它存在于追求人格完美的过程中。教师的人格力量包含教师的正义感、公平、公正、正直、仁慈、富有同情心、富于牺牲精神、学识渊博、善解人意等等品格，而这些品格正是学生们最期待的。在国学校本课程开发中，营造和形成了真诚、合作、豁达、大气的"童心未泯，不世故"的教师文化。

　　（一）"心存里仁为美，行求上善若水"

　　索罗门教授认为："在个体人格的发展方面，教师的影响仅次于父母。"教师的人格之光，对学生心灵的烛照深刻又久远，甚至可能影响学生的一

生。陶行知说过："真教育是心心相印的活动"。"培养有感情的人，自己首先得有真情！"（D 校长）伟大的师爱对学生的影响是终生的。[①]

1. "一样的鞠躬，不一样的感觉！"：民主的师生观——尊重、平等

案例：LY 老师的鞠躬礼

偶然的机会，我参与了韩语培训班，也因此接触了一些韩国老师和朋友。有趣的是，每次下课之前，老师总要用韩语对我们这些学生说一句：辛苦啦！并且深深的鞠躬。我们也鞠躬回礼道：辛苦啦！我特别喜欢这种平等的方式，也许在这种方式中，我们更加体会到了师生的平等关系，也体会到了师生的互相理解与尊重。于是，我告诉自己，当学生行礼时，一定也要还一个礼给孩子们！因此，那些日子，我每次见到孩子们行礼时，我都不由自主的回个礼给孩子们，我希望孩子可以看到他们尊师的一种回馈，看到他们受到肯定时的那种微笑，当我们用一个很小的肢体动作对他们的行礼有所表示时，我们会很清楚地看到孩子脸上会心的笑容。那种笑容，会让每一个教育工作者为之幸福、欣慰的！施比受更有福，也许，当我们放下自己"高高在上"的架子时，教育来得更加实际有效。

（访谈 LY 老师，2010－05－28）

2. "带鱼怎么吃？"：身教胜于言教

在 A 小餐厅吃饭时偶然知道一个细节：A 小食堂买菜、肉一律挑市场上最好的；每次炸带鱼时，两头留给老师员工，中间部分留给学生吃。这是那句古语的写照"己所不欲，勿施于人"。（田野日记 2010－07－01）

3. "一样也不能少！"：仁爱与体贴

案例：A 小的 2 名孤儿

D 校长向我很动情地讲到 A 小的两个孤儿的故事，我当即也为她们捐款 600 元。关于两个孩子在 A 小生活有很多感人的细节，仅选一件。

A 小的两个孤儿（Z 姐弟）在 A 小的待遇：用 D 校长的话说"运动会和别的活动上，别的孩子有什么样的小食品和物品，我们 Z 也得有，一样不能少！"

D 校长让 Z 小朋友领我去五楼听课，当 D 校长把她的小手递给我时，眼神里满是母爱的慈光，这是装不出来的！在那一刻，D 校长特别美！是真漂亮！我当时还不知道 D 校长让给我当向导的女孩是这样的身份，在

---

① 田立君. 天下桃李，悉在公门：加强师德建设之我见 [J]. 教书育人，2007（07）.

从一楼上五楼的楼梯上，还对小姑娘做了个随机访谈：

研究者：你喜欢国学课吗？

Z：喜欢。

研究者：喜欢背古诗吗？

Z：喜欢。

研究者：课本上的古诗文，你更喜欢哪些内容的？

Z：都挺喜欢的。

研究者：老师上课的方式，喜欢吗？

Z：喜欢。尤其特别喜欢老师讲课时用小孩儿的方式。

研究者：（此处追问）"用小孩儿的方式"是什么意思呢？

Z：就是她讲时用小孩的语气，还领我们做游戏，活动中教我们的样子，可好玩了！

还想继续追问，可是到了。这才发现，我们俩都已气喘吁吁的。也够残忍了，我！

（田野日记 2010—06—25）

4."校长，你太好了！我们爱死你啦！"：善解人意，富有童心

9：20 分 D 校长请我去看 A 小毕业班"告别母校第三届篮球赛"（这里另有故事）。她说："今天早上一上班，六年（1）班的几个男孩子就已经在我办公室门前守候了，问我：'校长，虽然昨晚下大雨了，咱们是不是还继续比赛！就是一会儿还下雨，我们也想继续比赛！'"这时，D 校长说："比！"男孩子欢呼："校长，你太好了！我们爱死你了！"D 校长笑逐颜开地对我说："你说爱就爱呗，还得爱死！这些孩子啊！"董的神态和她可爱的娃娃脸让我感到了什么是教育爱！董告诉我，因为担心下雨取消篮球赛，好多男生一宿没睡好。在赛场上，六年（2）班有个男孩病了两天没来上学，今早来了，他是主力，怕班级丢分。他对老师说："一打球，我就没病了。"结果因吃不进早饭，在赛场上他来回奔跑而虚脱了。这些可爱的孩子们！我也想说："田老师也爱死你们啦！"

（田野日记 2010—06—28）

真的，一所学校如果不能让身处其中的每一名学生都能感受到一种温暖和眷恋，而是整天就知道让他们在教科书和题山卷海中跋涉，抹杀个

性，遏制创造力，这样的教育是没有希望的。①

5. "西瓜不吃完明天就坏了！"：仁爱之光无处不照

快下班时，我邀请 WQ 老师和我一起去喝点啤酒。她欣然同意并顺手端起托盘里的西瓜，对我说："西瓜不吃完明天就坏了！我给收发室的大爷送去，你等我一下。"她边说便往外走，极其自然的话语和动作！我的眼睛一热！这就是 A 小！关爱、体恤，传统文化的精神已渗透、弥散在每个一角落。我看到门卫大爷也是一脸的慈爱，走出大门时他还在向我们挥手呢！

（田野日记 2010—06—24）

这就是 A 小！身处其中，无论是谁，都能感受到它的丝丝温暖！古典文化的仁爱之光照亮校园的每一个角落。

（二）精神世界的提升：敬业乐群

1. "我发现你们学校的老师干活怎么不知道藏奸呢？"：合作与成全

"美美与共"：教师共同体的建立，协作意识和能力的提高。成立国学课程发展工作室，协调校内同事，以减少行政或管理上的问题。互助成长；组织核心小组，已她们为主轴，辐射全校。

每次的艺术节落幕以后，总有人问我：你们学校为什么可以做到这些？我给大家讲一个发生在道具组的故事。从外校请来的帮我们做道具的韩老师有一天对张瑾说："我发现你们学校的老师干活怎么不知道藏奸呢？我们院里领导在都干活，领导一走都溜边。你看这几位老师一上午头都不抬就是干。"后来他才知道那中间有位是我们新来的 J 书记。她说："我看别的我也插不上手，干这点活我还行。"这就是我校全体教师的写照，这就是 A 小人的精神。

（摘自 WQ 老师《A 小第六届传统文化节总结》）

2. "我们的生活却是简单而有格调！"：享受职业的幸福感

当有人感叹：生活越来越优越，但是人与人之间的人情味却越来越淡，医学越来越发达，健康却每况愈下，花钱越来越多，笑容越来越少时，我们的生活却是简单而有格调。工作中，我们可以为了一个方案而争论不休，也可以为了共同的目标通力合作，更可以为了某个奖项或是荣誉相互谦让。……总之，我们觉得付出是一种快乐；分享也是一种快乐；简

① 田立君. 天下桃李，悉在公门：加强师德建设之我见 [J]. 教书育人，2007（7）.

单更是一种快乐。跟位高权重、事业有成的人相比，可能我们没有那么成功；跟拥有汽车别墅的人相比，我们也没那么富有。可是为什么我们的幸福感却是那样的强烈。可能连我们自己都没有意识到，这就是"国学"带给我们的变化吧！"人人都希望过上幸福快乐的生活，而幸福快乐只是一种感觉，与贫富无关，同内心相连。"

（《十年，我们同行》征文作者WQ）

3. "因为热爱，所以喜欢！"：那些难忘的经典

"刚开始的时候A小领导和的师生们对国学也是慢慢的摸索，我记得为此找了很多的能人来取经，然后在实践中逐渐的找到了适合A小的国学步伐，每当看到低年级的孩子们天真懵懂又认真执着看着书，每次听他们嫩嫩的大声朗诵《三字经》、《百家姓》、《增广贤文》、《笠翁对韵》，高年级的学生们流畅的朗诵《天问》、《春江花月夜》、《离骚》等国文名篇的时候，我就觉得这才是真正的传承，才是中国教育的正根啊！

到现在，十年沉淀出的A小已经成长为一个成熟的国学教育基地，你从第一步踏入校门就会有一种感觉温柔地侵入你的思想中，当你看到学校正厅中那些孩子们穿着红袄扎着小冲天辫，擦着小红脸蛋，拍着小手，在集体高声朗诵的时候，就会瞬间理解旁边的标题——因为热爱，所以喜欢！要是有人问我，对A小有什么感情的话，我可以毫不犹豫地告诉他，是敬佩，由衷的敬佩！有这块土壤，有这样的园丁，有这些阳光下茁壮的种子，我们的教育才会提升，中国的精髓才会被理解掌握，后继有人！十年里有多少孩子的心被净化过，那些难忘的经典会深深的埋在他们的记忆深处，长大后慢慢品味，慢慢理解，慢慢依靠它们找到自己的人生。

（《十年，我们同行》征文作者CWL）

A小国学校本课程开发所走过的道路，让我们思考什么是真正的素质教育。对素质教育的提出和相关理论的探讨说法很多，但我以为真正能触及一个人灵魂深处的教育才是素质教育。那就是充满了人性光辉的教育，即爱的教育，它包含理解、尊重、信任、宽容、质疑和挑战等；是最大限度地挖掘人的潜能的教育，它的含义不是人人都成了企业家学者的教育，而是能够帮助每个人找到适合于自己的生活的坐标和位置的教育，是让人人都不受冷落、都能感到自己重要的教育。一句话，真正的教育是对人灵魂的关怀，这就是素质教育。

二、才——知识结构与文化底蕴的生成

"才"是教学素养之源。知识结构的不断完善和文化底蕴的生成是 A 小学在国学校本课程开发过程中，教师专业发展的具体体现。

（一）在读经中实现自我完善的教育

在做"国学"时，思考教师的素质，是否所有的教师都可以引导学生开这个课，给学生以文化积淀。教师在诵读《老子》、《大学》的基础上自选篇目，师生共同抄写经典，并为经典配诗、配画，并收集经典中的名言警句。诵读活动的开展，将其传统文化的精髓也深深扎根于教师的心里，教师的诵读热情不断高涨，背诵篇目不断增多，对经典的理解也在日益深刻，慢慢地从一个"经盲"变成了读经的爱好者和指导者。

"刚开始的时候，我们都不知道该给学生讲什么，不瞒你说，不用说讲解，对文中的字都认不全，也不好意思问，要是没有拼音注释，真的都不敢读，都怕把学生给误导了。想想那时，真的是现学现卖，老祖宗留下的这些，咱那会儿也不比学生强多少。"

（访谈 2010－06－25 Y 教师）

教师诵读篇目：

• 九月：《老子》：1、2、4、7、8、9、11、16、17、18、20 章。

• 十月：《论语》：学而第一 ；《孟子》：得道多助、生于忧患、告子上 10。

• 十一月：《诗经》：子衿、关雎、蒹葭、伐檀、鹿鸣、采薇或宋词五首。

• 十二月：《中庸》1—10、《大学》。

（国学课程档案 2010－09－17）

（二）文化底蕴与教学实效的共生

1. 组织读书会，推荐营养书单。

2. 小组互助，对外分享。

三、识——个人特质与教师信念的坚守

在国学校本课程开发中，教师的心灵得到了净化，品格得到了升华。

他们更为真诚地对待别人，更为积极乐观地面对生活，教师们学会了用微笑解决困难。以淳朴含真的气质有别于流俗的追求，诠释着教师信念的内涵。

（一）"那是种素朴、干净的美！"

一位老师如果不能给以学生在人格、精神上的影响，就不可能是好老师。古人说，老师的作用是"传道、授业、解惑"，这个"道"在现代来说就是一种有别于流俗、能抵御各种诱惑的精神气质。[①]

当有人还在为如何扭转社会对教师行业的不满时，这里有一群教师正用"缓揭帘，勿有声。宽转弯，勿触棱。若衣服，若饮食，不如人，勿生戚"来教导着学生；用"静以修身，俭以养德，非淡泊无以明志，非宁静无以致远。"的名句来指导自身。我不知道在这个盲目、喧嚣的世界里我们对工作的那份执着算不算幸福；我们心灵的那份恬静算不算幸福。可我们看到的是因为我们的付出，学校变样了；学生爱学了，家长点头微笑了。

（《十年，我们同行》征文作者 WQ）

"纵浪大化中，不喜亦不惧。"（陶渊明·采菊）A 小的教师自有一种气质：干净、素朴、淡定内敛，洗尽铅华，返璞归真之美，诠释着"千教万教教人真知，千学万学学会做人"的价值。

（二）"它让我懂得教育的真谛！"

A 小国学校本课程开发历程中，教师情感（的体验）、态度（的养成）、价值观（的升华）都在发生潜移默化的改变。在此研究中，笔者一直在思考：能感召人灵魂的东西是什么，是什么感召了学生，把它挖掘出来。教师信念是文化最核心的部分，把 A 小一群人共性的、稳定的信念挖出来。他们人生经历中哪些因素影响了他们的教育信念，把这些呈现出来。例如从教师角度关注鞍山课题，研究教师心里历程；假设有些老师不具备一些知识，后来在开发课程之中的过程中他们发展了，如果通过笔者的课题研发过程帮助 A 老师提高了能力，这不就是价值吗？课题进展着，同时把每一步都记录下来。课题是显现的。关注教师教育问题是我内心最强烈的声音，把它写出来。

想起前天上午对 LY 老师访谈时，不知不觉中拽出许多和国学相关的

---

① 田立君. 天下桃李，悉在公门：加强师德建设之我见 [J]. 教书育人，2007（7）.

人和事，她说了一句："A 小传统文化的展开是'前赴后继'的结果。"我的心一动一热。"前赴后继"，我似乎找到了陈向明教授在《质的研究方法与社会科学研究》中阐述的关于什么是寻找"本土概念"。解读 A 小文化，解说 A 小国学启蒙教育，好像表面是在不停地追溯关于国学课程的由来过程，但实际上在追溯背后的一条河流——这一切的源头活水：A 小教师的教育信念，也许。这几天，我的内心一直很不平静。从最初的不想来，不敢来，到来时的迷茫，到这三天内发生的变化……真是不到田野里来，就永远不知道什么是真正的问题和研究。

（田野日记 2010—06—25）

（三）"静能生慧，乐在其中！"

学生的生命之花得以绚烂展开，他们健全的心智得以养成，关怀社会的品格得以塑造……所有这些无不首先取决于弥漫在校园里的一种风气，一种既无形又有形的精神氛围。这种氛围的辐射力量对学生精神生命的影响远远超出了课堂、作业和考试，而这氛围的营造者首先是教师。

当有人感叹我们的房子越来越大，家庭却越来越小，知识越来越多，判断能力却越来越弱，教师的压力越来越大，收入却越来越低时，A 小的我们正在积极地用行动告诉家长、社会，一个民族精神的空虚或许比物质的贫乏更可怕。从现在开始，从您的孩子开始接受"国学"的洗礼吧。在这个实用主义、现实效益盛行的时代，还有谁会为这五年、十年甚至更长时间才会看到收效的事情而浪费时间呢？在他们为名利、金钱追逐时，我们却在为国学的传承努力着！

（《十年，我们同行》征文　作者WQ）

可以说，一个好老师就是一个好课堂。好老师的作用是不可估量的。能在多大程度上培养出具有独立思考能力，开启学生的心智，激发学生求知、求真和创造的欲望，以及敢于担当的责任和永在提升的社会良知等方面，这些非好老师莫属。

"一个人的成长绝对要看他所在的环境，一个人的改变也要取决于影响他灵魂的那片土壤，我们每一个人从 A 小正式的接触这个世界是从我们的小学开始……而 A 小学就是一个让孩子们正确的认识这个世界的一片没有污染的开满鲜花的花园。心中有一种感，觉的 A 小就像一个隐士，在深山里筑一所小庐，在春花秋月的演幻中慢慢地读懂了禅机，然后把道译成最让世间明白的理告诉给向往世界的芸芸众生。我在 A 小有 10 年了，刚开始来的时候也就是感觉是一个很朴实的学校，静静的不甚张扬，学校的老师也和这个学校一样，善良朴实，教学风气严谨统一，可能这种气质正是弘扬传统文化的条件吧，中国的国学精髓也是儒雅、平和、中庸、严谨！其实这是缘，有这样的学校有这样的老师才会让国学选中 A 小，才会在这条艰辛的路途上一走就是十年……"

（《十年，我们同行》征文作者 CEL《因果十年》）

四、能——教学能力和研发素养的提高

教学能力是教学得以顺利展开的素养。研发意识是教学得以改善的前提。

（一）对课程变革理念的认同

在国学校本课程开发过程中，课程论帮助 A 小学完善国学的课程基础：从课程设计、课程组织到课程编制原则、课程实施（落实到教学层面）和课程评价。教师在 U-A-S 提供的技术支持下，为了解决课程设计与实施中的问题，不断反思、调整教学策略，逐渐能理性地面对课程变革。并以"由认识而适应，由适应二试探，由改善而成长"（李子健，2006）的历程来开展。事实上，无论是理念还是行为，这些改变都是教师在参与国学课程开发中逐步发生的。

（二）教师角色的转变

在国学校本课程开发过程中，A 小教师对自己以往的传统角色有了新的理解。他们从切身经历中认识到教师并非单单是课程的传声筒，同时更应是课程的设计者、执行者，以及教学上的引领者和咨询者。A 小教师在国学课程开发中，通过跨学科的主题设计，在学科教学中，尝试着渗透经典。

在语文课中，我不仅仅用经典作为教学环节的转换，而且还根据每个单元的主题有机渗透经典。如二年级语文《诚实》一单元中，我用《弟子规》中的"凡出言，信为先"来教育学生做人要诚实、讲信用。又如在"自立"单元中，我用《老子》中的"持而盈之，不知其之，揣有锐金，不可长深"等名句来引导学生。渐渐地，学生能够独立上学了，独立完成作业了……家长都夸孩子们自立能力强了。

（访谈 CY 老师 2010－06－24）

A 小教师自己设计课程，自己整合资源，从传统的课程忠实的传授者到教学以学生为中心，这一过程反映出教师由单一的传递角色向多元的对话角色的转变。

我们不断地总结研究诵读方式，发挥诵读实效。国学课程实施中（教学过程）我们引领学生不仅仅是简单的吟诵，在教学方法上同样是创新与积淀的尝试。在诵读课的教学中，我们采用了"只表扬、不批评"、"只鼓励、不强求"的教学原则，用"看谁读的准"、"读的大声"以及评选诵读小明星等方式，让学生在轻松的气氛中获得诵读的喜悦感和成就感。

（访谈 zj 老师 2010—06—27）

（三）教学策略调适：预设与生成的能力

A 小教师在逐步认同校本课程开发理念的基础上，在实践中体会到角色转变的必要性。对 U-A-S 提供的课程策略在实施的过程中逐步能灵活运用和调适，对课程整合的理解与认知度增强。教师在国学校本课程开发中善于捕捉教学动态中的资源，抓住时机，将教学事件中的附加价值捕捉下来，巧妙地转化成国学课程资源。使预设与生成有机结合，提高了教学实效。有这样一个"学生用经典吵架"的案例：

有一天，A 小学的两位孩子吵起来了：一个孩子下课后把自己的铅笔盒放在桌面上就出去玩了，他回来的时候看到另一个孩子拿着那个铅笔盒在玩，就说："你怎么不问我就玩铅笔盒？《弟子规》都说了'用人物，需明求。倘不问，即为偷。'"另一个孩子说"'美美与共'嘛，我看看都不行？"

这个案例如果仅仅用来说明该校的国学教育成果也是有趣的。教师听到后，扣住其中的冲突引领学生进一步思考：为什么我们吵架时都会不自觉地引经据典？一个不经意的教学事件就活化成了一项良好的国学课程资源。在教学动态中产生的课程资源具有"草根性"，反映了学生在当下的学习状态，是难得的教育契机，A 小教师具有的生成性的思维品质促使国学课程资源焕发出鲜活的生命色彩。

（四）研究意识与科研能力的形成：反思的实践者

1. "我思故我教"：反思

面对校本课程开发，教师在课程设计与实施中"要超越习以为常的假定，找到学生的真正需要和想法"（李子健，2006），明确地思考并确认哪些该做或不该做。减少盲目性，增强针对性。

1. 鼓励指导教师撰写文章，促进教师在叙事研究中提升实践智慧

表：A 小学教师发表论文一览表（2010—2011）

论文题目	作者姓名	刊物名称	发表时间
学生发展性评价的实践探索——以"国学经典诵读"课程评价为例	王群	现代中小学教育	2010 年第 12 期（总第 202 期）
融传统文化于小学美术教学的实践与思考	张瑾 解红宇	现代中小学教育	2010 年第 12 期（总第 202 期）
小学国学校本课程课堂教学实效性初探	王浩	现代中小学教育	2010 年第 12 期（总第 202 期）
利用《弟子规》进行有效的品行教育	石晓研	现代中小学教育	2010 年第 12 期（总第 202 期）
让体验在参与中得到升华	董双　李叶	现代中小学教育	2011 年第 7 期（总第 209 期）

2. 教材开发——出版国学校本教材，校本课程开发的具体产物

特写：传千年神韵，育华夏新人

——A 小教师 WH 和他的专著《国史通识》

WH，2003 年毕业于鞍山师范学院，同年就职于鞍山市 A 小学至今，现任国学科任教师。

一、钻研国学，实现自我

最初，国学学科对 WH 而言却是地地道道的三无学科：无教材、无教法、无教学经验，甚至连相关的课例都是少之又少。2006 年起，他多次代表学校对外展示国学课堂教学，还多次前往兄弟学校进行国学讲座，受到了与会专家、老师及学生赞誉。2007 年，学校开始国学校本教材的编撰，他和同事们共同承担了此项工作。他们一道查找资料、分析重点，在数年国学教学经验的基础上，经过数月不懈努力，终于编了 A 小学第一套国学校本教材并在教学中使用。2009 年，他又承担了国学校本教材的文本二次校对工作。在反馈收集过程中，家长和教师们反映学生历史知识非常匮乏，对很多国学内容无法理解，此时他有了为学生编写一本国史教材的念头。工作之余，便在业余时间开始了创作，经过不懈的努力，终于编写成了《国史通识》一书。全书以小学中高年级学生为对象，以长诗《国史新咏》为序，每句一典，囊括了华夏五千年来的传说、典故、历史大事，不仅能作为国学教材使用，还可以作为儿童的历史启蒙读本。

二、练实文笔，放飞希望

2007 年，WH 承担了组建校文学社的工作。创社伊始，他将文学社定名为"练实"，语出《庄子》："南方有鸟，其名曰鹓鶵，子知之乎？夫鹓鶵，发于南海而飞于北海，非梧桐不止，非练实不食，非醴泉不饮。"竹位列岁寒三友，是正直、谦逊的代表。以之为名寓意文学社社员在将来能够成长出正直、谦逊的品质和踏实厚重的底蕴。文学社每周两次固定活动：文学指导活动和文学创作活动，做到了周周有练笔、月月有主题。他利用课余时间指导社员们进行文学创作活动，为每一个社员制作了作品档案夹并制定了文学社活动细则。此外他还带领社员们采风，参与社会实践等活动。开拓了社员的视野。他还定期在校内组织社员诗展，受到学生和家长喜爱。2009 年 4 月，他成立了练实文学社编辑部，编印了社报《练实文萃》。在 2009 年 7 月举行的全国青少年冰心文学大赛上，六年级社员创作的诗歌《我想……》被评为小学组金奖。此外，其他社员还获得了一银、五铜的好成绩。他在日记中曾这样写道："花有花的艳丽，叶有叶的色彩，它们合在一起才是美丽的生命。教师最欣慰的，是能看到学生们有所感、有所知、有所得。"学社的一名社员曾经写过这样的诗句："坚持如同妈妈的手臂，让蹒跚的婴儿学会走路。"人生路漫漫、育苗途无边，相信在未来！

（二）教师生活的日常性与非日常性的省思：分享和讨论

A 小在国学校本课程开发过程中鼓励教师在日常实践中发现问题、思考问题、寻求问题的解决，进而有系统地不断从解难中成长又从解难中得到启示与完善修正。无论是有系统的反思或行动研究，对教师专业发展和提高教学效能都有帮助。（罗耀珍、李伟成，2004：148）许景辉、李伟成（2005：49）指出，教师只负责验证专家所发展的课程是不够的，只有教师积极参与学校教育研究，从实际教学中发现问题、提出问题、研究问题、解决问题才能真正使教师成为校本教研实践者，并对推行新课程有帮助。要达成这种理想，教师的研究不能只针对校本课程开发的技术手段，要从"技术的行动研究"走向反思的行动研究，教师在日常性与非日常性的省思中，完成从"教师即研究者"到"反思的实践者"的飞跃。A 小教师在国学校本课程开发的行动研究中，经历并体验到这一过程的"凤凰涅槃"。

（三）教师与专家对话：寻找解决问题路径

1.A小学教师由于长期工作在教学一线，因而他们熟知教室内的各项复杂活动。大学研究者一般以具有各种复杂的教育理论作为其身份独特性的标志。因此，小学教师和教育专家具有不同的专业特征。要想真正解决教师在教学实践中涌现出来的问题、促使中小学课堂教学焕发出生命的活力，必须要直面教师实践困惑、直面课堂教学中的各种真实问题。因此，我们认为只有用实践的逻辑才能解决实践的问题。基于回到事实本身的价值导向，教师和教育专家有了不同的角色定位。教师尽管没有丰富的教育理论知识，但其实践性知识非常丰富。"理论性知识通常呈外显状态，可以为教师和专业理论工作者所共享，是教师知识冰山露出水面的部分。而实践性知识通常呈内隐状态，基于教师的个人经验和个性特征，镶嵌在教师日常的教育教学情境和行动中，深藏在知识冰山的下部。"[①] 教师实践性知识具有独特的教育价值，"它虽然不如理论性知识显而易见，但在教师接受外界信息（包括理论性知识）时起过滤的作用，不仅对教师所遭遇的理论性知识进行筛选，并在教师解释和运用此类知识时起重要的引导作用；其次，它具有强大的价值导向和行为规范功能，指导甚至决定着教师的日常教育教学行为。"[②] 教师专业发展不是外在理念、知识、技能甚至信念、态度的给予，而是基于教师真实生命状态基础上促进教师内在知识、技能的发展、内在理想、信念的养成。这需要教育专家珍视教师实践性知识的价值，并能够采取有效措施帮助教师把内隐的经验逐渐显性化，转化为解决实践问题的可操作模式。

在与A小学合作期间，当教师阅读了有关书籍，仍然困惑不解、难以确定研究问题的时候，我们会及时深入到课堂教学一线，与有困惑的教师进行面对面的交流。通过对该教师课堂教学的长期全面观察，对该教师以及所教学生深入访谈基础上，会帮助该教师准确地找到研究问题，在此过程中培养教师做研究的意识、做研究的敏感性以及做研究的具体能力。[③]

---

① 陈向明. 实践性知识：教师专业发展的知识基础 [J]. 北京大学教育评论. 2003 (1).
② 陈向明. 实践性知识：教师专业发展的知识基础 [J]. 北京大学教育评论. 2003 (1).
③ 田立君，杨宏丽，陈旭远. 论教师专业发展中对话的教育意蕴 [J]. 课程·教材·教法. 2010 (4)：109

2. 案例：鸿雁往来——A 小教师来信（节选）

之一：

Tian 姐：你好！近来很忙吧。我们都很想你！在办公室时常提到那些在一起的日子。今天有事想跟你商榷，这学期刘萍被提升为主任主抓国学，所以我们一个活动接着一个活动，真的好忙，可是我们乐得其所。

现在我们正要进行下一项工作，可是出现了一些分歧，我想听一听你的意见。……第一，原来的只能称之为诵读读本不能是教材。第二，因为它的产生原因是上级的一项特色工作实物展示。第三，我们也在实施这些活动中不断的成长了，有一些自己的想法，想在这其中体现。第四，我们做了就想做一些有用的事情，不想重复做一些无用功。可是我们的想法和理念有可能成功，也有可能失败或是引来很多非议。叶子的态度很坚决，所以就僵在这里了。可我不想这样，你知道我在想是怎样能促成这件事，大家各得其所。

我的想法不成熟，所以跟你商量，要是你觉得可行我们会试着做下去，有了半成品在跟其他人沟通。要是你觉得这是出力不讨好的事，或是根本没结果的事我想也不用浪费时间了，你说呢？

我的想法如下：一是内容上：原来的基本内容不大动，只是在题材上和涵盖的面上再补充完整一些；再就是不是有必要所有篇目都是全文呈现，或是有选择的，要怎么取舍。二是形式上：我们其实主要想把这方面作为重点，就是经典已经被认可我们无需再有什么异议，可是作为现代人，或是说现代的教师和学生如何传授和接受这些经典。这是我们想做的。我们想让现代的人觉得经典其实就在生活中，并不是遥不可及、高深莫测。换句话说就是什么人看到我们的教材，都能看懂，或是按照上面的进度讲给自己的孩子或是学生。

最近 ZJ、S 给孩子买了一套韩国作者写的欧式算数教育课程《奇迹幼儿数学》，现在很多家长都风靡这套书。它就是将数学生活化，给了我很大的启发，所以我也想在这方面下工夫。我的思绪挺凌乱的不知道你理解没？等你回复。再联系。

（WQ 老师 2010－09－27）

之二：

Tian 姐：在整理这些资料时我又有了上次教材修订时我和叶子的想

法。你看我们现在做的已经成为一个体系，有了比较立体的框架，正好跟你要研究的不谋和，虽然目前还不能成行，可是我还是觉得这是我们的发展方向。我还是没有放弃想先做着看。另外我觉得对你的论文也有帮助，现将基本构思介绍如下：

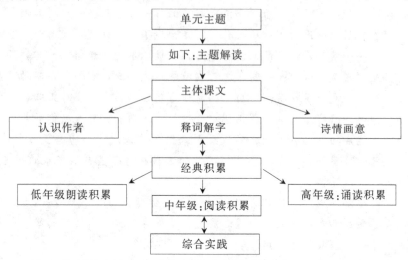

以前也有这样的提法，但他们都是与现行教材分割开，独立地选择主题，各行其道。我是想依托现行教材把各个学科整合提炼出比较统一的主题，但我不会牵强的把某个学科加进来，可以在调查以后以特点突出的某一或某几个学科为主开展教育教学活动。我知道会很艰难也许不会有结果可我想尝试一下。我不喜欢怨天尤人可不可以我想试一试，哪怕最后我自己推翻我的想法也无所谓，至少我做了。

（WQ 老师 2011—11—19）

曾有学者（Henry Jay Becker & Margaret M. Riel）研究发现，哪里有合作取向的教师，哪里有全校性的专业文化，教师就更有愿意报告他们目前所参与的和建构主义改革理念相一致的教学实践。而且，合作取向的教师更愿意报道他们所进行的建构主义教学实践的变革。而局限于个人教室取向的教师以及生活在具有更加传统的、乐于从事私人实践的教师则倾向于在自己的教室里直接教学，强调课程内容、知识传递和技能实践。研究表明，合作型的教师更有助于发展学生的合作行为。与非合作性的文化相比，合作性的文化支持共同的目的，关注长期的改进，支持共享问题、观点、材料和解决方法的专业网络。（谢煜，2006）

"仿佛梦魂归帝所，闻天语，殷勤问我归何处？" A 小教师以一腔真爱的信念，对祖国传统文化情有独钟的激情，投身于国学校本课程建设：以呵护人性、提升人格、造就人才、涵养大气为己任，将个体生命的长流和历史的沉淀凝成审美的永恒，正可谓"九万里风鹏正举，风休住，篷舟吹取三山去！"

第二节　学生的成长：国学校本课程开发促进学生全面发展

一、"学而时习之"：国学课程提高学生智力水平

（一）增加了识字量，初识中国文字的魅力

A 小提出了"识字开智，读经成才"的八字教育方针和"经典的教材，开放的形式，赏识的心态，严格的要求"四项教学原则。在这里，小学一、二年开始读经的同学，两年内识完三年的生字量（1500 个常用汉字），较一般儿童识字量多出三十至五十个百分点，顺利进入阅读。再用三年时间，背诵《大学》《论语》、《孟子》《老子》等经典名篇，共计五万字左右。从而打下一生做人做学问的基础。这期间，正常课程照常进行，只是在时间和方法上做了合理的安排，去掉许多无用功，教学变得更为简捷和高效。

"一年级刚刚上学就开始诵读《弟子规》、《笠翁对韵》等蒙学篇目时，学生不认识的字很多，但是通过两个月的诵读，学生识字量明显增加，并且一并认识简繁两种字体，开启了孩子智力的潜能，每个学生都能大段诵读经典诗篇，同时阅读现代文的能力也大大增强。"

（访谈 Y 老师 2010－05－26）

"因为在诵读、背诵古诗文是会经常遇到不认识的字。通过把不懂的字学会，就能够认识更多的字。所以学经典诵读到现在，我能比班里其他同学认识的字多。这也得益于 A 小经典诵读。"

（作者孙逸秋系 A 小学 11 届毕业生）

(二) 训练了注意力与记忆力

记忆和遗忘都是有规律的，注意力（读诗入境）与记忆力也是通过训练可以培养的。在诵读初始阶段，学生的记忆速度较慢，但随着诵读篇章的增多及诵读方式的多样化，记忆速度不断提高。

一年级诵读《大学》时，刚开始诵读起来非常慢，一个月能背一章，后来到两周一章，最后达到一学期完成全部《大学》的诵读任务。

（访谈 2010—05—26 S 老师）

"由于长期学习经典诵读，让我背诵下来了很多古诗词，锻炼了我的记忆力，让我在老师说事情时，不动笔头，记得更快。同学们都很羡慕我。一到这时，我心里就暗想：这都是经典诵读的功劳呀！而且现在，我能背下来圆周率小数点后四十位呢！班级里没有人能超过我。这也要感谢 A 小的经典诵读。"

（作者孙逸秋系 A 小学 11 届毕业生）

无论从任何年级开始，平均每天背诵 30 字，一学期以一百六十天计算，一学期内可背诵 5000 字。学生自一年级读经至六年级小学毕业背诵量将达五万字以上。

(三) 提高了读写能力 (积诗文于心，显技能于文)

学生对古典诗文的阅读有了一定的体验，初步感受了经典的韵味。逐步产生阅读兴趣，养成了课外阅读的习惯。"寒食芳辰花烂漫，中秋佳节月婵娟"、"一湾绿水渔村小，万里青山佛寺幽"这些对韵的技巧也在高年级中交流提高。学生感叹着中国传统文化的博大精深，他们开始想要去学习，想要去挑战，他们开始向往着中国的传统文化，开始在诵读中为之深深的折服。

高年级学生学会了批注式阅读，阅读笔记也越来越丰富，甚至还学会了分类。及时积累书中的好词、好句、好段，交流读书心得。一些学生自主阅读《红楼梦揭秘》、《李清照》、《琵琶行》等。且能有感而发，记录所悟。

（教学日志 2010—05—26 L 老师）

做老师的都知道学生学习中最困惑的莫过于写作文，这一个是由于学生没有生活，写起来，言之无物，另一个原因是缺少积累，虽然有生活，却不是从何处着眼，写起来不深刻，解决学生写作的困扰最有效的途径莫过于积累，经典诵读是积累之源。

（L 老师访谈 2010—05—26）

古人云"取法乎上，得乎其中，取法乎中，得乎其下。"要让学生读最高层次的书，才能达到"取法乎上"这一写作指导的最高境界，通过几年来的经典诵读，在课堂作文时，"再也难见皱眉头、咬铅笔头、搓手指的"，学生"言之有物"了，驾驭语言的能力明显提高。他们更加乐于表达自己的思想，并用图文并茂的形式展现。他们组建了自己的"东东诗社"，创作诗集《寻找童年的梦》、《绽放》及联系校园生活的《须知道——A 小学学生法制安全诗集》（六年级）。

学生从读诗到写诗，从读文到写文，中华文化与现实生活紧密结合，融会贯通。将教育内容巧妙融入学生生活，在轻松愉快中潜移默化地受到熏陶感染，在读经中成就学生的自我教育。

五年级学生可以在一周内创作出不止 10 首诗作，学生的作文本里不再是为了应付作业而堆积的文字，而是与心灵对话的自然吐露。

（访谈 2010－05－26 L 老师）

赠李白／五年三班／兴晨／烈酒入豪肠，三分酿成月光。七分啸成侠气，一诗吐了半个盛唐。

梦孔子／宋逸伦／讲诗讲道走天下，走进寻常百姓家。当代文学势气大，嬴政昏庸眼睛花。幸亏百姓收藏它，愿为经典去学它。

流星／屈年海／流星是什么？是光辉的旅程。流星是什么？是美丽的身影。流星是什么？是人类发现的外太空。流星是什么？是五彩缤纷的光石。每当我看到它时，我就看到了许愿的天堂。

雪花／雪花从"天涯"落下／是小草救了它／但它并不快乐／因为它要融化。一朵朵小花／落在我的面前／渴望我收留它／但我知道／春天的小草／才是它的家……

这是发生在 A 小举办的传统文化节上学生即兴作诗的一幕。

在国学校本课程开发中，我们欣喜地看到文化底蕴带给学生的气质的改变。他们的想象力，创造力，鉴赏能力，审美意识都在潜移默化中有所进步。

二、"士不可不弘毅"：国学课程提升学生品格修养

诵读经典成为孩子一生高远见识、优秀人格的源头活水。实践证明植根国学启蒙，收获素养提升。

四年四班徐婉竹同学在"我读古诗文征文"中这样写道："诵读中华

传统美文，是对我们青少年进行德育教育的有益途径，因为这些优美的诗句不仅读起来朗朗上口，使我们领略到古代诗人的风采，而且诗句里蕴含着深刻的道理。它教给了我们青少年如何立志，怎样做人，这些道理使人深思，时时的激励我进步。"

"现在，我们自觉主动的学习，并立下了远大的志向，在家里，我尊敬长辈，听从父母指导，妈妈说我长大了，懂事了。我想这是我诵读古诗文后所取得的进步。"

（一）养成良好行为习惯，懂得了自己的价值

A小学地处鞍山城边，属于城乡结合部，学生素质参差不齐，打架骂人时有发生。在诵读经典之后，他们在国学经典阐述的包容谦让的文化中受到熏陶，懂得彼此海涵。这样学生中偶尔闹矛盾的，一会儿也就和好了。用他们在作文中写的："小朋友之间的不和气，还不像早晨的雾气，太阳一出就散了。"

留言板：韩木池：我打了你的头，心里非常难过，郑重的对你说声："对不起！"

二年一班　满庭林

留言板：孙娜老师：谢谢您给了我们班团结的精神，让我们班在长绳比赛中一起努力，一起拼搏，获得第一名。

五年一班　李连俊

同学之间互相争东西的时候，一句"融四岁能让梨"会让两个孩子互相推让。家长中曾有人担心儒家教育会使人软弱、谨小慎微，说这个"温良恭俭让"会让孩子将来在社会面对竞争吃亏，孩子们的表现和变化，让家长消除了疑虑，懂得了儒家思想的内涵是和合，是不和人轻易起冲突，是真正的"大勇"。这个"勇"不是匹夫之勇，是承担。儒家精神强调为正义和真理"杀身成仁，舍生取义"，怎么会是软弱呢？

看到操场上有纸屑能主动动拾起，因为"做少年君子"当从一点一滴、从爱护校园、爱护身边的环境做起。如今，文明守纪，愉快成长，已经成为A小学生的座右铭。

学生说：刚开始诵读古诗文时，觉得头痛，在读了一段之后，越来越喜欢，现在甚至在老师没有让读写的时候，能自觉读诵，并且运用到自己的生活中，正所谓"读书既未成名，究竟人高品雅。修德获报，自然梦稳心安。"学生对后一句的理解是"做了好事不要回报这样才会安。"5年4

班田阅在作为中写到：

"我越发得喜欢读《老子》一书了，它教我怎样做人，怎样在学校与同学友好相处。同时，使我对文言文的理解能力大大增强，我下决心背熟《老子》！另外，在今后的人生历程中，我决心按老子的教导去做人，去处事，让圣人的智慧融化在我的心里，滋养我的生命，使我也能成为一个'博大真人！'"

（二）融传统美德于日常生活

以 2005 年 9 月的一次家长问卷为例，学校共向 2 个年级的学生家长发出 352 份问卷，共涉及包括学生文明礼貌、尊敬长辈、诚实守信、热爱劳动、团结同学等方面的内容。问卷的目的是通过家长了解孩子在读经前后思想品德方面的变化。

表 1　经典诵读前后学生品行对比表（％）

对照学生	文明有礼		生活自理		诚实守信		友爱同学	
	诵读前	诵读后	诵读前	诵读后	诵读前	诵读后	诵读前	诵读后
三年级 174	65	94.50	51.70	85.80	82.20	98.70	87.90	93.10
四年级 178	70	91	57.30	83.10	85.40	97.80	87.60	92.90

数据分析：100％的学生在读经前后的品行有不同程度的变化，年纪越小的同学提高的幅度越大。问卷显示学生变化如下：

其一，有 94.5％的学生在诵读中华经典后知道尊敬长辈，吃东西让长辈先吃，客人来了能主动打招呼，和小伙伴一起玩的时候能主动把自己的玩具让给小朋友玩。还有 35％的学生在同伴或小弟弟、小妹妹不尊敬长辈，与父母顶嘴时能用"父母呼，应勿缓，父母命，行勿懒"这样的话语提示他。

其二，有 85％的学生在诵读中华经典后自己的事情能够自己做，并且能够帮助家长做些拿碗筷、打扫卫生等一些简单的家务劳动。

其三，有 93％的学生在诵读中华经典后能够做到团结友爱同学，与小伙伴关系融洽。

通过调查我们可以看出，中华经典诵读对于小学生品德培养具有其他教育形式不可比拟的作用。A 小学生从《荀子·劝学》"不积跬步，无以致千里；不积小流，无以成江海"的箴言中懂得了积累知识的重要；从"礼让一寸，得礼一尺"中学会了文明谦逊的做人之道；从"学而时习之，不亦说乎"的篇章中懂得了怎样去对待学习；从"上善若水"的篇章中学会了宽以待人。

（三）立志于少年，家国情怀的渗透

A 小传承中华文化的过程，就是对学生进行润物无声的家国情怀的教育过程。他们能够在诵读中体会"天下为公"的理念，"宁为玉碎，不为瓦全"的风骨，"先天下之忧而忧，后天下之乐而乐"的胸襟，"富贵不能淫、贫贱不能移、威武不能屈"的操守，"无为而无不为"的智慧，积淀人文素养，渗透家国情怀。

回想起来，国学教育真是渗透在校园生活的每个角落。从校训"与经典同行，与圣贤为友"，到走廊两壁《兰亭集序》；从每日晨读的琅琅之音，到傍晚放学前的班级齐诵；从韵美动人的国学课程，到多姿多彩的"校园文化节"……童年成长的每一步都与国学相伴，与经典同行。从"上善若水，水善利万物而不争"，我品悟"柔"与"刚"的人生哲理；从"月出与东山之上，徘徊于斗牛之间"，我体会古代散文的语言之美；从"嘈嘈切切错杂弹，大珠小珠落玉盘"，我感受诗歌的灵动魅力。感谢国学，点亮我追寻语言魅力的第一盏灯；感谢国学，燃起我探索文化长河的第一颗火种；更要感谢我的母校——A 小，感谢你在我童稚的心灵世界，栽种下中华文化的幼苗，呵护它生根发芽，吐蕊开花。一晃离开母校已经三年，紧张的学习使我没有时间回母校看看，甚至连回忆的时间也少有了。老师的电话把我的记忆一下子唤醒。我无法说出当年的国学教育对我产生多大的影响，只是在回忆这一切的时候心中充满了温暖。六年的小学生活，我在国学教育中感受到了美。今夜我又把小学时的国学教材从书柜中取出来，慢慢地翻开，轻轻地读："大学之道，在明明德，在亲民，在止于至善……"。

（作者张思遥系 A 小学 2008 届毕业生）

三、"君子不器"：国学课程促进学生个性发展

源校本之基，扬生之个性。

（一）国学课程培养了学生丰富的情感

"情感的丰富性复杂性与人性的完满性和人的发展程度成正比"[①]

[①] 李泽厚. 哲学文存（下编）[M]. 合肥：安徽文艺出版社，1994：651.

"昨天接到一个电话，是母校班主任王老师打来的，又是熟悉的声音，又是曾经的关怀，把我的心一下子拉回到小学时代。那时候，王老师领我们读《弟子规》、《大学》、《老子》……当时不太懂，老师读一句，我们就跟着读一句。先是老师甜美的声音，接着是我们稚嫩的童声，像唱歌一样。读的多了，学的多了，再有老师的讲解，我们慢慢理解了一些。我最喜欢的是《笠翁对韵》，'天对地，雨对风，大陆对长空，山花对海树，赤日对苍穹；风高秋月白，雨霁晚霞红'等等。当时也不知道怎么好，就是觉得顺，觉得美，读起来觉得心情好。回家的路上，看看天，看看云，看看路边的花和树就能想起这些句子。"

（作者张思遥系 A 小学 2008 届毕业生）

9：00点，找六年一班班主任 ZJ 老师，谈我准备在她的班做一个问卷信（基于这几天来的观察和偶遇的临时灵感）的想法，她表示支持。

（田野日记 2010—06—28）

8：30—9：10 来到国学组。把 WQ、LY、ZJ 为我准备好的 A 小毕业班 6 年 1 班的学生调查信拿到六年 ZJ 老师的班上。刚一进教室，班级就响起热烈的掌声，伴随着孩子们热情的"田教授，欢迎您！"Z 老师介绍后，我做了简短的讲话："六年一班的同学们，首先祝贺你们在昨天的毕业篮球赛上获得第一名！从三天前听你们的国学鉴赏课到昨天上午观看你们的篮球赛，我深深感受到六年一班同学在 Z 老师的带领下，是多么团结、向上、友爱！把你们在 A 小的生活和感受记录下来，尤其是从一年级到六年级，国学传统文化经典给你们的影响记录下来，让我们拿起笔，抒发我们的心声！"同学们异常兴奋，拿到信后，教室里忽然静极了。我和 Z 老师退出教室。这时，Z 老师不无忧虑地对我说："田教授，也许他们写的会让您失望，我也不知道他们能写些啥，真有点担心。""只要是学生真实想法的流露，就有价值。"我对 Z 老师说。因为临近期末考试，我担心调查信会耽误学生的复习时间，所以原定只用 15 分钟即可。但当 Z 老师进教室收卷时，同学们正埋头写的来劲儿，她说时间到了，就要收卷，这时一个男生大声地说"老师，您能不能等我们把话说完啊！"见此，Z 老师和我都退出了教室。"就让他们写吧！""我开始还担心他们没什么可写的呢！"想起在这之前（周一晚），我们设计问卷时，组里的老师还担心 A4 纸太大，学生们写不了那么多，ZJ 设计时还故意把信格线拉开间距呢！真是应了后来 D 校长的话"千万别低估了咱们的孩子啊！"最后，是半小时后孩子们才恋恋不舍地交了卷。

10：30—11：30 在国学组看调查信。

ZJ 老师及国学组的老师读信时，读到有些地方，边读边哭（有录音）。国学组老师、Z 老师、后来 D 校长、P 校长、F 主任也陆续来了。大家分头读学生的毕业信，都禁不住挑出自己的那封读出声来，这时 Z 老师说："哎呀，真想不到啊，他们这么能写！最初田教授怕耽误复习时间，只给 15 分钟，但 30 分钟后我收卷时，大部分同学都不给我，一个劲儿说'老师，再等会儿！'" P 校长说"所以，我们千万别低估了孩子们！" D 校长不无深情地补充到："这就是他们对 A 小最真实的感情啊！也许许多年后，他们会忘记某个词，某一个公式，某一道题的做法，但他们忘不了 A 小的风筝节、篝火晚会，忘不了 A 小传统文化节上的表演……这也许就是教育的真谛！""T 教授的创意给我们一笔想不到的财富！让我们更深地理解了孩子们……"大家七嘴八舌。

11：30—11：50 A 小餐厅午餐。回宾馆路上，在 A 小操场上一个从大门跑过来的男孩送我一个香瓜，我正和他推辞，他说"您是 Z 老师说的田教授，上午您还到我们班发信呢，这个瓜可甜了！就两个，这一个送 Z 老师的！"，说着一溜烟地跑了。

（田野日记 2010—06—29）

附：6 年 1 班毕业留言（节选）：

宝贵时间

A 小学 6 年 1 班　　关春

忘不了我们刚刚进入校园的那一幕

忘不了大哥哥们给我戴红领巾的那一幕，

忘不了看见学校第一眼样子的那一幕，

忘不了可亲可爱的 Z 老师的样子，

忘不了可爱可亲的同学们的样子，

更难忘我们那一年级教室的样子。

转眼间，我们长大了成为了六年的哥哥样子，

转眼间，我们的个子长高了，我们的声音变了，

转眼间，学校变美丽了，从沙子地变成了塑胶地，

转眼间，教室变了，变成了我们大家一个最好的家，

转眼间，我们都变了，女孩变漂亮了，男孩变帅了。

A 小给了我太多的美好时光，

老师给了我太多的智慧，

同学们给了我太多的欢声笑语。

（2010－06－28 于 A 小）

（二）"是的，不淘气就不是男孩啦！"：包容的学校文化给学生个性发展以弹性空间

思考：我们需要什么样的校园纪律——

下午四点半和 D 校长回学校走在塑胶操场时，我没注意到地面，但 D 校长低头拾起操场上的灰砖头，边捡起边说这些小孩子就爱玩砖头，不放回原处会磕到他们的，她说时满脸的慈爱。往前走一段又有几块砖头，我帮她捡，"男孩子就是淘气！""是的，不淘气就不是男孩啦！"这样的事还让我想起 2010－05－27 日来 A 小参加第六届传统文化节——守望记忆时，中午吃饭回来，D 校长在操场上扶起奔跑玩耍时摔倒的男孩问他伤着没的神情。她做这一切是极自然的。（田野日记 2010－06－22）

10：20－11：00 在五楼多功能室听 WH 讲国学鉴赏课——《声声慢》。在 ZJ 老师的 6 年 1 班授课。当我走进教室时，没想到 Z 老师对全班学生说："孩子们，刚刚走进来的老师是东北师范大学的博士田教授，希望你们好好学习，长大了也当博士，考东北师范大学，像田教授一样，好不好？"同学们热烈鼓起掌来。面对这么热情的师生，我都有些不好意思了。11：10－11：20 同 6 年 1 班班主任和同学们合影留念。

在夕阳的余晖里，坐在 A 小的操场上，大门外的喧嚣渐行渐远，忽然感到像在近一个世纪前的杭州白马湖春晖中学……

（田野日记 2010－06－25）

（三）国学课程培养共通能力：确立了学生的自信、勇气

1. 沟通能力：开展传统文化导读活动以后，许多发言不清晰的学生进步很大。一年一班胡竹喜是一名南方转来的学生，由于方言的差异，造成口齿不清，他不善于同其他同学生沟通，在诵读《弟子规》后，他爱说话了，并能举手发言了，同时能熟诵《弟子规》全文，语言表达能力与同龄人相差无几。

　　"我小时候说话晚，所以说话不太会表达。通过在 A 小学习经典诵读，我渐渐的变得口齿伶俐会表达了，家人也很高兴。这难道不是 A 小经典诵读的作用吗？而且，我还参加过星星火炬英语风采大赛，并因口齿伶俐得了辽宁省七至十二岁年龄段的金奖。这些都离不了 A 小经典诵读呀！所以说我今天的成就都离不了 A 小，也离不了经典诵读呀！"

（作者孙逸秋系 A 小学 11 届毕业生）

　　2. 表现力与创造力：由于国学校本选修课满足了不同学生的不同需求，因此学生的个性得到张扬。《踏歌起舞》、《音乐之声》、《乐器》课程班的学生不仅徜徉在音乐中，而且代表学校参加市三队展示，受到好评；《武术》课程班在校运动会上的精彩展示，让中华传统文化的精髓强身健体的精神在学生身上发扬光大。看到《国色香绣》班的同学一件件略显稚嫩的刺绣、毛活作品，我们感到很欣慰。我们愿为传承中华民族的传统文化贡献自己的一份力量。

　　（四）激发兴趣，在做中去体验

　　"校本课程一定要是学生感兴趣的内容，这是一个重要的标志。这个兴趣是个人的兴趣，是现在的需求。进一步强化校本课程的学生需求导向。"① 国家统一课程意识形态是一样的，所以不适合各个地区、学校的课程。我们开发的国学课程还要考虑儿童的时间、兴趣、什么样儿童适合多学多背、什么样儿童适可而止，即使有兴趣也要限量等。国学的内容有哪些？在这些内容中适合做校本的课程内容有哪些？什么内容对儿童有兴趣？国学经典的内涵突出了以情感为中心的心灵体现。在诵读经典美文的过程中，学生可以与古人作心灵的对话。让学生在回顾中沉积感情，唤醒为工业喧嚣所损伤的文化传统，让炎黄子孙在经典诵读去体会，去欣赏中国古代优秀的文化艺术。

　　"然而身处信息技术高度发展的社会中，我们却往往忽略了对于祖国文化的汲取，我们在更多的和机器打交道的同时，也让我们的心灵被数码而代替。"

（学生日记）

　　"看到学校走廊里的那些装饰，那些孩子们的书法作品，都能清晰的

---

　　① 吴刚平. 在坦诚对话中寻找问题的出口——海南洋浦实验学校校本课程案例分析 [J]. 人民教育，2005（8）.

回忆起这 10 年里那么多老师们付出的智慧和汗水，那些孩子们的天资聪慧，还有那么多次的国学主题的展示，都不能用精彩来形容，因为要比精彩还精彩，因为这些精彩是一些很平凡的学生和一群朴实无华的老师们对国学的真实体会，是一种深深的渗透，只有这种理解才能用这么精彩的形式表现出来！"

(《十年，我们同行》征文 作者 CWL 老师)

"课余时间，我还参加国画学习，在毡子上展开一张薄薄的宣纸，用毛笔蘸水，又蘸了颜料，在宣纸上慢慢地描上几笔，再用水一洇，一朵小花就在纸上绽放。教学楼走廊里有书法作品展，有楷书、行书和草书，有的工整，有的狂放，有的遒劲有力，有的自由洒脱。教室后面有古诗词墙报，我最早背会的《满江红》和《念奴娇》就是那上面的。老师还让我们把背《弟子规》和跳皮筋结合起来，我们一边跳皮筋，一边背《弟子规》'凡是人，皆须爱，天同覆，地同载……'，这使得我在上中学以后，背诵古文时就觉得有动感。"

(作者张思遥系 A 小学 2008 届毕业生)

第 三 编

结 论 与 建 议

第七章

结 论 与 建 议

第一节　结　　论

一、国学及国学课程中的发现

（一）儿童需要国学与为儿童的国学

本研究发现国学校本课程在我国义务教育阶段有其存在与开发的现实需要和意义。在我国统一规划的义务教育阶段小学课程中，国学教育内容十分有限，不能满足学生成长的需要。因地制宜地开发国学校本课程就具有特别重要的意义和价值。

1. 国学课程开启"文化自觉"的使命

中国文化是国魂儿所系。对儿童渗透大中国、大中华家国情怀的教育，是认祖溯源，是生命认同感、精神归属感的培养，是"着中国人痕迹"的教育，是中国文化凝聚力的生成。因为人最要紧的是懂得爱护自己的家，之后才能是建设自己的家。国学经典蕴含使心灵充盈、温润的学问，必是人现世生活的依托。"21世纪的重大任务就是跨文化的交流，世界上不同的民族团结起来共同创造更美好的前途。要世界真正认识我们中国人的真实面貌，我们首先要自己认识自己，才谈得上让人家来认识我们和我们去认识人家，科学地相互认识是人们建立和平共处的起点。人文学科就是要以认识文化传统及其演变为目的，也就是我常说的'文化自觉'。在文化传统上说，世界上没有一个民族有我们中华文化那样久长和丰富。我们中国人有责任用现代科学的方法来完成我们'文化自觉'的使命，继往开来地创造现代的中国文化，为全人类的明天做出贡献。"① 而这一使命的完成须借助中国文化的载体——国学课程。新加坡、日本、韩国以中国文化的代表儒家文化为核心，社会发展起来，这是他们注重软实力——文化力是根，而不是只盯住表面的 GDP 的结果之一。面对现代社会中现代人的"无根、无人、无心、无情、无我"（史怀哲）的现状，教育者有责任引领自身和儿童直面生命问题，探寻人生意义，以尽可能避免或改善"价值失序"（傅佩荣：305）成为现代人生活的底色。我想，国学校本课程开发最终的落脚点在此。

2. 国学课程的价值在于为师生"向善"提供载体

国学本身的内涵只是提供了了一个载体：使师生"向善"的可能机会。国学经典的内涵是好的，但如果它只是放在图书馆里或被束之高阁，我们只能说它只是一个东西存放在那里，却无法问起其作用在哪里，其价值在何处。因为"价值不在某个地方，它需要有主体的选择才能呈现"（傅佩荣，2005），A 小人选择了"用"国学经典，使其价值得以彰显出来，作用于师生，所以国学经典自己不会自动发生作用和影响，只有具慧心、慧眼的人才能使它发挥出价值，真正地为人生服务，这就是在小学阶段选择国学经典进课堂，开发国学校本课程的意义所在：以课程的方式把国学经典呈现给儿童，设计和实施真正"为儿童的国学"——国学经典的价值体现需要人（教师、课程开发者），即"人能弘道，非道弘人"。要建立以国学教育为载体，培养儿童自主的文化观，即"各美其美与美美与共"的理念，创造和谐的育人环境。

（二）确立了儿童国学课程开发的价值取向及其传承方式

1. 确立小学国学校本课程开发的价值取向：为儿童的国学

本研究发现，小学国学校本课程开发存在的主要误区是历史虚无主义与神化泛化、功利化和教条主义与形式化；分析误区产生原因是对国学校本课程的价值与功能认识不清，明确了国学教育的五大功能；在此基础上

---

① 费孝通. 完成"文化自觉"使命，创造现代中华文化［J］. 北京大学学报：哲学社会科学版，1998（2）：6.

提出了以"去功利化"和"道法自然"为核心的小学国学课程设计与开发的价值取向。

其一，"去功利化"。作为小学国学校本课程设计与开发的最为首要的原则，是课程开发核心的价值取向。在国学校本课程具体的实施过程中，即明了把握国学教育的价值与功能，又不能过于拘泥于其功用价值和方法。神领"有和无"辩证关系，采取务实的理想主义，把握"有用和无用"的"度"，即首先知道它有什么用，然后忘记它的用途。在对待儿童学国学的问题上，虽做出系统的课程规划，但在执行时不计较一时的"得"与"失"，以一种开发的心态和悠然的姿态，让儿童在富饶的文化土壤中自生萌芽与拔节。其二，道法自然。所谓的"道法自然"是强调在小学国学校本课程开发过程中，要遵循儿童的认知规律的一种价值取向。提倡在国学教学中运用潜移默化、循序渐进的方法，通过适量适度学习，以期在必要的规训中又能达到对儿童自由天性的保护，这是教化的意义。其三，传承与创造。传统不是一成不变的传统，也不是与现代打成两截、甚至相反的东西。"传统能够成为每一代的传统，能对一代代人发生不同的意义，秘密在于传统允许每一代以自己的理解和解释延伸它，犹如凤凰涅槃后的再生。"（殷鼎，1988）小学国学校本课程的设计与开发，旨在于对中国文化传统中优秀资源的打捞、挖掘、整合与优化，其价值在于传承、启蒙、奠基与创造。

2. 构建了小学国学校本课程设计与开发模式：以儿童的方式亲近国学

本研究以辽宁鞍山 A 小学为例，建构了小学国学校本课程设计与开发模式。从国学课程目标确立、国学课程内容设计、国学课程组织与实施到国学课程评价，初步建构了一个相对完整的小学阶段国学校本课程开发体系。

（1）小学国学课程目标与课程内容设计的探讨

从情感态度和价值观、知识与技能、过程与方法三个维度设计开发国学校本课程目标：积累中华传统文化知识、获得中华传统文明的情感体验、形成开拓的视野和人文情怀；课程内容选编采取"撮其精要，整合再现"的方式组织教材，遵循"循序渐进，有限读经"的适量原则；课程内容选择上体现民族核心价值观和典范汉语特色，以中华传统文化典籍为基本内容；内容编排遵循儿童认知规律。

（2）小学国学课程组织与课程实施的探讨

在国学课程体系的设计上，采取分科课程和学科渗透相结合的校本课程开发模式；按照模糊性、差异性、自主性、鼓励性、全体性、知行合一六大原则组织教学；以吟咏诵读教学、情境化教学、趣味化教学和生活化教学为其基本的教学策略。强调以学生为主体的体验性学习的教学方式，同时兼顾到教师的个人特征和内容本身的设计。

（3）小学国学课程评价的探讨

学生发展性评价是校本课程实施过程中的一个重要环节，它对学生的学习与发展起到信息反馈和激发动机的作用。A 小学秉承"为学生的终身发展奠定基础"的宗旨，开发了"国学经典诵读"的校本课程，并把学生发展性评价作为国学校本课程开发及实施过程中的主线。强调评价标准分层化，评价主体多元化，评价方式体现综合性、趣味性。学生发展性评价体系有效促进了学生综合素质的发展。

表 2　基于儿童的国学校本课程

教师简简单单教国学	儿童开开心心学国学	师生轻轻松松品国学
1. 是"以诵读为主，以理解为辅"的国学。重在积累，开蒙 2. 是师生能共同体验着的国学，是建构着的、此刻的国学；是有体温的国学，不是一个"板着脸"的国学 3. 是教学相长的国学——互为师友	1. 是回归生活世界的国学，是生活化与生命化的国学。不仅是属于儿童与学校的文本国学，更是儿童与家庭的亲子国学 2. 是知行合一的国学，不是束之高阁的国学 3. 是趣味化的国学：游戏是儿童的天性，与儿童游戏相结合的国学	1. 评价标准分层化是在每个儿童已有基础上确定不同的"最近发展区"目标，使其"跳一跳"都能摘到果子 2. 评价主体多元化是以多渠道反馈信息促进儿童发展 3. 评价方式综合性、趣味性是将量化与质性评价方法相结合以达激励激趣之目的

二、校本课程开发中的发现

（一）校本课程开发是一个动态过程，是预设与生成的结合

小学阶段国学校本课程开发是个实践的过程，它不是先学后做的过程，而是一个先做后学和边做边学的过程。校本课程开发是教师"学会与会学"的过程，是一路摸爬滚打，自觉自悟的过程。

国学校本课程设计与开发的旨趣在于建立一个既怀理想愿景又兼顾本校实际的适切的课程体系。在确立课程价值取向为课程开发基本理念的前提下，对课程目标、内容、组织、实施及评价等对象性要素进行一系列选择、排列、优化的过程；同时也包括对文本制作（校本教材等）、推广实施、社会宣传、文本修订、教师培训等程序性要素的整合利用。

国学校本课程的设计与开发过程一直伴随着对诸要素的统筹与调整，并不断趋向理想的目标，因此是一次围绕目标展开的行动过程；同时这一过程又是动态开放的，是不断生成的。在国学校本课程开发中，教师与研究者不是被动机械公式化的照搬照抄，而是在相互尊重与平等协商中不断达成共识，是充满人性化的"以人为本"的过程，这种、外部冲突与内心挣扎相交织的不确定性，伴随国学校本课程开发的始终，是预设与生成的共融。

（二）校本课程开发为教师实践性知识的觉醒提供了契机

本研究发现，教师在参与课程开发中实现了真实意义上的自我成长，体验到创造的幸福与生命的尊严。长期以来，他者将教师定位为匠人身份，把教师当成采纳课程的工具。教师对此只能敬而远之。不少理论研究者其实并不了解一线教师到底需什么，课程改革中更多的是站在专家学者的角度看教师，更多的是谈教师应如何理解课程和教学，而课程编制的标准和教材的编排是否适合教师和学生，却很少有人问津。"过去，人们判断理论合法性的标准在于'书斋'的逻辑，而忽视了'实践性推理'和'实践性理据'的审判，教师一直以来被排斥在理论生产和反思的门外，而被看作是一个完全的理论消费者，他们在教育场域中有一种受压抑的挫败感。特别是，当这些理论与实践性推理或实践性理据并不一致时，也就是说并不能到位地解决实践当中的具体问题时，致使他们更加怀疑和拒斥理论。（谢煜，2006）而真实的由教师参与的课程开发与设计，让他们第一次有了关注自己"创造与生成"方面的体验，在自主性充分发挥的校本课程设计与实施的改进中生成了一种职业的尊严感和工作的幸福感。

"知识"成为某一个的"知识"的过程意味着，它不是从书本或别人的嘴里转述给你的，一定要经由你个人的体验、消化，否则就不会真正成为你的。曾有人说到，所谓素质是在学校的知识学完后，全部忘了后剩下的东西。其实这个说法并没有什么新奇，不过是孔子说法的一个转述而已，即"堕肢体，黜聪明，离形去知，同于大通。""是把形体和知识都消化尽了"（章太炎）的时候，即内化的过程。校本课程开发为教师专业发展提供了创新平台及参与学校决策等机遇；成功的校本课程开发，也会让教师有专业地位感和专业自主意识。教师知识的真正获得和运用不是职前教育和职后培训所能真正实现的。教师的属于自己的知识只能来源于参与实践过程中的再建构，无论教师自己是否预知。"教师知识不等于给教师的知识。课程开发应以教师、学生的知识和生活为中心，把教师只是作为其协调课程生活的立足点，重塑教育的内涵。"（吉恩·克兰迪宁，2009）A小学在国学校本课程开发过程中，教师通过国学课程的设计与实施这一载体，获得的对于课程教学的认识和理解，其核心是"专业知识场景中教师知识的体现"。

课程开发中，教师最大的收益是体验到自主意识的形成和自主行为的发挥以及获得的此过程中的成就感，在精神层面体验到自己的工作是个充满着自己能驾驭的东西，而非被动接受的执行者，体验到不做教书匠要当领路人的滋味，这是课程开发中最大的意义。因为这是一线教师在过程中自己理解的课程，而非他人强加硬塞的课程。A小教师在国学校本课程开发中，激发出学生个体生活体验，挖掘出学生产生生命的相遇感的潜质的同时，体验到职业的尊严感和生命力，实现着自我建构的意义。

A小教师国学校本课程开发的历程表明"一切课程的本质是校本课程"（张华，2010），那种认为中小学教师只能在忠实执行国家课程和地方课程之后，在有限的实践和空间里孤立地小范围地弄一点装点门面，突出些"亮点"的"校本课程"的做法，是低估了一线教师的内在潜能和尊严价值，是不可取的，这种成见违背了课程改革所追求的宗旨是 真实地真正地逐步地实现解放每一个教师和每一个学生的本意的。

（三）校本课程开发促进学校文化的更生

1. 建立教师共同体在校本课程开发中将不是一纸理想而是现实的必然

合作中的规则不是贴在墙上的摆设，学校文化一方面为共同体的建立和发展提供平台和保障，另一方面，教师在工作中真实合作的过程中，彼此的磨合切磋，也必然在不知不觉中生成和改变着学校文化，彼此共促互生。常言"铁打的衙门流水的兵"，学校具有相对稳定性和变化性，学校文化具有传承性的东西如何在变化的人事中有基本的不变的东西，那就是一所学校稳定的灵魂，即学校文化，它处在一种变中的不变，也是个动态的生成，如何在校本开发中，通过教师由被动到主观能动性的发挥，使学校文化建立一种真正凝聚人心的力量。校本课程开发最重要的结果不仅是最终形成一套课程设计与实施的体系，而是在这一过程中，不着痕迹地启动了课程参与者的精神世界的大门，使他们的潜能找到了喷发的管口；校本课程开发最关键的不是交给教师具体的部署而是如何使他们的生活与学校的愿景相契合，激发出教师的精气神儿！

2. 教师专业意识的生成依赖于一种开放的、共同分权的合作文化环境

A 小国学校本课程开发过程本身为教师提供了一个丰富而开放的环境，在课程开发这一背景下，教师不仅发展了具体的技术理论与技能技巧知识，增强了自我效能感以及形成了教师与教师和教师与学生之间更为进一步的相互了解与理解的密切关系，从而改变了教师群体的趋向的接受性、包容性，形成了更开放的心态和更解放的心胸。而教师专业意识的生成都依赖于一种开放的、共同分权的合作文化环境。以校本课程开发为契机，达成教师之间的协作，在国学校本课程实施中，A 小鼓励教师采取一系列的策略进行协作，通过合作，协调问题，共享资源。对学校文化与课程实施的关系研究表明，学校所具有的交流式文化和研究式文化会直接影响教师决策，或通过影响教师知识和教师信念作用于教师决策等，从而影响课程实施。良好的学校文化，可以消除教师学术上的孤独感，促进教师的发展，提高学校课程实施的质量。（马云鹏，2001）"最成功的学校领导会告诉你，形成正确的文化以及关注父母、教师和学生所共同认同的意义，是人们普遍认同的创造成功学校的两条基本规律。"（萨乔万尼，1994）校本课程开发为学校文化更生提供了可能与契机。A 小国学校本课程开发驱动各种资源的有效调配，改变以往单一、静态的文本式执行的文化为重视和支持结构式变革的文化，为人的解放创造了条件。因为校本课程开发的价值在于"唤醒生命，而不在于传递知识"。（斯普兰格）

三、行动研究过程中的启示

本论文具体阐述了行动研究的新样态：U-A-S 模式运行的具体程序及基于学校改进的校本课程开发的模式、意义与价值；提炼出行动研究中的发现：建构"田野——书斋——田野"理论，深化 U-A-S 合作共同体。

（一）本研究证明了行动研究增能赋权的作用

本研究揭示了在创建研究文化氛围的过程中，所有参与人员之间平等的、良好的、甚至是私人关系的培养的重要性以及大学研究者和中小学教师在合作研究中，建立互利互惠，实现双赢的伙伴关系过程的意义。

一是对"真善美"理解的升华。研究的前提是"真"，没有"真"做基础，"善"是伪善，"美"是作秀。合作研究中，感受到并受惠于真诚合作与真诚交往的重要性，建立真诚的感情，体会到意想不到的顺其自然而来的私人情义对研究进行的作用，对研究者的意义和价值是意想不到的收获，进而更体会到"真"的价值。没有"真"做源头，"善"和"美"是妄谈。体会到"巧"的有限和"大道至简"的纯粹。一个最朴素的真理，就是陶行知先生一生致力于并身体力行的教育归宿"千教万教人求真，千学万学学做真人"。在这所小学进行的 U-A-S 行动研究，让研究者真正体验到了学术的价值和意义：是为生活中的更美好的人而研究，越不功利，功利越自来。真诚共享，凝聚人气的学校文化的力量。

二是 U-A-S 合作的 3 年，收获 2 样东西：一是望远镜，进一步明确了学术研究的方向：学有用的知识，做真实的研究，践行于自己心之所系的基础教育。马克斯·范梅南说："教育学需要的是实践而不是理论化的知识形态。"因为"对任何教师而言，最终的成功是理论与实践的整合"。（加达尼迪斯，1995）另一个是显微镜，发现了自己的不足，看到了问题。可谓常有"书到用时方恨少"之感，而在实践中明晰的问题更是促使研究者进一步真实学习的动力来源。需要是最好的方法。面对变化着的复杂的实践问题，并不是简单地学知识，而是在切磋中了知心智模式的过程。将中小学一线中的课程改革的实践经验升华为哲学再应用到实践的过程是至为宝贵的。

（二）解决来自于田野的"真问题"

行动研究根植于现实的问题，根植于解决的过程，这种研究本身，就是学术研究中常提到的面对一个"真问题"的过程。这一过程让我想起了费孝通，置身于田野的最终目的不是为了一篇论文的证据，为了一个课题的结果，而是能否在中国基础教育一线，作为专家或学者，为一线的校长教师学生提供哪怕些许的但来自于真实做的过程中发现问题中的解决——即，提供真实的有针对性的技术指导、理论支持，而这种过程是在面对教师具体情境中的困惑的面对面的分析、释疑和提供具体的可操作性的指导的基础上的。让理论在实践中真正发挥效力。

一是，在实践中丰富的理论和在理论指导下的实践的循环往复的融合过程，促进大学研究者和中小学教师共同的实践性知识的增长，是互为丰富的过程。

在 U-A-S 合作中，大学研究者和一线教师共同发展，遵循但也共同创造了校本课程的知识。这是一个彼此带着问题的学习过程：大学研究者的作用一是"守门"引舵的作用，及时补充他们在开发中欠缺的相关知识的作用；二是帮助一线教师验证他们在实践中的体验和做法，即验证教师实践性知识进而提升其专业理性素养的知识；三是修正他们思维观念和行为的作用。

教师在课程开发中面临的一些困难和挑战，学术研究中还没有很好地解释或者有解释但不够充分，这时大学研究者就要设计合适的研究方法对其进行深入探究，通常采用案例的研究方法。提供的方案看哪些能在实践中行得通，哪些还需要修正和调整。这一过程中，大学研究者和一线教师实现了真正意义的互动。我们不仅是课程支持的提供者，在一定程度上也是实践知识的发现者。在合作中，我们发现很多有效的课程设计与实施知识也不一定是学者生产出来的，很多源自一线教师们的探索。一线教师在课程开发中面临的重重困境促使他们摸索出不同的解决方法，我们将之搜集、整理、分析并使之条理化、规范化、明晰化，进而系统化，最终再回馈到实践中。行动研究的方法论实现了两者的互动。学者与教师、教师与教师之间的互相交流，关于课程的知识就会在这些不断碰撞的交互过程中被吸收和内化。学者帮助教师系统总结他们的实践知识，进一步与其实际教学相结合，从而真正迈向对实践的改进的大路。在这一过程中，充分尊重教师对课程的解读，耐心倾听，进而有针对性有选择地达到逐步改善的目的，这是一个渐进的过程，来不得捷径和大块拳儿的招数。这或许是个下笨功夫的过程——抱朴守拙会更有功效。这是个需要多元、包容而又纯粹的过程，是体验"道"高于"术"的过程。

二是，在行动研究方法上，学者研究、传递的课程知识具有高度抽象性，虽适用范围广，但对一线老师来说不具有明确的可操作性，让他们产生没有"抓头"感觉。如何处理好二者关系，也是我们在 U-A-S 中的一个收获。

我们认识到真正在实践中能发挥自己所长的学者，真正受一线欢迎的学者，一定具有将具体和抽象达到平衡的意识和能力。"如果知识生产过程源于抽象，便无法将之结合进现实，最终必会归于抽象。如果知识的生产过程源于具体，也即根据具体环境和条件得出来的理论或规律，同时，又知道该理论或规律所适用的环境、条件、对象、结构是，这时，所生产出来的知识虽是抽象，但它却可以回到具体之中，从具体到抽象又从抽象回到具体"① 这种知识的获得对教师有较大的价值。所以大学研究者要探寻如何将抽象的理论融合在具体的课程情境中，使一线教师获得触手可感的课程知识，形成他们自己的课程常识。感受到"时来天地皆同力"的合作文化的享受。

在行动研究中，要帮助一线教师建构一个整体分析框架，然后再从具体案例入手，帮助他们从大格局，从上位也就是从概念入手，分析问题，接着才是细节性的考虑。在 U-A-S 合作中，一线教师是主体，我们在"介入式"研究中，将大部分精力投放在聚焦问题——分析问题上，如课程实施中的整体框架是怎么形成的等。引导一线教师分析问题的过程就是使其逐步感受解决问题的思维方式方法的过程，逐步从以前的经验型、片面、感性、激进的思维方式转变为系统、动态、清晰、相对完整的思维方式。

三是，拿捏好彼此介入的"度"是合作见成效的关键。

行动研究对大学研究者提出更高的要求。即所提供的理论必须能够还原到具体的学校情境。在校本课程开发过程中，我们不会轻易建议一线教师必须怎么做，几乎不直接给出某一个具体策略，而是把整个课程设计和实施中存在的模糊的问题和对这些问题解决过程中所需要的思考的过程展示给他们，促使他们自己去感悟，因为一线教师在具体的课程开发中他们自己掌握的信息最全面、最细致，要比我们每一次短时间内交流的内容丰富的多。也避免研究者做出的决策不够负责。

行动研究为教师专业化发展提供其能逐步去感知的方向而不是外力驱赶的不得已的挪动。大学研究者的作用就如同一个守门人。守门人的作用就是在实践中为老师们的探索把舵的。一线老师在实施中做的不妥的时候，大学研究者能去及时调整，修正、深入改造。研究者始终要问自己"在参与学校改进的过程中你在发挥什么作用？"因此，培养教师审思个人

① 武常歧. 光演华章：EMBA 十年［M］. 北京大学出版社，2010：31.

实践的反思品性是理论对实践进行反观的需要，即回归生活世界——具体教育情境。真正的教育理论不是"书斋式"的理论，是蕴含"田野"智慧，是一种从"田野—书斋"再到"田野"的理论，即根植于实践又超越实践，最终能够促进实践改善的理论。因此如何协调二者的关系，使之相生互补，避免将其二元对立的区分所导致的课程系统失谐，形成更大的等级落差。对话是促进二者相融共生的关键。本研究表明，在创建研究文化氛围的过程中，所有参与人员之间平等的、相互尊重的、良好的、甚至是私人关系的培养的重要性以及大学研究者和中小学教师在合作研究中，建立互利互惠，实现双赢的伙伴关系过程的意义。

（三）在行动研究中实现教师教育者专业敏感性培养的重要意义

教师的教育敏感性的培养是校本课程开发过程中重要的结果。在校本课程实施过程中，教师每一刻的言论或缄默无为，都具有教育实践意义。师生交往活动所体现出来的实践性知识在校本课程实施中具有重要作用，教师的教育敏感性的培养关系到课程设计的成败。校本课程的成功开发呼唤"超越量化、技术化的教师知识"（马克思·范梅南，2008），有赖于教师的教育敏感性的丰富："捕捉小细节，涵养大情怀"的能力。

对教师的教育敏感性的培养的关注意味着校本课程开发旨在鼓励教师把注意力从重新转移到他们所教的学生身上，而不是只关注教学效果、如考试分数、评价指标、教学技术的测量等。

第二节　建议及未来研究方向

在这一部分里研究者将就本研究结论所能够得出的一些课程建议进行讨论，在讨论过程中，我们的重点不是在提出若干的校本课程开发策略，而是更多地强调课程管理和开发者在实施课程管理中应该具有的一些基本理念和应当认真加以思考的若干要点。

一、建议：呼唤静悄悄的学校——"慢教育"的必要

实践中的变化都是渐变的，理论是加深的，即螺旋过程，所以不可急。等待"静悄悄"的学校意味着关注"池子的圆与方"，但更在乎"水

中鱼儿的感觉",如此,则可减少热衷功利的"热点""亮点"的炒作,避免"特色"、校本成为过眼烟云的招牌。因为课程开发最终的落脚点在学生的成长,教师的进步。教学的纯粹性来自执教者的纯粹性。当学校和教师远离过多功利目的,教学就是真正意义上的教学,更单纯、更本色时,学生的受益才最大。而这一切是潜移默化的。正如20世纪30年代杭州白马湖春晖中学的一批师者们所担忧的"不管池子里的水是何种感觉,只关心池子是圆的还是方的"。追风与过于注重形式,就与真正的教育背道而驰,古语"外重者内拙"。

在A小第六届传统文化节上,主角是始终是一线教师和学生,而不是来宾或领导,这就是变化。课程发生在离心灵最近的地方。校本课程开发只有走进教师真正的生活,从日常生活到非日常生活的构建,在求"真"的大前提下,追求单纯的目标,提倡朴实无华的研究和探讨,秉持既严谨又开放的态度,即遵循规律有法可循又能跳出常规,允许和创造教师、学生充满弹性的课程空间,不是为了一个"亮点"、几个"热点",而是植根于本土、本心的开发,创造出更贴近真实的知识,让学生更顺畅地获得其养料内化为自己创造力的源泉,校长教师学生确信"天使就在身边",这就是真实的也是具有活力和生机的教育。国学校本课程开发本身,给教师带来的眼界正比谦和:视野越高越平和。在"温良恭俭让"的文化里,教师们的气度和风度都透露着谦和温润。

（一）校本课程开发与实施的成效具有隐形性和滞后性,不可急功近利

从学生方面,学生各种能力的获得实际上是一种潜移默化的默会知识的形成和自觉迁移的过程。学生在自己兴趣所及的校本课程中所获得的综合素养,如自主学习能力、合作共享意识、探究质疑精神及情感的体验、态度的生成与价值观的升华等,会自然而然地融会到其他领域,贯通于新知识生成的过程。提倡个性与激发兴趣的校本课程开发给学生提供了没有考核压力、自主选择的学习平台。其潜能挖掘、自信建立及压力舒缓都得到相应调节:一度在学科成绩上不尽如人意的学生常有不凡的表现,增强了自信,获得了某种成功的体验和价值的认可,相信"天生我才,必有大用":这是个非功利的过程。

从教师层面,校本课程的开发对绝大多数教师来说,无论是理念的领会还是操作的把握都是一次全新的冲击和挑战。传统教学中的定位因袭教

书匠的框架:教师是课程与教材的奴仆,因而面对课程革命,教师开始时无所适从;加之校本课程设计与开发是一个动态的过程,以学生的兴趣为主导,以满足学生个性发展为主旨,因此对教师整体素养与综合能力都提出了更高的要求,但进步和改变是个渐进的过程,不可能一蹴而就,如果操之过急,欲速则不达。为此,教育的近期和远期效果如何兼顾的问题,如何实现 U-A-S 双赢、共赢的问题,都是行动研究需要面对和解决的问题。

(二)不断追问教育的本质:要培养更多的用心去(从事)教育的人

本论文呈现了 U-A-S 团队与 A 小教师在国学校本课程开发之行动研究中,以"冷静的头脑和热切的心",不断探寻教育的本质,实现着教师教育的理想:用心来播种,这是教育的精华所在,也是真正的教育人所需要的。要培养出更多的用心去(从事)教育的人!

寻求来自心灵的生命力,必须做真心的事。教育就是交往。与人交往中,真诚是合作的前提。真诚的核心词是人格平等。这是 U-A-S 中最深的馈赠。教育的本质是激发个体创造性的渴望,承认每一个个体的不可复制性。校本课程开发的方法千万条,"根儿"即对教育的本质问题的理解和把握,是"万变不离其宗"。以一颗"热切的心"投入课程变革,具体操作又以"冷静的头脑"有章可循。在参与一线教师校本课程开发中,发现有实践和在实践中又善于"回头看",有反思意识的教师更容易体会和发现问题的本质。所以理论和实践都强调悟性——课程开发无定式。

在课程开发中,一线教师尊重来自自己实践中体悟的知识,通过专家引领(这是我做得不够的)、伙伴合作(A 小有这个基础,文化氛围好)、教师反思(这是核心,近三分之二教师有这个意识目前),能系统化的东西就系统化,系统化后形成常规性的参照;无法系统化处理的问题、非结构性的问题,才是教师自己来决断,在这个过程中是教师真正能提升的地方。行动研究最可宝贵的就在于它是一路充满新奇感和陌生感、意外的过程。它的时常的不可捕捉性正是它的魅力所在。校本课程开发的过程就是教师赋权增能的具体体现。教师必须发出自己的声音,不是被动的课程执行的仆人而是在这一过程中实现生命的创造,体验生命的尊严和价值。这一过程是培养教师前瞻性眼光的过程。教师的价值就在于社会对他的承认,最大的幸福来自于自我实现的肯定过程。行动研究中,研究方法的叙事性也成为必然的选择之一，研究就从问题开始，然后要有一定的规范。

（三）真正发挥教育行政部门在校本课程开发中的职能作用

追求民主、开放、科学是校本课程开发的本质，而上级教育行政部门的支持与监督是学校自主地进行课程的开发的保障。上级教育行政部门对校本课程的支持与监督绝不同以往传统的做法，需要教育行政部门进行管理机制与体制上的创新。"大学与中小学合作伙伴关系作为推进学校改进的一个成功的策略，已经被越来越多的人认同。同时，不得不承认，这种学校改进的模式源于西方，特别是美国学校改进与发展的研究，如美国的跃进学校等学校重建计划。而这一模式的主要特征是大学为主导，与中小学合作共同研究学校改进的方案与实施的策略。基本上是理论与模式先行，学校参与共同研究。但其中忽视了教育行政部门的作用。这种模式可能更适合西方教育管理体制，而在中国内地，教育行政部门在学校发展中的作用是不可忽视的，这包括教育行政机构，以及具有一定行政职能的教育学院和教师进修学校等。在学校改进过程中，特别是区域性推进学校改进过程中，充分发挥教育行政部门的作用，将使学校改进的策略与方法更有效地落实。"[①] 教育行政部门必须要建立起规范的校本课程审议制度，校本课程的督导与支持机制等，确保校本课程开发的质量与数量。

总之，上述三点从根本上涉及校本课程开发所应持态度与质量保障问题。如果没有适切的校本课程开发的管理与评价机制，那么课程的实效有可能滑向过去"选修课、活动课"失真的境地。

二、未来研究方向

与任何探索一样，本研究也存在很多局限和不足，但这些遗憾也构成了研究者围绕本论文主题进行后续研究的基本方向。

（一）探究国学教育与现代语文教育的关系

1. 进一步探究小学国学校本课程设计与开发的理论与实践。制定出一套适切的可行方案，探讨如何进行小学语文教学的改革，以国学经典的

---

① 马云鹏，等. 从双方合作到三方合作：学校改进模式新探索 [J]. 中国教育学刊，2011（4）：25－28. 林一纲，崔允漷. 经验与分享：国家基础教育课程改革实验区校本课程专题研讨会综述 [J]. 山东教育科研. 2002（10）：25.

课程取向"重构小学语文教学体系"。

本研究结果将作为未来发展小学国学教育课程的参考。整个研究过程，关键在于"我"与 A 小教师的合作，最后能够开发出一套可行的课程方案，在各方面条件允许的情况下，本校教师可以继续进行校本课程开发。

2. 小学国学如何与初中课程衔接。

（二）关于校本课程开发的后续思考

1. 校本课程开发中教师开发的课程与专家开发的课程有什么本质差异？

2. 哪些条件是进行课程开发所不可或缺（或说是首要）的条件？

这些都将是我的研究所关注的问题。

参 考 文 献

[中文译著]

[1]［英］A. V. Kelly. 课程理论与实践［M］. 第五版. 吕敏霞，译. 北京：中国轻工业出版社，2007.

[2]［美］泰勒. 课程与教学的基本原理［M］. 施良方，译. 北京，人民教育出版社，1994.

[3]［美］杜威.哲学的改造[M].许崇清,译. 北京:商务印书馆,1958.

[4]［美］杜威. 确定性的寻求：关于知行关心的研究［M］. 傅统先，译. 上海：上海人民出版社，1966.

[5]［美］乔治 J. 波斯纳博士. 课程分析［M］. 仇光鹏，译. 上海：华东师范大学出版社，2007.

[6]［美］约翰 I. 古德莱德. 一个称作学校的地方［M］. 上海：华东师范大学出版社，2006.

[7]［古罗马］昆体良. 昆体良教育论著选［M］. 任钟印，译. 北京：人民教育出版社，1998.

[8]［德］卡尔·雅斯贝尔斯. 什么是教育［M］. 邹进，译. 北京：三联书店，1991.

[9]［美］罗伯特 M. 艾得勒，查尔斯·范多伦. 如何阅读一本书［M］. 郝明义，朱衣，译. 北京：商务印书馆，2004.

[10] 米丁斯基. 世界教育史：上册［M］. 五十年代出版社，1952.

[11]［英］迈克尔·波兰尼. 个人知识：迈向后批判哲学［M］. 许泽民，译. 贵阳：贵州人民出版社，1998.

[12] Michael Quinn Patton. 质的评价与研究（Qualitative evaluation and research methods）［M］. 吴芝仪，李奉儒，译. 台北：桂冠，1995.

[13]［加］马克斯，范梅南. 生活体验研究：人文科学视野中的教育

学 [M]. 宋文广等译. 北京，教育科学出版社，2003.

　　[14][瑞士] 皮亚杰. 儿童的心理发展 [M]. 傅统先，译. 济南：山东教育出版社，1982.

　　[15][瑞士] 皮亚杰. 教育科学与儿童心理学 [M]. 傅统先，译. 北京：文化教育出版社，1981.

　　[16][美] 威廉派纳等. 理解课程：下 [M]. 张华，等，译. 北京：教育科学出版社. 2003.

　　[17][美] 威廉·F. 派纳，威廉·M. 雷诺兹，帕特里克·斯莱特里，彼得·M. 陶伯曼. 理解课程：历史与当代课程话语研究导论 [M]. 张华，等译. 北京：教育科学出版社，2003.

　　[18] 威廉. 维尔斯曼. 教育研究方法导论 [M]. 袁振国，等译. 北京：教育科学出版社，2003.

　　[19] 佐藤正夫. 教学原理 [M]. 钟启泉，译. 北京：教育科学出版社，2001.

　　[20][日] 佐藤学. 学习的快乐：走向对话 [M]. 钟启泉，译. 北京，教育科学出版社，2004.

　　[21][日] 佐藤学课程与教师 [M]. 钟启泉，译. 北京，教育科学出版社，2003.

　　[中文著作]

　　[1] 陈旭远. 交往教学研究 [M]. 长春：东北师范大学出版社，2008.

　　[2] 陈旭远. 课程与教学论 [M]. 北京：高等教育出版社，2012.

　　[3] 陈向明. 质的研究方法与社会科学研究 [M]. 北京：教育科学出版社，2000.

　　[4] 陈向明. 在行动中学作质的研究 [M]. 北京：教育科学出版社，2003.

　　[5] 陈向明. 旅居者和"外国人"：留美中国学生的跨文化人际交往研究 [M]. 北京：教育科学出版社，1998.

　　[6] 崔允漷. 校本课程开发：理论与实践 [M]. 北京：教育科学出版社，2000.

　　[7] 崔允漷. 校本课程开发：上海经验 [M]. 上海：华东师范大学出

版社，2011.

　　[8] 崔允漷．赵丽萍．我思故我教 [M]．上海：华东师范大学出版社，2009.

　　[9] 陈桂生．到中小学去研究教育 [M]．上海：华东师范大学出版社，2001.

　　[10] 陈桂生．课程实话 [M]．上海：华东师范大学出版社，2010.

　　[11] 丁海东．儿童精神：一种人文表达 [M]．北京：教育科学出版社，2009.

　　[12] 黄济．教育哲学通论 [M]．太原：山西教育出版社，2001.

　　[13] 黄光雄，蔡清田．课程设计：理论与实际 [M]．台中：五南图书出版股份有限公司，1998.

　　[14] 胡晓明．读经，启蒙还是愚昧？[M]．上海：华东师范大学出版社，2006.

　　[15] 吕立杰．国家课程设计过程研究 [M]．北京：教育科学出版社，2008.

　　[16] 李子建．校本课程发展、教师发展与伙伴协作 [M]．北京：教育科学出版社，2010.

　　[17] 李臣之，陈铁成．高中校本课程开发与综合实践活动 [M]．天津：天津出版社，2005.

　　[18] 李泽厚．哲学文存：下编 [M]．合肥：安徽文艺出版社，1994.

　　[19] 梁漱溟．致中国人的演讲 [M]．北京：华夏出版社，2008.

　　[20] 刘晓东．儿童精神哲学 [M]．南京：南京师范大学出版社，1999.

　　[21] 刘良华．校本行动研究 [M]．成都：四川教育出版社，2002.

　　[22] 楼宇烈．十三堂国学课 [M]．北京：北京大学出版社，2008.

　　[23] 楼宇烈．国学百年启示录 [N]．光明日报，2007-01-11.

　　[24] 林智中，陈建生．课程组织 [M]．北京：教育科学出版社，2006.

　　[25] 林智中．如此也可教 [M]．香港：进一步多媒体有限公司，2000.

　　[26] 马云鹏．课程实施探索 [M]．长春：东北师范大学出版社，2001.

　　[27] 马云鹏．教育课程研究方法导论 [M]．长春：东北师范大学出版社，2002.

　　[28] 马镜泉．马一浮学术文化随笔 [M]．北京：中国青年出版社出

版社，1999.

[29] 牟宗三. 中国哲学的特质 [M]. 上海：上海古籍出版社，2008.

[30] 门秀萍. 中小学校本课程开发的理论与实践 [M]. 北京：开明出版社，2003.

[31] 钱穆. 文化与教育 [M]. 桂林：广西师范大学出版社，2004.

[32] 戚万学. 活动教学认识论 [M]. 天津：南开大学出版社，1994.

[33] 瞿葆奎. 教育学文集·教育目的 [M]. 北京：人民教育出版社，1994.

[34] 施良方. 学习论 [M]. 北京：人民教育出版社，1992.

[35] 施良方. 课程理论：课程的基础、原理与问题 [M]. 北京：教育科学出版社，1996.

[36] 石中英. 知识转型与教育改革 [M]. 北京：教育科学出版社，2001.

[37] 石中英. 教育哲学的责任与追求 [M]. 合肥：安徽教育出版社，2008.

[38] 石中英. 教育哲学导论 [M]. 北京：北京师范大学出版社，2002.

[39] 韦政通. 中国的智慧 [M]. 长沙：岳麓书社，2003.

[40] 王新命，何秉松，萨孟武等. 中国本位的文化建设宣言//楼宇烈十三堂国学课 [M]. 北京：北京大学出版社，2008.

[41] 王斌华. 校本课程论 [M]. 上海：上海教育出版社，2001.

[42] 武常歧. 光演华章 EMBA 十年 [M]. 北京：北京大学出版社，2010.

[43] 谢卫东. 篆刻文化校本课程的开发与实施 [M]. 上海：华东师范大学出版社，2010.

[44] 徐复观. 当前读经问题之争论. 徐复观文录选粹 [M]. 台北：台湾学生书局，1980.

[45] 徐玉珍. 校本课程开发的理论与案例 [M]. 北京：人民教育出版社，2003

[46] 余戈. 1944：松山战役笔记 [M]. 北京：生活·读书·新知 三联书店，2008.

[47] 熊梅. 校本课程开发的行动研究 [M]. 北京：教育科学出版

社，2009.

[48] 叶澜. 课程改革与课程评价［M］. 北京：教育科学出版社，2001.

[49] 殷鼎. 理解的命运［M］. 北京：生活·读书·新知三联书店，1988.

[50] 张楚廷. 课程与教学哲学［M］. 北京：人民教育出版社，2003.

[51] 朱谦之. 中国哲学对欧洲的影响［M］. 福州：福建人民出版社，1985.

[52] 张华. 经验课程论［M］. 上海：上海教育出版社，2001.

[53] 邹进. 现代德国文化教育学［M］. 太原：山西人民教育出版社，1992.

[54] 朱红文. 人文精神与人文科学［M］. 北京：中央党校出版社，1995.

[55] 朱自清. 经典常谈［M］. 上海：上海古籍出版社，2004.

[56] 朱慕菊. 走进新课程：与课程实施者对话［M］. 北京：北京师范大学出版社，2002.

[57] 钟启泉，崔允漷，张华. 为了中华民族的复兴，为了每位学生的发展［M］. 上海：华东师范大学出版社，2001.

[58] 张华. 课程与教学论［M］. 上海：上海教育出版社，2000.

[59] 张楚廷. 课程与教学哲学［M］. 北京：人民教育出版社，2006.

[60] 邹进. 现代德国文化教育学［M］. 太原：陕西教育出版社，1994.

[61] 张岱年. 中国文化概论［M］. 北京：北京师范大学出版社，2004.

[62] 周明邦. 周易评注［M］. 北京：中华书局，1995.

[中文期刊]

[1] 陈旭远，杨宏丽. 论交往教学［J］. 教育研究. 2006（9）.

[2] 陈旭远. 论交往文化及其教学论意义［J］. 东北师范大学学报，2006（5）.

[3] 陈向明. 什么是"行动研究"［J］. 教育研究与实验，1999（5）.

[4] 毕天璋. 国学教育热——对中国思想文化传统的新的认同［J］.

河南教育学院学报：哲学社会

科学版，2006（7）.

　　［5］陈占彪. 国学教育传递的是一种价值观［N］. 社会科学报，2008－
04－24.

　　［6］崔允漷. 校本课程本土化的积极探索［N］. 中国教育报，2008－
10－24.

　　［7］当前"国学热"兴起的主要原因［J］. 文化发展论坛，http://
www.ccmedu.com/bbs12_46560.html

　　［8］费孝通. 完成"文化自觉"使命，创造现代中华文化［J］. 北京
大学学报：哲学社会科学版，1998（2）.

　　［9］郭元祥. 论实践教育［J］. 课程·教材·教法. 2012（1）.

　　［10］国学在新时期的发展小探［J/OL］. 中国论文联盟－WWW.
LWLM. COM （http：//www. lwlm. com/guoxuelunwen/201003/
352555. htm）

　　［11］胡苏. 国学来了，中小学何以应对国学教育. 今日教育，2007－
10－05.

　　［12］何成银. 小学国学教育区域化推进研究：以重庆市江北区为例
［J］. 教育研究，2010（1）.

　　［13］胡晓明. 读经的新意义［C］. 当代中国：发展·安全·价值——第
二届（2004年度）上海市社会科学界学术年会文集（上），2004－06－30.

　　［14］黄忠敬，李晓军. 当代国外课程设计模式述评［J］. 广西师范
大学学报，1998（2）.

　　［15］林一纲，崔允漷. 经验与分享：国家基础教育课程改革实验区
校本课程专题研讨会综述［J］. 山东教育科研，2002（10）.

　　［16］吕立杰，马云鹏. 课程行动研究：方法论视角的探讨［J］. 外
国教育研究，2003（9）.

　　［17］李臣之. 校本课程开发：一种广义的认识［J］. 课程·教材·
教法，2005（8）.

　　［18］李广，马云鹏. 国际课程研究范式的多维转换［J］. 外国教育
研究，2008（12）.

　　［19］丘成桐. 一个没有文化的国家做不了好学问. ［J］. 科学对社会

的影响，2006（1）.

　　[20] 任思蕴，王柏玲. 学好国学方能放眼世界 [N]，文汇报，2009－05－11.

　　[21] 孙双金. 13 岁以前的语文：重构小学语文教学体系 [J]. 人民教育 2009（21）.

　　[22] 石晓妍. 利用弟子规进行有效的品行教育 [J]. 现代中小学教育，2010（12）.

　　[23] 施良方. 简论课程目标的三种取向 [J]. 课程·教材·教法，1995（6）：20.

　　[24] 马云鹏，等. 从双方合作到三方合作：学校改进模式新探索——以鞍山市铁东区为例 [J]. 中国教育学刊，2011（4）.

　　[25] 马云鹏，林智中. 质的研究方法及其在教育研究中的应用 [J]. 中国教育学刊，1999（4）.

　　[26] 马克思·范梅南. 教育敏感性和教师行动中的实践知识 [J]. 北京大学教育评论，2008，6（1）.

　　[27] 李建强等. 国学调查 [N]. 社会科学报，2006－07－27（06）.

　　民族复兴离不开传统文化底蕴 http：// news. buaa. edu. cn/ dispnews. phy？type＝13＆ind1044.

　　[28] 诗词诵读基本模式研究实验报告 [J/OL]（http：//fanwen. themanage. cn/gongzuobaogao/shiyanbaogao/396940＿2. html）

　　[29] 田立君. 天下桃李，悉在公门：加强师德建设之我见 [J]. 教书育人 200（7）.

　　[30] 田立君，杨宏丽，陈旭远. 论教师专业发展中对话的教育意蕴 [J]. 课程·教材·教法. 2010（4）.

　　[31] 吴刚平. 在坦诚对话中寻找问题的出口：海南洋浦实验学校校本课程案例分析 [J]. 人民教育，2005（8）.

　　[32] 吴刚平. "新课程运动"与"校本课程开发"的此消彼长及其启示 [J]. 河北师范大学学报：教育科学版，2001，4（2）.

　　[33] 汪霞. 课程实施：一个值得关注的问题 [J]. 教育科学研究，2003（3）.

　　[34] 王群，田立君. 学生发展性评价的实践探索 [J]. 现代中小学教

育，2010（12）：60—63.

[35] 王浩. 小学国学校本课程课堂教学实效性初探 [J]. 现代中小学教育，2010（12）.

[36] 王懿静. 让孩子从小得到中国传统文化的滋养：大明湖路小学开设国学课程 [J]. 济南教育学院学报，2003（4）.

[37] 熊焰. 学校中教师的专业成长与发展 [J]. 课程·教材·教法，2004，4（4）.

[38] 徐玉珍. 校本课程开发：背景、进展及现状 [J]. 比较教育研究，2000，8（8）.

[39] 徐玉珍. 学校本位的课程设计：原则与策略 [J]. 上海教育科研，2002（6）.

[40] 熊梅，李水霞. 国际理解教育校本课程开发与设计 [J]. 教育研究，2010（1）.

[41] 杨东平. 读经之辩：回到常识和现实 [N]. 南方周末，2004—08—12.

[42] 袁行霈. 国学的当代形态与当代意义 [J]. 北京大学学报：哲学社会科学版，2008（1）.

[43] 张华. 论道德教育向生活世界的回归 [J]. 华东师范大学学报：教育科学版，1998（1）.

[44] 张华. 走向课程理解：西方课程理论新进展 [J]. 全球教育展望，2001（7）.

[45] 钟其鹏. 新时期国学教育述评 [J]. 钦州学院学报，2008（2）.

[46] [加] 吉恩·克兰迪宁. 知识与课程开发：教师教育的新图景 [J]. 教育研究，2009（4）.

[47] 纪宝成. 重估国学的价值 [N]. 南方周末，2005—05—26.

[48] 杨启亮. 基础教育教学创新的品质 [J]. 课程·教材·教法. 2012（1）.

[外文部分]

[1] Mckernan, J. (1991). Curriculum action research: A handbook of methods and resources for the reflective practitioner. NY: St. Martin'

s Press Inc. Grundy, S（1982）Three modes of action research, Curriculum perspective, 2, 3 [3] Patton, M. Q. Qualitative Evaluation and Research Methods, London：Sage, 1990：53—64.

[2] OEDC, 1979, School-basedcurriculumDevelopment, P, 36Thomas, I, D. 1978, A Decision Framework for School：based Decision Making, The Australian science Teacher Journal, 24（2）.

[3] Connelly F. M. ,Clandinin, D. J. (1990). Stories of Experience and Narrative Inquiry. Educational Researcher. 19（5）.

[4] Clandinin D. J, Connelly, F. M. Rhythms in Teaching：The Narrative Study of Teachers'Personal Practical Knowledge of Classrooms. Teaching and Teacher Education, 1986, 2（4）.

[5] Connelly F. M,Clandinin D. J. On Narrative method, personal philosophy, and narrative unities in the story of teaching. Journal of Research in Science Teaching, Vol. 23, No. 4, pp. 293—310.

[学位论文]

[1] 吕立杰. 课程设计的范式与方法 [D]. 东北师范大学博士学位论文, 2004.

[2] 杨宏丽. 人类学课程设计模式的研究 [D]. 东北师范大学博士论文, 2008.

[3] 唐丽芳. 课程改革中的学校文化 [D]. 东北师范大学博士论文, 2005.

[4] 李广. 中日小学语文课程价值取向跨文化研究 [D]. 东北师范大学博士论文, 2008.

[5] 金世余. 我国中小学音乐校本课程开发研究 [D]. 福建师范大学博士论文, 2010.

[6] 董翠香. 我国中小学体育校本课程开发理论与实践研究 [D]. 北京体育大学博士论文, 2004.

[7] 谢翌. 教师信念：学校教育的幽灵 [D]. 东北师范大学博士论文, 2005.

[8] 李长娟. 社会性别视角下乡村女教师生涯发展研究 [D]. 东北师

范大学博士论文，2010.

[9] 王萍. 幼儿园课程实施：现状与特征 [D]. 东北师范大学博士论文，2009.

[10] 顾玉军. 民族地区农村小学校本课程开发之行动研究 [D]. 西北师范大学硕士论文，2004.

[11] 王素贞. 石家庄市小学国学教育现状调查及对策研究 [D]. 东北师范大学硕士论文，2008.

[12] 罗萍. 小学阶段中华传统经典教育的价值研究 [D]. 西南大学硕士论文，2008.

[13] 赵淑梅. 振兴大学国学教育的理论探索 [D]. 东北师范大学硕士论文，2007.

[14] 边艳红. 小学阶段中华经典诵读教育价值研究 [D]. 河北师范大学硕士论文，2005.

余　絮

行文将止，意犹未尽。这一路走来，有太多的感慨和感动！作为 U-A-S 团队的一员，有一个声音在我心里回响多时："我拿什么奉献给你——我的 A 小！"在 A 小，艾青的一句诗总是会在某一时刻跳出来："为什么我的眼里常含泪水？因为我对这土地爱的深沉！"（想起收上来的 A 小 6 年 1 班的调查信里，就有一个学生引用了这句诗，我对 A 小更有一份特别的看重。）

永葆生命的激情
——在第二届"学校改进与教师
专业发展"国际研讨会上的发言

田立君　2011—10—26

题记："世上没什么伟大的行为，有的只是充满了伟大的爱的微不足道的行为。"——瑾以特蕾莎修女的箴言，献给我可敬可爱可亲的 A 小的师生们！我在你们的身边读懂了法国作家罗曼·罗兰的感悟："信仰不是一种学问，信仰是一种行动，它只被实践的时候才有意义。"——作者

教育改革与改进只有落实到具体的学校，教育质量的提高才会真正成为可能。2009 年 3 月，D 师范大学教育科学学院（University）与鞍山市 T 区教育局（Administration）及 T 区教育局下属十所中小学校（School）共同合作，进行"（U-A-S）区域性学校整体改进的行动研究"。其旨在发挥各方优势，形成合力，促进实践性的学校改进。

在"优质学校创生与名校长培养工程"项目中，D 师大教科院我的导师教授团队对其负责的鞍山市 T 区两所小学之一的 A 小学，进行了以提高学校整体水平为主要目标的"小学国学校本课程设计与开发的行动研

究"。2009 年 9 月，我有幸成为导师 C 教授团队中的一员，走进 A 小，走近国学，与 A 小校领导、师生在长达 2 年半的国学校本课程开发的行动研究中，共同经历了这一段难忘的岁月，体验了这份成长中的酸甜苦辣，以及其间无数个触动我心灵的故事——我爱 A 小！

一、理论与实践的结合才会有真正的学术价值

记得曾经有句话说："理论是灰色的，而生命之树常青。"我在鞍山的课题中进一步理解了"实践出真知"的含义，也更加明确了理论只有在实践中检验，在实践中完善和充实才会有真实的生命力。没有正确理论指导的实践和不在实践中生成和发展的理论都是无源之水，无本之木，是经不起考验和推敲的。与实践紧密联姻的理论研究才会有真正的学术价值，这时的理论之树才会是常青的。

小学国学校本课程设计是一门技术，但我想它更是一门艺术。技术和艺术不同，因为艺术饱含深情。每一个课程设计的背后，都藏着一个个关于深情的故事。这是我在 A 小 2 年半田野调研的最深感触。我在去 A 小调研前期，曾特别专注于关于课程设计的技术套路，总在预设种种可能的设计情形，但真正地来到田野，走近这所小学，逐渐走进这片热土，我的内心被一个声音唤醒——究竟什么是课程？是那文本上条分缕析的各种概念、原理的界定和假设吗？是先生课堂上洋洋洒洒的解读吗？是考试时学生们抓耳挠腮苦思冥想的定义吗？我在 A 小的校园里，在她的课堂上，在老师们纯净的眼神里，在孩子们自然的笑容里，找到了课程的影子，我坚信这个真理，它是我的课程理论——与心灵接触最近的地方才有课程，走进心灵的课程才是教育。这是我在 U-A-S 项目中最深的体会。

二、"道不远人"与"人能弘道，非道弘人"

经典和学术最大的价值在于对人心灵的关照，在于践行。在 A 小调研的日子里，我的内心常常难以平静。A 小吸引和感染我的不止是校园里弥漫的浓郁的中国传统文化的符号与味道，而是越走近她越让我难忘的温暖的细节和无声的体贴——国学教育的理念与美德践行融合在一起，校长、教师与学生心灵栖息的家园。

随着科研任务和合作课题的深入，我的心渐进沉下去了。正是在 A 小的田野工作，我感受到了学问和生活和生命是融为一体的，是共同成长的！大学研究者不是为学术而学术，是为更美好的人的生活而研究！走进 A 小国学，让我重新思考什么知识最有价值？那就是熔铸理性、情感、胸怀与责任的知识才有鲜活的生机与智慧：让人性更美好的知识——仁爱的光芒照亮人心。走进 A 小国学，让我真正理解课程是对话。没有心灵沟通的对话不是课程。教学是一个有温暖的体验和传递温暖的过程：人与人真正的沟通与理解。教育的本质是人的成长，是心灵的成长和信念的凝聚。

三、为生命的尊严而工作

"回顾所来径，苍山翠翠微。"课题研究似乎告一段落，但留给我们的思考远没有画上句号。当我真正地走入 A 小，经过多番的观察、访谈、文本分析，愈走进就愈感到 A 小国学校本课程从无到有的历程是多么不易！这是个"前赴后继"的结果！这期间校长、教师、学生、家长，所经历的酸甜苦辣、困惑迷茫、豁然开朗与爱恨交织，不是一个列表、一串冰冷的数字统计所能涵盖的，所能解释的，其中潜藏在课程开发背后的故事，演绎着真实的场域中个体与群体、个体自身内心世界的冲突、挣扎的过程正是课程开发过程中同样需要探寻的东西。A 小师生校本开发的历程正像马科斯·韦伯所论述的那样："当教学成为人生的志业时，教学就超越了功利的目的，成就了人生。唯此，教学才是一种生命的荣耀。"

我们的行动研究要的不仅是合作调研后的报告和结题后的几本专著以及一连串的统计数据，我们的合作与探究似乎永无结题之日——彼此心灵的相融与情怀的相惜！借用康德的话："世上最美的东西，是天上的星光和人心深处的真实。"以表我对 A 小师生求真、向善、创美的心灵致敬！

有一种精神叫坚忍不拔，

有一股力量叫豪气冲天，

有一种品格叫知行合一，

有一个信念叫爱满天下——这，就是你的、我的、我们的 A 小！

附　　录

附录一：田野日记（2010.6.21—7.5）（节选）

2010－06－28 周一：阴，下午晴

醒来已近 8 点。觉得眼睛发涩，像有一层蒙糊在眼球上，嗓子发干，洗漱时发现满眼又是红血丝，这些天来的劳累和奔波，身体在今天早晨感到极度不适。

8：30 赶到 A 小，ZN 主席正急切等我。今早食堂师傅做的是面条，但听我说了一句想喝粥，她们又马上做了小米绿豆粥，等我回国学组后差不多已是间操时间时，张楠过来找我去喝粥，这让我很不好意思，自己以后说话一定要小心啊！

9：00 找 6 年 1 班班主任 ZJ 老师，谈我准备在她的班做一个问卷信（基于这几天来的观察和偶遇的临时灵感）的想法，她表示支持。

9：20D 校长请我去看 A 小毕业班告别母校第三届篮球赛。她说："今天早上一上班，6 年 1 班的几个男孩子就已经在她的办公室门前守候了，问她：'校长，虽然昨晚下大雨了，咱们是不是还继续比赛！就是一会儿还下雨，我们也想继续比赛！'"这时，D 校长说："比！"男孩子欢呼"校长，你太好了！我们爱死你了！"D 校长不无自豪地对我说"你说爱就爱呗，还得爱死！这些孩子啊！"D 的神态和她可爱的娃娃脸让我感到了什么是教育爱！D 校长告诉我，因为担心下雨取消篮球赛，好多男生一宿没睡好。在赛场上，6 年 2 班有个男孩病了两天没来上学，今早来了，他是主力，怕班级丢分。他对老师说"一打球，我就没病了。"结果在赛场上因吃不进早饭，他来回奔跑而虚脱了。这些可爱的孩子们！我也想说"田老师也爱死你们啦！"

D 校长、P 副校长、W 主任还有我，一起看孩子们比赛。

10：40 回国学组 goon 工作。

2010－06－29 周二 小雨

6：50 get up.

7：40A 小餐厅早餐。

8：00－8：20 修改今天下午的审议会问题，调整问题的顺序。

8：30－9：10 来到国学组。把 WQ、LY、ZJ 为我准备好的 A 小毕业班 6 年 1 班的学生调查信。拿到 6 年 1ZJ 老师的班上。刚一进教室，班级就响起热烈的掌声，伴随着孩子们热情的"T 教授，欢迎您！"Z 老师介绍后，我做了简短的讲话："6 年 1 班的同学们，首先祝贺你们在昨天的毕业篮球赛上获得第一名！从三天前听你们的国学鉴赏课到昨天上午观看你们的篮球赛，我深深感受到 6 年 1 班同学在 Z 老师的带领下，是多么团结、向上、友爱！把你们在 A 小的生活和感受记录下来，尤其是从一年级到六年级，国学传统文化经典给你们的影响记录下来，让我们拿起笔，抒发我们的心声！"同学们异常兴奋，拿到信后，教室里忽然静极了。我和 Z 老师退出教室。这时，Z 老师不无忧虑地对我说："田教授，也许他们写的会让您失望，我也不知道他们能写些啥，真有点担心。""只要是学生真实想法的流露，就有价值。"我对 Z 老师说。因为临近期末考试，我担心调查信会耽误学生的复习时间，所以原定只用 15 分钟即可。但当 Z 老师进教室收卷时，同学们正埋头写的来劲儿，她说时间到了，就要收卷，这时一个男生大声地说"老师，您能不能等我们把话说完啊！"见此，Z 老师和我都退出了教室。"就让他们写吧！""我开始还担心他们没什么可写的呢！"想起在这之前（周一晚），我们设计问卷时，组里的老师还担心 A4 纸太大，学生们写不了那么多，ZJ 设计时还故意把信格线拉开间距呢！真是应了后来潘校长的话"千万别低估了咱们的孩子啊！"最后，是半小时后孩子们才恋恋不舍地交了卷。

8：50－9：30 在等着收调查信过程中，和 L 老师、P 校长在操场打乒乓球（P 为我照相）。

9：40－10：20 和 D 校长就下午的审议会交谈。她提出 A 小 2010－9 后的计划是把传统文化在各个学科的渗透问题。

10：30－11：30 在国学组看调查信。

　　ZJ 老师及国学组的老师读信时，读到有些地方，边读边哭（有录音）。国学组老师、ZJ 老师、后来 D 校长、P 校长、W 主任也陆续来了。大家分头读学生的毕业信，都禁不住挑出自己的那封读出声来，这时 Z 老师说："哎呀，真想不到啊，他们这么能写！最初 T 教授怕耽误复习时间，只给 15 分钟，但 30 分钟后我收卷时，大部分同学都不给我，一个劲儿说'老师，再等会儿！'" P 校长说"所以，我们千万别低估了孩子们！""这就是他们对 A 小最真实的感情啊！也许许多年后，他们会忘记某个词，某一个公式，某一道题的做法，但他们忘不了 A 小的风筝节、篝火晚会，忘不了 A 小传统文化节上的表演……这也许就是教育的真谛！" D 校长不无深情地补充到。"T 教授的创意给我们一笔想不到的财富！让我们更深地理解了孩子们……"大家各抒己见。

　　11：30—11：50 A 小餐厅午餐。回宾馆路上，在 A 小操场上一个从大门跑过来的男孩送我一个香瓜，我正和他推辞，他说"您是 Z 老师说的 T 教授，上午您还到我们班发信呢，这个瓜可甜了！就两个，这一个送 Z 老师的！"，说着一溜烟地跑了。"多么可爱的孩子！"看着他的背影远去，我止不住心头一热！

　　12：00 回宾馆。W 主任照例送我。途中在一药店门前停车买了一盒去火中药，在药店门前的水果摊给王主任买了半个西瓜，那个小男孩送我的香瓜没舍得吃也给了他。

　　12：20—13：00 没来得及午睡。匆忙做了下午开会前的安排：浏览提纲、bath edc.

　　13：25 到 A 小。国学组竟然一个人也没有。

　　13：30 到三楼会议室才发现她们几个已经在忙碌了：发放审议稿件、摆放水果、添加椅子等，WQ 正在指挥。真让我感动啊！她们比我到的还早！此刻当我从日记本上打出这行字的时候，心头还涌动热热的暖流，眼睛潮湿而酸涩！这期间的 20 分钟等几个班主任。

　　13：50—17：10 开会。D 校长讲话。

　　会议一直持续到 17：10 分结束。这是我没想到的。在这之前，D 校长曾有些担心，她对我说，大部分老师和我不是很熟，再加上现在都在忙期末复习，可能开会时不一定能有太多人发言，让我不要着急，能说多少算多少，如果效果不好，就早点结束；这一点我也有准备，这次要不行以后再说。开始时是有些冷场，但大约 15 分钟后就不一样了，最后出现大家抢着要说，有几个班主任和科任老师，忙完自己的课后，又回到会场，这让我非常感动！在会上发现品德课的 L 老师和班主任 CY 非常有思想，她们的一些想法和做法都给我很多启示。这真应了那句古语"人多出韩信"。会议中间有几处似乎题跑得远了，WQ 特别着急，甚至不顾 WH 老师的面子，直接打断他的话，WH 老师更是可爱，直接说，"我还没说完呢，你等我把话讲完，你就知道了我没跑题！"这些可爱的老师啊！此刻我的心情难以言表，正应了那句经改动的歌词"我拿什么奉献给你——A 小的老师们！"

17：30—19：00 大家都散了，我想请 WQ 老师一起喝点酒。她非要请我，我只好应了她。我们来到一家朝鲜烧烤店，要了几杯凉啤酒。这些天的忙碌和紧张在审议会结束后心忽然一下像落了地。我们俩痛快地喝酒，谈了许多。在送我回宾馆的路上，我买了一串葡萄、几个香瓜，在要分手时送给 WQ 老师，她和我争执，我说，"不收下这点水果就是不收姐姐的心！"在送我回师院的路上，WQ 谈到国学教育的"导行——理解——创造"等问题，给我启发，她很有魄力。

19：30－22：30 go back hotel. go to sleep. so tired!

睡到半夜，醒来脑子里涌上一些感触，赶快记下，反思如下：

在 A 小的 8 天里，访谈、听课、观察、参加活动等，让我逐渐明白了一些"学会倾听"的含义，但做的还远远不够。听听我对其他老师的访谈录音，自己几次都听不下去，总有抢话的地方，打断他们的思路的时候也不少，虽然有原因，是当时怕想到的问题不及时问就会错过机会，在追问时却没掌握好火候，后来知道如果有灵感跳出或发现什么问题，可以先用笔记下来，他或她讲完后再追问也不迟。抢话，其实也暴露了我性格中的真实一面，缺少沉稳，也是没有涵养的表现。"你看到的只能是你想看到的"对这句哈的理解又加深了一步。什么是"视而不见，听而不闻"的古语找到了对应的含义。无论在生活中还是在学术研究领域，当你自身没有问题意识，不去琢磨思考，不曾体验眼前有了什么，出现了什么时，你往往是不会意识到太多的。例如，2009 年 4 月，在首都师范大学开会时，叶澜教授在会议上做的专题汇报关于的她领导的"新基础实验"，如果是现在在会场上去听她的讲座，我就会带着问题去听，会有问题跳出来，并会有自己在实践和理论中遇到的问题和她讲的相撞击的，质疑或吻合的东西，可是那时的我，只是带着耳朵来了，或有点仰慕或更多是无心，总之，现在都回忆不起来具体的任何细节了。由此我想到下一步要做的：找出先生的"新基础实验"关于大学教师与中小学教师合作的行动研究方面的论文好好琢磨一下，看看可以借鉴的地方；要把叶澜教授的《让课堂焕发出生命的光彩》找出来，琢磨她的框架—内容思想—行文规范等。写到此，想起从家里带来的军旅记者余戈的《1944：松山战役笔记》（生活·读书·新知 三联书店 2008 年 8 月第一版）的后记中的一段话（第 480 页）："……有心者与无心者不一样，有准备者与无准备者不一样，来的人和来的人也就不一样。"是的，这是我第五次到鞍山 A 小，但这一次真的是不一样啊！

2010－06－30 周三 阴 凉爽

今天白天计划（昨晚睡前拟定）：

copy some paper about 国学的论文，发给国学组四位老师每人一份做模板，让她们根据自己的内容仿写，指导她们基本的论文思路。对如何写规范的论文，我这纯粹是现买现卖。

访谈思品组老师就国学课与思品课整合等问题。重点是 L 老师、M 老师、Z 老师。

给 CY、ZJ、YHH、LP 老师具体的访谈问题并让她们答卷。

访谈 J 书记、P 校长。

copy or 扫描相关 data.

对 2010－9 月后，A 小重点：传统文化在各学科的渗透，以思品课为切入点进行德育教育的问题，要有个大致规划。

8：30－9：30 在书记办公室，访谈 J 书记关于国学教育教学问题的看法。她不愧是教学校长出身，对问题很有见解。此次访谈从另外的角度让我有意外收获（有录音）。访谈 J 书记让我有意外收获。这使我意识到从不同角度，找具有不同看法的当事人进行访谈是多么重要。这个是我做得不够，有可能影响效度。

9：40－11：和国学组 WQ、S、Z 老师一起研究如何写论文（有录音，L 老师给照了相）。

2010-05-27 在 A 小第六届传统文化节现场

2010-06-29 14：00 在 A 小会议室召开国学审议会现场

2010 年 12 月，A 小教师在《现代中小学教育》发表国学教育论文

2011 年 12 月，A 小国学校本教材再次修订

2011 年 5 月，导师 C 教授在 A 小指导教学工作

2011 年 5 月，导师 C 教授在 U-A-S 课题结题会上

2011年10月，A小的孩子们送给我由她们亲手为我制作的礼物

2012年5月10日，在"辽宁省经典诵读现场会暨A小国学教育
十周年回顾展"上接受访谈

附录二：（第一次）国学校本课程集体审议问题

（2010—06—29 13:30—17:00A　小三楼会议室）

1. 目前 A 小学国学校本课程开发处于一种什么状态？对此，大家有什么看法？请各抒己见。

2. 这三套国学校本、区本教材，您在教学时感到有哪些困惑的地方？又有哪些好的做法和改进的建议？您在教学中发现学生对什么样的内容更感兴趣？怎么表现出来的？

3. 在国学备课方面，你们是如何实现资源共享的？您有什么建议？

4. 关于学习国学的方式（教师个人学习和教授学生的过程中），您有些什么感受和建议？你认为哪些因素影可能会影响国学教学的质量？

5. 关于学习国学最终达成的目标，您个人有什么看法？

6. 国学课与语文教学的有机整合的最佳方式是什么？请根据您的经验谈谈您有什么感受？遇到那些困惑？是如何做的？您认为它和语文课的关系是怎样的？

7. 在教国学这门课时您感到困惑的地方是什么？欣慰的地方是什么？您在国学课堂上进行过哪些改革的尝试？

8. 思品课中与国学内容相重叠的地方，教师是如何处理的？您对如何在思品课中渗透国学有什么想法和建议？

9. 下一步咱们 A 小国学课程的进一步完善和发展，您有哪些问题和建议？

10. 国学教材开发和使用的过程中，谈谈您个人的变化（几个方面的思路：意识层面、知识层面、精神气质的改变以及影响）

11. 在您的班主任和教学工作中，国学对学生成长所发挥的作用？请举出具体的例子。您对国学教育有哪些感受？

12. 您是如何把日常的教育工作与国学教育有机地集合起来的？您是怎么做的？

13. 你个人的成长经历和国学课程的开发有什么联系？

14. 在国学校本教材开发过程中是如何对民族传统文化进行甄别、选择与组织的？选材的依据是什么？

备注：1－9 为重点审议问题

附录三：访谈提纲（鞍山调研前 2010－06－18）

一、国学教师访谈提纲

LY 老师

1. 国学课程介入的缘由和背景是什么？

2. 开始介入时校领导和教师的心态（积极的、中立的、消极的）如何？

3. 你个人的成长经历和国学课程的开发有什么联系？

4. 从 2002 年 9 月开始国学课程从无到有，最初的国学课程是如何设计的？设计过程的主体参与度如何？为何在这个过程中教材是怎么开发的？

5. 请您回忆开发的人员组成，当时你们是怎么做的？谁牵头的？

6. 到 2007 年开发 A 小国学系列校本教材之前，使用的国学课本是什么？（国学课是怎么上的）

7. 你们是如何对民族传统文化进行甄别、选择与组织的？选材的依据是什么？

8. 对目前的国学教材您有什么看法？

9. 在教学时，您发现哪些内容学生更有兴趣学？

WH 老师

1. 您是那一年大学毕业的？谈谈您到 A 小后从事国学教育的经历。

2. 您在这几年的教学在对国学教育有哪些感受？

3. 谈谈您对 2007 年 A 小开发的这套国学教材的看法？在使用过程中有什么感受？

4. 在教学时，您是如何处理这套校本教材的？

5. 您感到学生们对什么样的内容更感兴趣？怎么表现出来的？

6. 谈谈您自编的《国学通识》的缘由、过程以及您的感受。

WQ 老师

1. 访谈 WQ 老师关于开设"礼仪"课程的相关细节及两次"进学礼"的情况

2. 能否谈谈在您的班主任和教学工作中，国学对学生成长所发挥的作用？请举出具体的例子。

3. 您是如何把日常的教育工作与国学教育有机地集合起来的？您是怎么做的？

S 老师（《弟子规》及细节）、CY 老师

1. 您是如何教国学课的？您认为它和语文课的关系是怎样的？

2. 国学与语文教学的有机整合的最佳方式是什么？请根据您的经验谈谈您有什么感受？是如何做的？

3. 在教这门课时您感到困惑的地方是什么？欣慰的地方是什么？

4. 学了国学后，您感到学生有变化吗？教师自身有没有变化？

ZJ 老师（美术教师）

二、语文教师访谈提纲（重点是语文课如何和国学融合的问题）

DS、YHH、DYY、ZJ 老师

三、思品教师访谈提纲（思品课中与国学内容相重叠的地方，教师是如何处理的）

LJL、M 老师、ZH 老师

四、校领导的访谈提纲

D 校长、J 书记、P 校长等

附录四：2010-06-21 至 2010-07-01
鞍山调研活动大事记

一、听课和评课（各 4 节）

1. 听课两节并评课——语文课（2010-06-23 上午 8：30—9：50）

五年级一班、二班语文复习课讲卷子和阅读训练

2. 听课二节并评课——国学鉴赏课和国学选读课（2010-06-26 上午第二三节）执教者：WH 和 SXY

二、讲座（2 次）

1. 与 A 小全体语文教师在座谈的基础上（三楼会议室 2010-06-23 上午10：00—11：10），就期末考试复习阶段如何提高语文课复习效率的问题进行讲解。谈语文课的复习方法，从低年段和高年段的侧重点不同进行两个方面的交流：汉字的释析意和如何在广告中学修辞和析句等。

2. 教师专业成长的道路

三、访谈、观察、分析文本等活动

通过访谈、观察、分析文本等活动，梳理出 A 小开展传统文化特色教育以来的历程表系列，为 A 小国学校本课程的开发历程廓清了基本面貌，具体内容如下：

1. A 小国学校本课程开发大事记一览表（细目）

2. A 小国学校本课程开发三套教材渐进过程一览表

3. A 小国学校本课程开发相关人员调入调出一览表

4. A 小国学校本课程实施一览表

5. A 小国学教育（从课堂到活动）历程一览表

6. 召开由 A 小校领导和相关工作的 20 几位老师参加的"国学校本课程集体审议"会。就 A 小前期国学校本课程开发的过程中的相关事宜展开谈论，总结成绩；发现存在的问题，以此作为下一步工作的基础——协商具体改善的措施等问题。

四、组建 A 小国学教育启蒙团队并对如何写论文作讲座，为总结提升 A 小前期国学校本课程开发的工作，按陈旭远导师的指示布置国学老师相关内容的论文写作任务，并帮助其定框架和细化相关条目等。

五、与 D 校长等领导就下一步 A 小国学发展的思路交换意见并达成相关问题解决的初步方案。

六、为 A 小个别教师就职业倦怠和心理健康问题进行咨询两次。

七、做毕业班学生关于国学教育在学生成长的六年中给其的影响和感受的调查问卷。

八、访问鞍山传统文化教育基地鞍山师范学院"里仁馆"W 馆长、LLM 教授，就 A 小文化对社区的辐射和传统与未来的关系访谈。

附录五：A小毕业生给母校一封信的设计

班级：_____年_____班 年龄：_____ 性别：_____ 姓名：_____

亲爱的同学们："海内存知己
天涯若比邻"，六年的学习时光让
你们编织了最美的童年故事，也
沉积出你们对于A小最深厚的情
感，你们彼此祝福，分享昨日的
岁月痕迹，憧憬明日的岁月期待，
当离别拉开窗帘，你们是否愿意

为A小留下些什么呢？那就请你拿起笔，用一封信的形式写下内心的依
恋，写下六年与国学相伴的情感。

侧重点：1. 写国学对于你们成长的影响。

2. 写国学给你们带来的内心感受。

3. 写下对你的班主任老师和A小的祝福与建议。

希望你的这封信，成为A小宝贵的记忆，定格毕业生离别前的美好
瞬间！

"A小"我忘不掉的家

在A小走过了六年的时光，忘不了学校的"校风"，忘不了六年以来
我们班的"班风"，忘不了同学们一幕幕的笑脸，忘不了A小的国学课，
忘不了A小的经典书，我们是一个什么都不知道的孩子从国学中学到了
学到了李白，学到了李清照，还知道李白总爱喝点酒在做诗。

A小我的国学之家，Z老师国学之家的主人，我们就像她的孩子，我
们对她的爱是剪不断，老师在过几天来我就要走出A小走上别的学校，
在中学就是您在我身边看着我，老师，我希望您下一届的学生比我们好，
比我们六年一班更好。

我爱您母校，我爱您国学的课程，我爱您我的老师，我的家，听不到

朗朗读书的声音，六年时光就像流水很快从我身边流过，走了就不能再回来。

　　A小处处有国学，处处有国学中的人，做好A小的学生那就是好，A小我深深的祝福您的未来会有比我们这届学生还好还好的一群学生。

　　　　　　　　　　您的学生——万致恒 2010－06－28

附录六：学生访谈提纲

1. 在国学课上，你学到关于国学的哪些事情？
- 国学与你的日常生活有关系吗？
- 你为什么要学习国学？
- 你认为国学是什么？

2. 你们的国学课有什么特点？
- 国学课的哪些方面是你喜欢的？
- 国学课的哪些方面是你不喜欢的？
- 如果有可能，你希望进行哪些改变？为什么？
- 你认为哪些因素影响你的国学学习？

3. 你们的国学课一般都有什么样的活动？
- 这些活动对你有什么帮助？
- 通过这些活动你对国学有什么样的感受？
- 你们是否有小组的活动？是什么样的小组活动？

4. 国学老师一般是怎么教国学？
- 国学老师在国学课上都做些什么？
- 国学老师通常给你们留什么样的作业/任务？
- 国学老师的哪个方面对你最有影响/印象最深？
- 如果你是国学老师，你会希望怎么做/进行哪些改进？
- 如果你不同意老师的观点或者教学方法，你一般会怎么做？

5. 国学老师会在课下辅导你或者与你聊天吗？
- 下课后，国学老师是否会继续关心你的国学学习情况？
- 国学老师怎样鼓励你们平时的学习国学？
- 国学老师关心你吗？

6. 国学课上同学们一般都做什么？
- 同学之间是如何沟通的？同学之间在国学学习方面能否互相帮助？

- 你和其他同学会不会就一些国学问题进行讨论？一般在什么时候？
- 当其他同学不明白你的想法的时候，你会怎么做？

7. 你是如何学习国学的？

- 你平时是如何学习国学的？
- 遇到不明白的问题时，你一般会怎么做？
- 有哪些资源有利于你的国学学习？

附录七： A小第三届传统文化节细则

屏幕：A小文化印象、失落的文明，大约6分PPT音乐起

大屏幕播放"踏史寻根"艺术片。背景音起

1. 最后屏幕定格在一盏古灯上。钟声响起，付多姣开始背，灯光关闭，追光！

古筝音乐音响1起，三年学生手持灯笼两侧上场，背诵《诗经》。灯光起，大型

2. 张淼和小女孩上。背景音起对白，道具摆放。不拉幕。灯光全部关闭，屏幕。

3. 王浩和学生上情景剧：《两小儿辩日》背景音关灯光亮，局部光

4. 全场互动：背诵《论语》。背景音起灯光灭，屏幕

5. 二胡合奏学生上，背景音关局部光，屏幕

6. 小女孩上台与学生互动：齐诵《老子　第八章》和《庄子　逍遥游》。背景音起灯光关闭，追光！二胡学生下，打花巴掌上

7. 打花巴掌表演，背景音关灯光起，大型

8. 下场，张淼和小孩子上对白，摆道具。七步诗学生上背景音起灯光全部关闭，屏幕。

9. 背景剧《七步诗》。背景音关灯光亮，局部光

当曹丕说："唉！"全场互动：背诵《七步诗》

10. （准备下一个节目道具：乐器等）崔和乐器表演学生上背景音起灯光全部关闭，屏幕。

11. 师生书画展示、民乐合奏《彩云追月》（约4分）灯光起，大型

12. 小女孩对白先介绍花木兰。背景音起 WQ 老师及学生准备
上。灯光全部关闭，屏幕。追光！

13. 歌舞表演音响 2 起 灯光起，单独电脑光

14. 背景音起 灯光全部关闭，屏幕。

李午春上。音响 3 起唐诗朗诵：《将进酒》 灯光关闭，追光！

15. 家长及吴俊谊上。音响 4、5 起 一家三口表
演。灯光关闭，追光！

王秀丽上。音响 6 起宋词表演（配乐） 灯光关闭，追光！

16. 大合唱上，表演《送别》 灯光起，大型

背景音起孙娜旁白，PPT 音乐

17. 张淼和小孩子上，对白背景音起 灯光关闭，追光！

18. 杨洋上，教师独唱：元曲 灯光关闭，追光！

19. 谢红雨等人上，梨园情。音响 7 起 灯光起，大型

20. 张校长上，教师诗朗诵音响 8 起 灯光关闭，追光！

21. 教师上，舞蹈《中国新世纪》音响 9 起灯光 灯光起，大型

22. 张淼对白上，谢幕。

附录八：推荐书目与影片——
给 A 小老师的营养菜单 2009-10-19

写在前面的话：亲爱的 A 小老师：美国学界曾经宣起"百部名著计划"，"名著阅读"竟致蔚然成风。你不读《论语》，不读陶行知，不读杜威，不读苏霍姆林斯基，恐怕很难成为教育家。这里既包括了海外最经典最优秀的教育学科教材，又包括了国内外著名教育小说、教育散文、教育格言、教育漫画、教育故事、教育人物的精华，还有大量拓宽教师视野的人文、自然、社科类读物。我们希望它能够走进您的生活，成为您乐意栖息的精神家园。

1. ［美］约翰逊著，吴立俊译，《谁动了我的奶酪》，中信出版社，2001 年版

这本书的主题只有一个，就是"变化"或者说"如何让自己走在变化的前面"。据说，书中简单的寓言故事，能够提示你在变化的世界中获得成功的方法。运用这种方法，你就能够获得生命中最想得到的东西，无论它是一份工作、健康、人际关系，还是爱情、金钱……

2. ［美］彼得·圣吉著，郭进隆译，《第五项修炼——学习型组织的艺术与实务》，上海三联书店，1994 年版

值得有心改变自己，并进而改善周围世界的人一读再读。本书真正可贵的地方，在于它暗示你如何"活出生命的意义"。我们要找到真正重要的事做，从工作中找到乐趣，不让自己陷入不得不接受而又无可奈何的生命状态。这本书似乎更适合学校管理者阅读。本书的另一个恳求是：如果没有教师学习，就不要提倡所谓的"教师成为研究者"；如果没有教师学习，就不要提倡呼喊所谓的"学校文化重建"。从这个意义上说，它堪称"新课程"的读本。

3.〔美〕哈伯德著，路军译，《把信送给加西亚》，企业管理出版社，2002 年版

这本书的主题与其说是"一旦得到任务就全身心地立即执行"的"忠诚"美德，还不如说是"不用别人告诉你，你就能出色地完成工作"的"主动"精神。更有趣的是，本书对那些素有"爱发牢骚的恶习"的人是一个严重的提醒。"主动"成就人，"爱发牢骚的恶习"毁灭人。有些人之所以无所作为，不是因为没有智慧，而是因为自己的性格，他们牢骚满腹、怨天尤人、愤愤不平。那是他们性格上的缺陷给他们造成的麻烦。他们自毁前程、自食其果。

4.〔美〕卡耐基著，《人性的弱点》，海潮出版社，2003 年版

卡耐基堪称智慧而富有演讲才能的成人教育家，世界范围内能够像卡耐基这样智慧而受人欢迎的成人教育家寥若晨星。"本书的唯一目的就是帮助你解决你所面临的最大问题：如何在你的日常生活、商务活动与社会交往中与人打交道，并有效地影响他人；如何击败人类的生存之敌——忧虑（抱怨、仇恨），以创造一种幸福美好的人生。当你通过本书解决好这一问题之后，其他问题也就迎刃而解了。"（拿破仑·希尔语）比如，卡耐基建议：第一，"不要批评、责怪或抱怨他人"。因为没有人会因别人的批评而承认自己的错误。第二，"真诚地赞赏他人"。因为人有两个最基本的需要，一是性满足；二是"希望成为重要人物"。据说，精神失常的人群中，有一半的人脑部器官完全正常，但"被赏识"的需要长期得不到满足。第三，站在对方的角度考虑问题，"理解他人的需要"。（相关材料可参考：卡耐基. 人性的优点. 海潮出版社，2003；卡耐基. 快乐的人生. 海潮出版社 2003 年版；〔美〕希尔. 积极的心态决定一生. 张红霞，张石森，译. 远方出版社，2003）

5.《读者》

很少有杂志能够像《读者》这样长期地站在人性的立场，表达对人性的关注。在众多的杂志包括教育杂志中，《读者》具有某种象征意义。拥有《读者》的人，自己便保留了读书人的身份，在熙熙攘攘的人群中仍然保留了读书的习惯。中小学老师太忙，他们中很多人已经不再读书，不再成为读书人。但据我所知，还是有些老师常年在订阅《读者》，也有校长

为老师订购《读者》，另外一些老师则把《读者》中的文章推荐给他们的学生，与学生一起阅读《读者》。相关资源之一：美国《读者文摘》；相关资源之二：《青年文摘》；相关资源之三：《读者人文读本》。2004 年《读者》杂志社与认真企业共同策划了这套《读者人文读本》，从初中一年级到高中三年级，共 12 本。我的阅读感受是，这套书虽然出于"书商"的追求，但它很负责任地为中小学教师承担了"开发和利用课程资源"的使命。这使它尤其适合中小学教师与学生一起阅读。

6. 叶澜主编，《"新基础教育"探索性研究报告集》，上海三联书店，1999 年版

本书提供"时代精神与新教育理想的构建"、"世纪之交中国学校教育的文化使命"、"更新教育观念，创建面向 21 世纪的新基础教育"、"让课堂焕出发生命活力"、"新世纪教师专业素养"等系列教育意见与教育宣言。既提出基础教育改革的理想，又报告基础教育探索的足迹。

7. 钱理群著，《语文教育门外谈》，广西师范大学出版社，2003 年版。

门内人谈语文教育，总不免落入"听、说、读、写的统一"或者"在语文教学中渗透思想品德教育"等主题。这种谈论语文教育的方式也许只有走出门外，才有可能获得拯救。可参考的相关材料之一：王丽编：《中国语文教育忧思录》，教育科学出版社 1998 年版。可参考的相关材料之二：孔庆东、摩罗、余杰主编：《审视中学语文教育》，汕头大学出版社 1999 年版。

8. ［苏］苏霍姆林斯基著，杜殿坤编译：《给教师的建议》，教育科学出版社，1984.

该书选择了苏霍姆林斯基的《给教师的 100 条建议》的精华部分，并从苏氏的其他著作里选择了一些精彩条目，仍然保持"100 条建议"。苏霍姆林斯基曾经感动过中国教育界的几代人。你愿意体验被感动的感觉吗？

9. ［加］范梅南著，李树英译，《教学机智——教育智慧的意蕴》，教育科学出版社，2001 年版

什么是教育机智？比如"保留孩子的空间"、"对孩子的体验的理解"、"尊重孩子的主体性"、"润物细无声"、"保护那些脆弱的东西"、"将破碎的东西变成整体"，"通过语言"、"通过沉默"、"通过眼神"、"通过动作"、

"通过气氛"、"通过榜样"……如此等等。国外学者谈教育有他们的话语方式，比如"具体"而不追求"体系"。选择这本书，就是接受一种"教育写作"的方式。

10. 张文质著，《唇舌的授权：张文质教育随笔》，福建教育出版社，2001 年版

作者说，"我常常禁不住这样想：这个世界上如果只有一个我敬畏的人，那他肯定就是黄克剑。无论他生活这福州、北京，还是又回到他曾经生活了 10 年的新疆（这点当然是不可能的），只要我一想到这个名字，我就要让自己坐得更直些。"作为一个中学或小学教师，如果能够找到一个人，只要你一想到这个人的名字，你就要让自己坐得更直些。这是怎样的一种心怀敬畏而不孤独的幸福生活呢？读了张文质的教育随笔，也许你会找到令你"敬畏教育"、"敬畏学生"的感觉。

11. 肖川著《教育的理想与信念》，岳麓书社，2002 年版

中国教育理论界曾经大量地制造教育学的"理论"和"体系"，唯缺少真实的、个人化的"教育理想"和"教育信念"。湖南师范大学刘铁芳博士评论这本书时说，这是"另一种言说教育的方式"，是中国教育界普遍流行的"社论体教育言说方式的突围"。此话当真？去读吧。

12. 凌志军著，《成长》，海南出版社，2003 年版

"我曾和微软公司中的 90 多人谈了话（大都是中国人，也有些是美国人），有 300 多个小时的录音以及几百万字的材料。"这一次我把研究的焦点集中在 30 个人身上，他们是微软亚洲研究员 179 个研究员和工程师中最富有特色的一部分。我有时候用"微软小子"来称呼他们，是希望在读者心中留下一个统一的形象，其实他们中间差别巨大。他们出生在 20 世纪 50 年代、60 年代和 80 年代。至少到目前为止，他们被人们当作聪明、成功、快乐和富有的典型例证，而且，他们中的大部分人都很年轻。这一切都是媒体追逐的题目，但是我关心的不是他们的成功，而是他们的成长；不是他们的今天，而是他们昨天。相关材料可参考凌志军著：《追随智慧——中国人在微软》，中国友谊出版公司 2000 年版；凌志军著：《变化：1990 年—2002 年》，中国社会科学出版社 2003 年版；凌志军著：《沉浮中国经济改革备忘录》；马立诚、凌志军著：《交锋：当代中国三次思想

解放实录》，今日中国出版社；凌志军、马立诚著：《呼喊：当今中国的五种声音》，广州出版社1999年版。阅读凌志军的书，虽然可能会付出时间，但收获的是沟通"教育与生活"的关系。很多教育问题，也许只有放到"生活"的背景中才有可能心领神会。

13. 李镇西著，《爱心与教育——素质教育探索手记》，四川少年儿童出版社，1998年版

在很多中小学教师的办公桌上都有李镇西的书。据说有的老师读了书中的有些故事流了眼泪。可见本书值得阅读。相关的书包括：李镇西著：《走进心灵——民主教育手记》，四川少年儿童出版社1999年版；李镇西著《从批判走向建设——语文教育手记》，四川少年儿童出版社1999年版。窦桂梅著：《和教师一起成长——一个小学校长的手记》，吉林音像出版社2003年版；窦桂梅著：《我们一起成长》，吉林人民出版社2001年版。

14. 菲拉·费·毕尔肯比尔著，《学习，别听学校的》，江苏人民出版社，2000年版

本书是一本指导您和您的孩子如何快乐地学习，如何游戏式地学习，如何有效率地学习的书。

15. 夏欣，《教育中国——50名流素质教育访谈》，光明日报出版社，2002年版

本书内容包括：厚德载物 重视操行——访王大珩、"行为示范"课堂上"示"什么——访启功、在变幻的世界面前 教育应更关心什么——访费孝通、教育的"利润"与它的非营利性——访厉以宁、中小学数学教育该桌引导——访厉以宁、中小学数学教育该怎样引导——访厉以宁、中小学数学教育该怎样引导——访杨乐、谁来培养高质量的劳动力——访宋健、教育如何备战学习化社会——访资华筠、"一对一"的培养不能省——访李政道、学非所用又如何？——访英若诚、科学家要把好苗子带进科学圈——访王绶琯、"继往"才能"开来"——访文怀沙、如何把"美味"和"营养"卷起来——访王立平、谁来决定教育"产品"的最终检验权？——访艾丰、大学阶段也打基础——访谢晃、教材放开不等于解决质量问题——访李扬、家庭、学校所给予我的——访陈佳洱、人家服你

不是因为你西化——访朱邦造、"归纳总结能力"最重要——访柳传志、重学"史"才能强"立志"——访任继愈、最好的教育是提升对善的向往——访秦文君、垂裳而治 让大家安静下来——访朱学勤、重要的是学会学习——访刘光鼎、通识教育与创新精神——访钱伟长、崇尚独立思考 独家发现 独特表达——访魏明伦、动力发自个体 范式取自人类——访赵宋光、附：不断更新基础教育的教法——访赵宋光、要避免培养"人文残疾人"——访李燕、光坐在教室里学习不行——访谢晋、要做的不光是关注——访敬一丹、要重视体育"育"的功能——访何振梁、教育立足中国与面向世界——访黄苗子、远见、洞察力与大学基础——访王选、给孩子最基本的教育——劳动观——访陈祖芬、求法忽上 得乎其中——访滕矢初、局部示范 局部突破——访朱丽兰、西部教育要立足"留才在乡"——访温世仁、我对教育就是个着急——访崔永元等等。

16. Thomas L. Good 等著，陶志琼等译，《透视课堂》，中国轻工业出版社，2001 年版

本书介绍了观察、描述、反思和理解课堂行为的方法，并提供了实用的课堂教学管理策略，即提高学生兴趣和帮助学生成长的策略。全书共分 11 章，分别讲述了课堂生活、课堂观察、教师的期望与学生表现的关系、避免课堂问题的方法、增强学生自我管理能力和处理学生不良行为的策略、教师如何布置对学生有吸引力的作业与学校对增强课堂动机的影响、学生积极参与课堂讨论的问题、教师有效处理异质课堂的方式、对传统教学方法的分析、帮助学生掌握有用的知识及改善课堂教学等内容。

本书是一本综合性强且富有新意的教师手册，对广大教师形成自己特有的教学风格有较大的指导作用。

17. （美）环安·艾荷·蓝安，吴复新译，《向孩子学习》，上海文艺出版社，2003 年版

父母要求孩子好好学习自古以来是自然而然的事，然而本书倡导的却是向孩子学习。是的，向孩子学习，也许孩子淘气、不听话、犯错误，但是孩子有自己独立的思想，有值得成年人学习的地方，阅读本书，你会有意想不到的收获。

18. 电影《春风化雨》

该电影讲述了一个叫基廷的文学教师鼓励孩子们"按照自己的意愿生活"的故事。电影里的老师引用诗人弗罗斯特的话说:"两条路在树林中分岔,我选择走的人少的那一条。"

19. 电影《音乐之声》

该电影讲述了一个女教师用音乐的力量感动一群孩子们以及孩子们的父亲的故事。

亲爱的 A 小老师,如果您的感受和心得愿与我们分享,请您发到 tlj1119@sina. com 邮箱。因为有您,U-A-S 团队充满活力与创造!

附录九：A小教师、学生及家长作品

一、古诗《早发白帝城》教学设计 A 小学教师 LY

　　教学构想：利用漫画作为理解古诗的一种手段，将蔡志忠漫画的《唐诗说》融入教学过程之中，切实做到寓教于乐，充分地使学生体会诗中所表达的情境，可用课件或投影等教具展示漫画，达到较好的效果。

　　构想来源：针对于现在小学生普遍爱看漫画的心理，对教学进行大胆的尝试，力求充分调动学生的兴趣，轻松地理解了古诗的大意，并初步感知了当时诗人创作的情境。使学生在看画，听讲，朗读中真正体会古代文学艺术的瑰丽。

　　切入点：中国的古典文学有很多优秀的作品，它体现着中华民族最为纯正的文化底蕴。由于年代的久远，学生对其知道者颇少，就以古诗为例，会吟咏几首也是微乎其微。为了使学生想学它，爱学它，我便将他们所爱（漫画）作为基点，来提高教学效果。

　　课题：《早发白帝城》

　　教育目标：

　　A. 知识教学点：字词，理解诗中每个字的意思；理解诗句含义，想象诗中描绘的情景，体会作者的感情。

B. 能力训练点：在理解诗意的基础上，能用自己的话说出诗句的意思，训练其语言表达能力。

C. 德育渗透点：激发学生热爱大自然、热爱祖国的感情，培养其热爱中国的文化。

教学重点：对诗句的朗读和理解，了解古诗描绘的背景，体会古诗表达的思想感情。

学生活动设计：

1. 读古诗停顿，重音

2. 观看漫画，体味意境

3. 查阅相关资料，初步了解诗句意思。

教具准备：课件或投影等，古筝曲磁带

附：教案、漫画图样

教师活动	学生活动
（1）明确目标	看漫画，小组试讲
1. 介绍作者，提示方法	听讲解，讨论
简介李白，（利用漫画）	交流自己的资料
根据画讲解《诗仙·李白》	
2. 板书题目	
解诗题	理解诗题
（二）看漫画，自己描述	自己观察，描述
1. 看漫画，自己描述	
2. 出示古诗，诗画搭配	依诗配画
3. 读古诗，读准字音	朗读
4. 指名读	读课文，朗读流利，正确
（三）精读课文	自由读
1. 提出要求：读、画、查、议、连	画句子，查资料，协作学习
2. 交流	
3. 出示第一幅图，讲解，以画释诗	看画，解释
4. 出示第二、三、四、依次讲解	串联讲解
（四）赏读诗文	
1. 放古筝曲，范读	边听边看，想诗句
体会诗人心情	

2. 介绍有关背景

3. 品味诗句　　　　　　　　　　　找"惊喜交加"之情的诗句

4. 再放乐曲，　　　　　　　　　　学生配乐读

5. 师生共读

（五）背诵诗文

看漫画，填诗句　　　　　　　　　看图，填句

（六）多元能力培养

用多种方法，表达自己的心情　　　诗歌创作,绘画,唱歌等多形式表现

二、学生诗选

序：当这本小书出现在您的手掌时，我相信您的内心应该是感动多于惊讶吧。因为这毕竟是孩子们真正用心去创作的结果。曾经有一段时间，我们陷于了深深的思索，身处信息技术高度发展的社会中的我们，是不是忽略了对于祖国文化的汲取呢？我们在更多的和机器打交道的同时是否也让我们的心灵被数码而代替。A小人在这种困惑中走出了一步，要让孩子们了解祖国的传统文化，并在潜移默化中学会运用它。于是，就有了这个集子。如同书名，是我们学生对于文学感情的一种宣泄，也是对于心灵的一种绽放。这绽放代表着孩子真诚的追求；代表着诗歌所引起的共鸣；代表着回眸所奏鸣的交响。酿词化韵逐凝阕，残灯寒枕思痕过。让我们共同带着感动去品读其中的字字句句吧，就如同我们也回到了童年，将纯洁和天真重新绽放！对所有支持本书的朋友们表示忠心的谢意！

自行车

五年三班　王宇

是那两个轮子，

陪伴我到海角天涯。

是那两个脚蹬，

画出我追逐的梦。

信　封

五年四班　张梦如

那是一辆小小的赛车
邮票是它的动力
文字是它的司机
给乘客带来满心欢喜

大　海

五年三班　王宇

波涛起伏，
诉说了久远的故事。
那是地球妈妈的酒窝，
盛满伤心的泪水。

月　亮

三年四班　党文希

一条小船
在岸边停泊
我前去驾驭
有无数星星做伴

四　季

五年三班　王宇

春：
钻出我希望的嫩芽；
夏：
饱含着快乐的花苞；
秋：
绽开我心中的花朵；
冬：
使我的心花惆怅……

月　亮

五年三班　王宇

在黑夜里，
我不怕迷路。
是你——
在家门口点灯

冬

五年三班　王宇

淘气的白云，
撒下雪白的纸屑。
这纸屑——
找来了
白胡子的冬天。

翅　膀

二年一班　曹博琳

小鸟有翅膀
蜻蜓有翅膀
我没有
但我可以乘着地球飞翔

刺　猬

五年三班　王宇

满身的荆棘
刺破人类的手
同时也刺破了自由

童　年

五年四班　韩一奇

一丝阳光
给我带来了快乐
晒干了悲伤

三、家长来信：学习《弟子规》有感

作者系 A 小学一年级学生家长

从我的孩子第一天入学，我就知道这所学校是以学习"中国传统国学"为特点的学校，而孩子拿到的第一本传统国学书就是《弟子规》。

　　跟着孩子也学习了《弟子规》，也让我了解了这是一部弘扬中华民族精神，发扬中华传统文化的经典。我觉得学习《弟子规》对我们当代人是有必要的。因为很多人早就忘了该有的道德修养和做人的基本底线。人生中重要的不是生命的表象，而是生命的本质。人生百态，最重要的就是品行，欲做事，先做人。

　　我们中国传统文化教育的学习是让孩子从小接受几千年来教育的精髓，不只是学习上，更是方方面面，《弟子规》更是弥补了学生的道德规范。

　　孩子学习也是我学习的过程，"父母呼，应勿缓，父母命，行勿懒，父母教，须敬听，父母责，须顺承"，试问自己做得好不好？有没有给孩子做出应有的榜样？作为孩子的直接教育者没有做到又能要求孩子做到吗？

　　孩子刚刚接触传统国学时，我还有些担心怕里面的内容晦涩难懂不好理解，可是看到孩子的不再用不了解的眼神总是询问我后，我知道是老师用孩子们能听懂，能理解的方法、语言或是其他的方式，引导孩子不光是死记硬背，更是理解着去学习，更是能在生活中用上。给我印象最深的是，一次，孩子父亲应酬后有些微醉的回到家，孩子看到后张嘴便说"对饮食　勿拣择　食适可　勿过则　年方少　勿饮酒　饮酒醉　最为丑"，完了还骄傲地说这是《弟子规》里面教的，她以后才不喝酒呢。这让我们做家长的很欣慰。

　　学习中国传统国学从小学起，从中领会几千年来的传统之美，孩子会受益不尽，心智更加健全，品德更加完美，更学会做人与做事的道理，更加健康的成长。

附录十：A 小传统文化历程

　　A 小于 2002 年 9 月开始进行"与经典为伴，与圣贤为友"的中华经典诵读活动，并纳入校本课程。

　　2003 年 3 月开设硬笔书法课程，选用自编的校本教材《小学生硬笔书法》。

　　2003 年 12 月被授予"全国中华传统文化经典诵读示范校"。

　　2003 年 12 月出版了第一本学生诗歌创作集《绽放》。

　　2004 年制作了 A 小传统文化教育纪实光盘。

　　2004 年 12 月 A 小被命名为鞍山市特色学校。

　　2005 年 3 月拓宽国学启蒙教育渠道，开设古诗文鉴赏、国色香绣、硬笔书法、声乐、民乐、民族舞等选修课程。

　　2005 年 9 月 A 小文化书签及 A 小传统文化印象宣传册。

　　2005 年 10 月出版了第二本学生诗歌创作集《寻找童年的梦》。

　　2005 年 11 月创办了鞍山市第一份国学报纸《启蒙》。

　　2002 年—2006 年 A 小成功举办了四届"中华传统文化节"

　　2007 年开发 A 小国学系列校本教材。

　　2007 年举办 A 小"古典的阳光"国学历程五年回顾展。

　　2008 年开启 A 小礼仪课程。

　　2008 年修定 A 小国学历程画册《古典的阳光》。

　　2008、2009 进行两次 A 小"进学礼"。

　　2010 年 3 月试行 A 小国学校本课程设计与开发方案。

　　2010 年 5 月 A 小第六届传统文化节暨辽宁省经典诵读现场会。

　　2010 年 10 月试行 A 小国学校本课程评价方案。

　　2011 年 3 月启动 A 小，国学校本课程教师研修项目。

　　2011 年 9 月 A 小被授予"全国中华传统文化经典诵读优质学校"。

　　2012 年 5 月辽宁省经典诵读现场会暨 A 小国学教育十周年回顾展成

功举办。

　　2002 年至 2012 年，学校的国学启蒙教育经验先后被新华社高管信息、辽宁日报、鞍山日报、千山晚报、北方晨报、鞍山教育以及辽宁电视台、鞍山电视台等各大媒体多次报道达 20 余次。

后　记

　　从基础教育的一线一路走来，在小学、初中、高中到大学，我走在教书育人朝圣般的路上！"回顾所来径，苍山翠翠微。"几多艰辛，几多欣慰，都化作生命中难以忘怀的那些美好的记忆——

　　本书是在我的博士论文的基础上修改而成的。从 2008 年 9 月到 2012 年 6 月，我在东北师范大学教育科学学院攻读教育学博士学位。回想整个论文的写作调研及书稿的出版过程，心中无限感慨：

　　深深感谢我的导师陈旭远教授和师母张捷教授。在四年学习过程中给予我极大的帮助和指导。这是我人生收获最多的时光。我的导师以其渊博学识、敏锐思想和豁达品格引领我找寻学术世界的神奇，将我引入教育研究的殿堂，使我的人生从此精彩！他治学严谨且懂得启迪心灵，他总是能够迅速捕捉到学生的谜团，并且针对问题进行富于启发性的指导；他追求学术自由，对于每个学生的想法，他都能够为我们找到进一步研究下去的路径，并给予积极鼓励。论文从选题、开题、调研到最后定稿，导师倾注了大量心血。每一次的讨论和质疑，都点点滴滴，润泽心灵。正是导师耐心等待和悉心引导让我慢慢找到了做研究的感觉和方向，一步步朝向自己的目标。正是在导师身边的学习，让我认识到自己该如何突破成长的瓶颈，从感性的执教者朝向理性的探寻！在我论文研究最迷惘的时候，是恩师的鼓励和信任给了我不断前行的动力。耳濡目染，不仅是治学的熏陶，更是精神世界的提升！师恩如山，师恩似海，怎一个"谢"字能表！

　　感谢师母张捷教授在百忙中通读了论文初稿的全文并做了极为细致的校对和修改！从篇章结构到字体、字号到标点注释无一不倾注了她的心血和才智！她不止在学业上促进我而且在生活中也给予我关心和帮助，让我在前进的路上增添勇气和力量。

　　感谢马云鹏教授的精彩讲授将我引入质化研究的大门。他不仅引导我们深入探讨课程研究领域新的理论和研究进展，而且在研究思路和研究方法上给我许多具体的指导，在研究困惑时为我指点迷津，赋予研究以理性光照以及民主的思想和思维方式，他宏阔的视野、厚重的底蕴让人折服！我要对论文开题和答辩时，献出真知灼见的于伟教授、吕立杰教授、孔凡哲教授、熊梅教授、张华教授和香港中文大学林智中教授表示由衷敬意和感谢！他们提出的建设性意见为我进一步研究指明了方向！

感谢韩继伟博士、杨宏丽博士和冯利博士！他们对我的学习和研究都给予重要的帮助和指导！

感谢王小英教授、朱红教授、曲铁华教授、李晓明教授、高长春教授和李广教授对我的论文提出许多宝贵的建议！

感谢在我读博期间相遇的同窗学友！感谢师门的每一位兄弟姐妹！难忘周红、李颖、张煜、李月、李娜、唐泽静、李长娟、赵晓光、李君、简婕、王芳、黄舒妍等学友，为我分忧解难！感谢田家炳教育书院阅览室王艳老师的帮助！

感谢我工作所在的齐齐哈尔大学教育与传媒学院的领导和同事！难忘李虹院长鼎力支持与真诚相助！感谢多年默默支持我的良师益友：于学江、赫牧寰、石利、李彦良、德纯、王宇航、鄂明尔、于秀萍、郎静芬、何淑艳、赵凤英、刘雪岩、蔡继莲。

感谢我的启蒙恩师小学班主任郭敬忠老师！感谢给我带来人生转机的董胜捷恩师和王确教授！

感谢著名书画家、鞍山师范学院里仁馆馆长王登科博士、刘丽明教授！感谢 U-A-S 合作项目的鞍山铁东区 A 小校长董兰女士、A 小国学团队的姐妹兄弟：张楠、王群、李叶、张瑾、石晓妍、王定军、刘萍、于海华、王浩、赵娟、崔玉、李午春以及 A 小全体师生！由于要遵守研究伦理，在此，我不便一一列出这些人的名字。但我要对这些可爱而又伟大的老师道一声：谢谢！是你们让教育富有内涵：寻求心灵的生命力，必须做真心的事！使我坚信"好的教学不能降低到技术层面，真正好的教学来自于教师的自身认同与自身完整。"

感谢我的家庭！感谢我亲爱的父亲和母亲！我的兄弟姐妹！感谢我的先生和女儿！无怨无悔为我付出真情与厚爱！这些年，你们辛苦了！感谢我的亲人无私的爱、理解和体贴！相信父亲的在天之灵也为我祈福！亲人的爱是我前行的动力和源泉！

感谢费孝通先生的精神烛照激励我克服困难，为心中坚定的教育信念而永不放弃！我深知这一路走来，我是在享受幸福，享受自己的全情投入，享受国学对我的青睐有加，享受生活对我的无微不至！

特别感谢东北师范大学出版社社长张恰博士和刘晓军、张正吉编辑，正是你们的大力支持与帮助才使本书得以顺利出版。

《小王子》的作者，法国作家圣埃克苏佩里把"创造"定义为"用生命去交换比生命更长久的东西"，在此，我对所有充满爱心和奉献创意的人们，说一声：谢谢您的陪伴！在求索的路上，因为有您，我的一言一行，更多了一些"根"的地气：在行动层面可操作，在精神层面可生长！思想成就人的伟大。马克思说："能给人以尊严的只有这样的职业，在从事这种职业时，我们不是作为奴隶般的工具，而是在自己的领域内独立地进行创造。"我庆幸，自己走在这洋溢创造精神的教书育人的路上！我深感，学生在东北师大教育学部这样一个温暖氛围的指引下获得启蒙，心灵被照亮的那种感受，与教师因为学生的进步而获得的成就感，都是独一无二的，是其他任何职业无法替代的！

谨此感恩所有美丽心灵！

2013 年 6 月 29 日

于齐齐哈尔大学劳动湖畔

在学期间公开发表论文及著作情况

文章、著作名称	发表刊物（出版社）	刊发时间	刊物级别	第几作者
小学国学校本课程目标与内容设计	东北师范大学学报（哲社版）	2012 年第 3 期	CSSCI（A）	1
论教师专业发展中对话的教育意蕴	课程·教材·教法	2012 年第 4 期	CSSCI（A）	1
小学国学校本课程组织与实施	教育科学	2012 年第 3 期	CSSCI（A）	1
论跨文化教学的文化冲突与文化融合	教育研究	2012 年第 5 期	CSSCI（A）	2
新课程推广中校长课程执行力的研究	教育探索	2010 年第 4 期	CSSCI（B）	2
学生发展性评价的实践探索 ——以"国学经典诵读"课程评价为例	现代中小学教育	2010 年第 12 期	省级	2
课堂教学有效性研究	东北师范大学出版社	2012 年 2 月	专著	1
备课问题诊断与解决	东北师范大学出版社	2008 年 11 月	参编	2

图书在版编目（CIP）数据

小学国学校本课程设计与开发的行动研究/田立君
著. —2 版. —长春：东北师范大学出版社，2015.3
（2024.1重印）
ISBN 978 -7 - 5681 - 0350 - 3

Ⅰ.①小…　Ⅱ.①田…　Ⅲ.①国学－教学研究－小学
Ⅳ.①G623.202

中国版本图书馆 CIP 数据核字（2015）第 270763 号

□策划编辑：张　恰
□责任编辑：张正吉　□封面设计：李冰彬
□责任校对：叶　子　□责任印制：刘兆辉

东北师范大学出版社出版发行
长春净月经济开发区金宝街 118 号（邮政编码：130117）
网址：http：//www.nenup.com
东北师范大学出版社激光照排中心制版
河北省廊坊市永清县晔盛亚胶印有限公司
河北省廊坊市永清县燃气工业园榕花路 3 号（065600）
2015 年 3 月第 2 版　2024 年 1 月第 2 次印刷
幅面尺寸：169mm×239mm　16 开本　印张：18.75　字数：305 千

定价：57.00 元